中国 文学与文化 研究丛书

中国
文学与文化
研究丛书

《史记》《红楼梦》论稿

《史记》《红楼梦》的平行研究

郑思礼 著

四川大学出版社
SICHUAN UNIVERSITY PRESS

图书在版编目（CIP）数据

《史记》《红楼梦》论稿 ：《史记》《红楼梦》的
平行研究 / 郑思礼著 . — 2 版 . — 成都 ：四川大学出
版社 ，2024.6
（中国文学与文化研究丛书）
ISBN 978-7-5690-6582-4

Ⅰ . ①史… Ⅱ . ①郑… Ⅲ . ①《史记》—研究②《红
楼梦》研究 Ⅳ . ① K204.2 ② I207.411

中国国家版本馆 CIP 数据核字 (2024) 第 051622 号

书　　名:《史记》《红楼梦》论稿：《史记》《红楼梦》的平行研究
　　　　　《Shiji》《Hongloumeng》Lungao：《Shiji》《Hongloumeng》de Pingxing Yanjiu
著　　者: 郑思礼
丛 书 名: 中国文学与文化研究丛书

丛书策划: 张宏辉　欧风偃
选题策划: 欧风偃
责任编辑: 欧风偃
责任校对: 周　颖
装帧设计: 李　野
责任印制: 王　炜

出版发行: 四川大学出版社有限责任公司
　　　　　地址: 成都市一环路南一段 24 号（610065）
　　　　　电话:（028）85408311（发行部）、85400276（总编室）
　　　　　电子邮箱: scupress@vip.163.com
　　　　　网址: https://press.scu.edu.cn
印前制作: 四川胜翔数码印务设计有限公司
印刷装订: 成都市新都华兴印务有限公司

成品尺寸: 170mm×240mm
印　　张: 19.5
字　　数: 343 千字

版　　次: 2018 年 7 月 第 1 版
　　　　　2024 年 6 月 第 2 版
印　　次: 2024 年 6 月 第 1 次印刷
定　　价: 88.00 元

扫码获取数字资源

四川大学出版社
微信公众号

开篇的话

很多人都读过《史记》《红楼梦》这两部伟大著作，专门从事研究的学者更是读过不止一遍。然而，我不知道人们是否曾将这两部著作放在一起阅读、研究，即学界所说的平行阅读和平行研究。比较文学理论认为，将某一文学作品放在更广阔的系统中做平行阅读和平行研究，能更深入更全面地理解它、阐释它。美国比较文学理论家亨利·雷马克说："文学和文学以外的一个领域的比较，只有是系统性的时候，只有在把文学以外的领域作为确实独立连贯的学科来加以研究的时候，才能算是'比较文学'。"① 雷马克进一步说："我们所理解的比较文学还不是一个必须不顾一切地建立起自己一套严格规则的独立学科，而是一个非常必要的辅助学科，是连贯各片较小的地区性文学的环节，是把人类创造活动本质上有关而表面上分开的各个领域联结起来的桥梁。对于比较文学的理论方面不管有多少分歧，关于它的任务却总是意见一致的：使学者、教师、学生以及广大读者能更好、更全面地把文学作为一个整体来理解，而不是看成某部分或彼此孤立的几部分文学。要做到这一点的最好办法，就是不仅把几种文学互相联系起来，而且把文学与人类知识与活动的其他领域联系起来，特别是艺术和思想领域；也就是说，不仅从地理的方面，而且从不同领域的方面扩大文学研究的范围。"②

《史记》和《红楼梦》分别产生于中国古代极权专制社会的初期和后期，中间相隔一千多年。就学科而言，一个属史学，一个属文学。看似相距甚远，

① ［美］雷马克：《比较文学的定义和功用》，张隆溪选编：《比较文学译文集》，北京大学出版社，1982年版，第6页。
② ［美］雷马克：《比较文学的定义和功用》，张隆溪选编：《比较文学译文集》，北京大学出版社，1982年版，第7页。

似乎没有更多的可比性。不过，对业内人士而言，不至于将这两部作品视为风马牛不相及吧！别的不说，仅就其影响和地位而言，这两部作品都是中国古代伟大的鸿篇巨制，这可是大多数人的共识。更何况，文史本是一家，史中有文、文中有史，正如鲁迅先生所言，《史记》固然是"史家之绝唱"，但也是"无韵之离骚"。《红楼梦》是小说，同时是对中国社会的深层次历史的反映，正如南京曹雪芹纪念馆的楹联所言："几番成败兴衰，引来笔下幽思心中血泪；多少悲欢离合，写出人间青史梦里红楼。"

以笔者多年来从事影视剪辑的经验看，比较文学的研究领域并不局限于影响研究、平行研究和跨文化研究三个方面，平行研究也并非局限于类比或对比。用蒙太奇原理说，两个镜头一经组接，会产生原有意义之外的第三意义。同理，平行阅读和平行研究能从两个作品本身的意义中产生新的第三意义，笔者以为，这才是平行研究的精髓之所在。①

在汉语语词中，"平行"者，"并行"也。对《史记》《红楼梦》的平行研究，就是将两部作品放在同一学术背景中进行研读和比较，寻找其相似之处（类比）和相异之处（对比），当然，更期望从中发现新的第三意义，这就是本书的写作初衷。至于能否有所收获，只能是尽力而随缘，更多的是希望得到读者和同行的指点。

平行研究的起点是研究两个独立的对象，两个对象本身并无直接关联，缘此，先有《〈史记〉论稿》和《〈红楼梦〉论稿》，而后才有二者的平行研究。以笔者的经历而言，单独阅读《史记》和《红楼梦》有日矣，故前两篇论稿较为详细；平行研究属初次涉及，故仅能作为一个专项研究报告附录于后。

如是，让我们打开吧——

---

① 这样说，并非否定平行研究的类比和对比，恰恰相反，这两种比较仍是平行研究的重要方法。笔者注。

目　录

《史记》《红楼梦》的平行研究

《史记》论稿

楔子：　祸起李陵

西汉天汉二年（前 99 年），长安。

一简来自西域的机密战报震撼了汉武帝刘彻的早朝——骑都尉李陵在酒泉被匈奴大军击败，全军覆没。李陵投降了匈奴，所率五千人马大部阵亡，仅四百余人逃散。原计划在酒泉攻击匈奴右贤王的军事行动全面受挫，贰师将军李广利率部后撤。

一时间，朝廷内外一片静默，突如其来的坏消息令众朝臣晕头转向、哑口难言。因为就在前不久，朝廷还收到前线告捷的战报，言李陵部已按期到达指定地点并将地形图飞速报到长安。刘彻览表后非常高兴，当场封持表来报的陈步乐为郎官。众臣也为李陵部队的迅捷勇猛而感到欣慰，看样子，此次围剿右贤王的行动胜利在望。没想到，时隔不久，前线情况竟发生了如此重大的逆转。

不一会，众朝臣开始交头接耳、议论纷纷，不言而喻，出现如此重大的失败，除了追查原因，就是追查责任。那么，导致此次战役大败的原因是什么呢？真实情况是，贰师将军李广利未能按计划向匈奴右贤王发起攻击，导致在前方牵制匈奴单于的李陵部陷入重围，以五千步兵的弱小部队迎战单于八万骑的主力，李陵率部血战八天八夜，杀敌万余人，终因寡不敌众、弹尽粮绝而陷入绝境。在内无粮草，外无救兵的情况下，李陵不得已而降。后据李陵陈情，他当时也是为了保存最后一点实力，想日后有所作为，并非真心投靠匈奴。这是李陵对苏武说的，当时，放逐北海牧羊的苏武荣归汉室，李陵在送别酒宴上对苏武说了这番话：

今足下还归，扬名于匈奴，功显于汉室，虽古竹帛所载，丹青所画，何以过子卿！陵虽驽怯，令汉且贳陵罪，全其老母，使得奋大辱之积志，庶几乎曹柯之盟，此陵宿昔之所不忘也。收族陵家，为世大戮，陵尚复何顾乎？①

然而，在当天的早朝上，既无人听到李陵的剖白，也很少有人了解战场的真实状况，即使了解，也不敢在这种场合下说出实情。因为使李陵部陷入绝境的是贰师将军李广利。李广利何许人？汉武帝刘彻的宠臣，是刘彻最宠爱的妃子李夫人及宠臣李延年的兄长。当其时，他们兄妹三人在朝堂上炙手可热，谁也惹不起。再说了，此次攻击右贤王的军事行动，本来就是为李广利立战功而策划的。按汉初制定的规矩，无大功者不得封侯。刘彻派李陵以五千步兵牵制单于的主力部队，就是为了让李广利顺利剿灭右贤王，从而立大功而封侯。结果事与愿违，李陵部全军覆没，李广利全线溃退，罪责在谁？如开罪于李广利，就是开罪于汉武帝。把矛头指向最高统治者，这简直是虎口拔牙。在云谲波诡的中国官场，精明者都不会这样做，也不敢这样做。正因为如此，当年的赵高才敢公开在朝堂上指鹿为马。尽管秦二世是皇帝，但众臣都知道赵高才是执掌生杀大权的人，于是乎整个朝堂上一片赞同之声，这可是货真价实的欺君之罪啊！结果是秦二世胡亥被弄糊涂了，认为是自己看花了眼。当然，赵高指鹿为马的伎俩并非为了糊弄草包皇帝秦二世，而是以此检验众大臣对自己的忠诚度——就是要到了这种公然颠倒黑白、混淆是非的恬不知耻的程度，才算是忠诚的、听话的。当时，也有稍具良知、恪守底线的朝臣，但他们全都缄口不言。说真话不行，说假话不愿，那就沉默吧。可是，这一切都被赵高看在眼里，他要的就是这种效果。结果，那些不说话不表态的，统统扫地出门，或杀头，或放逐，或罢官，如是，秦二世的朝堂才真正成了赵高的一言堂，除了一片歌功颂德的赞美之声外，再也没有其他反对之声了。然而，就在指鹿为马之后不久，来自民间的、更强大更有力的反对声汹涌澎湃，陈胜振臂一呼，天下响应，赵高及秦二世就此垮台。不过，这种教训在中国历史上，统治者向来不以为意，历朝历代，鲜有统治者重视这种教训，这不，在汉武帝刘彻的朝堂上，指鹿为马的一幕再次上演，明明罪责在李广利甚至在汉武帝本人，但是不

---

① 见《汉书·苏武传》。

能说，那么，总得找一个替罪羊吧，于是，李陵就成了此次军事失利的替罪羊，全部罪责必须归到他身上。

问责之后是处罚，按汉律，李陵罪当诛灭三族。李陵投降了，但跑得了和尚跑不了庙，他的家人就是朝廷的人质。在这点上，中国历代统治者非常精明。对此，多数朝臣并无异议，这也正是刘彻期待的结果。满意之余，刘彻随意看了一下站立班中的太史令司马迁，问他对此事的看法。

一、 司马迁该不该为李陵辩护

1. 司马迁力排众议

刘彻这一问自有深意。虽说太史令并非重臣，关于朝廷重大事务，太史令并无发言的权力。可是，太史令有记史的权力。朝廷发生的大事，太史令会记入史料以警后世。当年，齐国史官在相国崔杼杀死国君时，当场记下的就是"崔杼弑君"。崔杼大怒，杀了太史，命另一名太史，即被杀死的太史之弟另行记事，这名太史记的还是"崔杼弑君"。崔杼怒且恼，将这名史官也杀了，然后叫第三名史官再记。第三位太史是前两位太史之弟，这个三弟正颜道，我来写还是这句"崔杼弑君"，手到简舒，果然记下的还是"崔杼弑君"。崔杼览简，长叹一声，就此罢手。与此同时，又一史官正从宫门外赶来，他已听说前面发生的事，正准备用自己的鲜血写下同样的四个字。所以，我们今天在史书上看到的就是"崔杼弑君"。"在齐太史简，在晋董狐笔。"中国古代史官为了历史的真实性不惜抛头颅洒热血的精神，令封建统治阶层不得不对史官保持敬畏。刘彻专门向司马迁提问，就是怕他在史料中记下不利于自己的一笔。本来，司马迁完全可以不开口的，第一，他并非朝廷重臣，类似重大事件轮不到他发言；第二，他与李陵并无深交，也就是一般同僚关系，犯不着为李陵冒如此大的风险；第三，他知道自己人微言轻，说话并不管用。可是，皇帝问到了，他不得不说，而他的看法与皇帝的不一样，与大臣的也不一样，他认为：

> 李陵提步卒不满五千，深践戎马之地，足历王庭，垂饵虎口，横挑强胡，仰亿万之师，与单于连战十有余日，所杀过半当。虏救死扶伤不给，旃裘之君长咸震怖，乃悉征其左、右贤王，举引弓之人，一国共攻而围

之。转斗千里，矢尽道穷，救兵不至，士卒死伤如积。然陵一呼劳军，士无不起，躬自流涕，沫血饮泣，更张空拳，冒白刃，北向争死敌者。陵未没时，使有来报，汉公卿王侯皆奉觞上寿。后数日，陵败书闻，主上为之食不甘味，听朝不怡。大臣忧惧，不知所出。仆窃不自料其卑贱，见主上惨怆怛悼，诚欲效其款款之愚，以为李陵素与士大夫绝甘分少，能得人死力，虽古之名将不能过也。身虽陷败，彼观其意，且欲得其当而报于汉。事已无可奈何，其所摧败，功亦足以暴于天下矣。①

司马迁这番力排众议的话再次震撼了朝堂，刘彻本来已经舒缓的面容因愤怒变得严峻起来，若干大臣也大声谴责司马迁，说他胆敢为李陵开脱罪责，应一并处以重罪。就这样，太史令司马迁因为说了几句表达个人意见的话而触怒汉武帝刘彻，触犯了中国历代王朝的潜规则，被定罪名为"沮贰师"。"沮"同"诅"，即诬蔑了贰师将军李广利，诬蔑李广利就是诬蔑皇上，所以同时成立的罪名还有"诬上"。"诬上"就触犯了中国历代王朝的天条，司马迁按罪当斩。

2. 王船山之论是否公允

不过，对李陵的降敌和司马迁为李陵所做的辩护，后世学人也有持批评态度的，比如王船山。王船山在《读通鉴论》中说："司马迁挟私以成史，班固讥其不忠，亦允矣。李陵之降也，罪较著而不可掩。如谓其孤军支虏而无援，则以步卒五千出塞，陵自炫其勇，而非武帝命之不获辞也。陵之族也，则嫁其祸于李绪；迨其后李广利征匈奴，陵将三万余骑追汉军，转战九日，亦将委罪于绪乎？如曰陵受单于之制，不得不追奔转战者，匈奴岂伊无可信之人？令陵有两祖之心，单于亦何能信陵而委以重兵，使深入而与汉将相持乎！迁之为陵文过若不及，而抑称道李广于不绝，以奖其世业。迁之书，为背公死党之言，而恶足信哉？为将而降，降而为之效死以战，虽欲浣涤其污，而已缁之素，不可复白，大节丧，则余无可浣也。关羽之复归于昭烈，幸也；假令白马之战，不敌颜良而死，则终为反面事雠之匹夫，而又奚辞焉？李陵曰：'思一得当以

___
① ［汉］司马迁：《报任安书》，《史记》，岳麓书社，2012 年版，第 1811 页。

报汉'，愧苏武而为之辞也。其背道也，固非迁之所得而文焉者也。"① 王船山批评李陵"自炫其勇"，孤军深入，兵败而降。其后嫁祸于李绪（公孙敖向朝廷反映，李陵帮匈奴训练部队，汉武帝震怒，灭李陵家三族。李陵得知消息后说，帮匈奴练兵的是李绪，并不是自己。此事真相不明，李陵的说法固无证据，王船山说李陵"嫁祸于李绪"也无证据）。而且，在后来李广利率军征匈奴的战斗中，李陵曾率军三万与汉军转战九日。所以，李陵是死心塌地投降匈奴，与汉朝为敌。李陵身为大将而降敌，大节已丧，好像已经染黑了的素绢，再也洗不白了。李陵的罪过是司马迁无法为之掩饰的。

王船山在《读通鉴论》中对李陵及司马迁提出了严厉的批评，可视为一家之言。司马迁为李陵所做的辩护，也可视为一家之言。本来，事实的澄清，事理的论证，正是在争议中得以明辨的，然而，汉武帝刘彻根本听不进不同意见，对持不同意见的司马迁处以极刑，毫无公道、正义可言，这是中国古代极权暴政最凶残最下流的表现。司马迁对此当然会有负痛反应，他不可能因为受刑而改变对李陵的评价，即使这种评价确有偏颇，也是可以理解的。王船山身处明代极权政治的高压之下，反过来为当时的极权政治辩护，这才是不可理喻的。

3. 宫刑后的司马迁何以苟活

西汉王朝的严刑酷吏史上有名，但也有一定调适空间。比如，死罪当斩的可交钱赎为庶人。汉初，只对军将实行这一减刑条例。李陵的祖父、人称"飞将军"的李广兵败被俘，后虽逃回，仍被问罪当斩，李广用钱赎了死罪，罢官成为庶人。后来，这种减刑也用于其他官吏。倘若司马迁有足够的钱，也可赎免死罪而为庶人。可是，司马迁不贪不占，哪里有五十万贯钱为自己赎罪？按汉律，无钱赎死罪者，还可在极刑范围内稍减一等，将死刑变为宫刑。所谓宫刑，就是部分或全部阉割男子的生殖器，又称"腐刑"。汉武帝时，张贺有罪当诛，后来其弟张安世上书，最终被处以宫刑。司马迁循例被处此刑，用当时的话说，叫"下蚕室"。这里说的蚕室，并非养蚕所用的蚕室，而是为受宫刑的人特置的封闭小屋，可以避免伤口感染。所以，"蚕室"也就是宫刑的代名

---

① 见王夫之《读通鉴论·卷三·武帝三十》。

词。然而，对中国古代的"士"而言，宫刑是比死刑还难以接受的惩罚。"士可杀而不可辱"，宫刑是对一个男人最大的侮辱，司马迁是一个血性男儿，何以接受这种极大的侮辱而苟活下来呢？司马迁说：

> 因为诬上，卒从吏议。家贫，货赂不足以自赎，交游莫救，左右亲近，不为一言。身非木石，独与法吏为伍，深幽囹圄之中，谁可告愬者！此真少卿所亲见，仆行事岂不然乎？李陵既生降，��其家声；而仆又佴之蚕室，重为天下观笑。悲夫！悲夫！
>
> 仆以口语遇遭此祸，重为乡党所笑，以污辱先人，亦何面目复上父母丘墓乎？虽累百世，垢弥甚耳！是以肠一日而九回，居则忽忽若有所亡，出则不知其所往。每念斯耻，汗未尝不发背沾衣也！①

因极大侮辱而导致的巨大悲伤，因身心创伤而导致的极度痛苦，足以令血性男儿司马迁"虽九死而不悔"，他完全可以选择自杀，一可免辱，二可全身，三可明志。他为什么没有这样做呢？一定有其缘由，司马迁说：

> 夫人情莫不贪生恶死，念父母，顾妻子，至激于义理者不然，乃有所不得已也。今仆不幸，早失父母，无兄弟之亲，独身孤立，少卿视仆于妻子何如哉？且勇者不必死节，怯夫慕义，何处不勉焉！仆虽怯懦，欲苟活，亦颇识去就之分矣，何至自沉溺缧绁之辱哉！且夫臧获婢妾，犹能引决，况仆之不得已乎？所以隐忍苟活，幽于粪土之中而不辞者，恨私心有所不尽，鄙陋没世而文采不表于后世也。②

在这里，司马迁说得很清楚。连一般百姓，甚至所谓"臧获婢妾"的粗人，犹能引刀自决，自己为什么做不到呢？只因为"恨私心有所不尽，鄙陋没世而文采不表于后世也"。

司马迁所说的"私心"和"文采"，就是他撰写《史记》的决心和正在撰

---

① ［汉］司马迁：《报任安书》，《史记》，岳麓书社，2012 年版，第 1811～1816 页。
② ［汉］司马迁：《报任安书》，《史记》，岳麓书社，2012 年版，第 1811～1816 页。

写的《史记》(《史记》书名是后世确定的，最早叫《太史公书》)。司马迁在42岁左右动手撰写，至受刑时已经写作七八年了。写到什么程度不得而知，但尚未完成是肯定的，他说：

> 草创未就，会遭此祸，惜其不成，是以就极刑而无愠色。仆诚以著此书，藏之名山，传之其人，通邑大都，则仆偿前辱之责，虽万被戮，岂有悔哉！①

原来，之所以忍辱负重，就是因为"草创未就"的《史记》。他正在写，他不能停下来。然而，事情还没有完，另一桩奇耻大辱出现了。刑余的司马迁突然得到刘彻的青睐，升官了，从太史令升迁为中书令。乍一看，似乎是平级调动，不都是某某"令"吗？其实大为不同。中书令是皇帝的私人秘书兼宫廷秘书长，为皇帝掌管文书、起草诏令，任职于宫中，品级虽然不高，但位置极为重要，是连接内廷与庙堂的枢纽岗位，难怪班固在《汉书》中说司马迁的中书令是"尊宠任职"。刘彻这样做，看似不可理喻，不久前让司马迁差点掉脑袋，旋即任以要职，而且深入内廷，就在自己身边行事。可是，换个角度一想，刘彻此举是他的又一高招。司马迁的文笔和才华，刘彻是知道的，起草诏书不正需要这样的人才吗？司马迁的为人和禀性，他也是了解的，如若司马迁是奸狡之徒，他绝不会做为李陵辩护这种"傻事"，正因为耿直和忠厚，司马迁才不随大流、冒死直谏。不过，经过蚕室的司马迁大概不会再干这种傻事了。更重要的是，经过蚕室的司马迁，不再是一个真正意义上的男人，跟宦官没什么两样，这样，出入于内廷之中，往来于嫔妃之间，皇帝就可以大大地放心了。真正的宦官从小受阉，几乎是文盲，怎能写诏书；而有文化能写作的大臣又都是生理功能健全的男人，尽管此前多由大臣出任中书令，但男人出入后宫毕竟让皇帝不放心。受刑后的司马迁文采飞扬，且非男非女，不用他用谁？此外，刘彻还有一个不便明言的缘由是什么呢？大概是对司马迁处置不公的愧疚吧。原来，贰师将军李广利在两年后的一次战役中再次战败，率众投降匈奴：

---

① 〔汉〕司马迁：《报任安书》，《史记》，岳麓书社，2012年版，第1811～1816页。

后二岁，复使贰师将军将六万骑，步兵十万，出朔方。强弩都尉路博德将万余人，与贰师会。游击将军说将步骑三万人，出五原。因杅将军敖将万骑步兵三万人，出雁门。匈奴闻，悉远其累重于余吾水北，而单于以十万骑待水南，与贰师将军接战。贰师乃解而引归，与单于连战十余日。贰师闻其家以巫蛊族灭，因并众降匈奴，得来还千人一两人耳。游击说无所得。因杅敖与左贤王战，不利，引归。是岁汉兵之出击匈奴者不得言功多少，功不得御。有诏捕太医令随但，言贰师将军家室族灭，使广利得降匈奴。①

4. 中书令：蒙受耻辱的升迁

李广利投降匈奴，被诛灭三族，证明司马迁此前的谏言是正确的，他并没有"沮贰师"，也没有"诬上"，可是却惨遭酷刑，无论如何也说不过去。缘此，司马迁受刑伤愈后，刘彻立即委以重任，多少也算是对司马迁的一点"补偿"，同时也是一种平息舆论的补救措施。

然而，对司马迁而言，这种升迁让他蒙受了更大的耻辱，这等于把他的伤口再次撕裂，把他所受的侮辱加倍放大，让他闪亮登场自曝其丑，让他感到无地自容。事实上，经过宫刑的司马迁在体貌上确实发生了很大变化：胡须渐稀乃至完全脱落，喉结变小、嗓音变细，体态也渐渐丰腴起来。任职为中书令，就是将这种令人不堪的变化放在聚光灯下让众人观看。顿时，对司马迁充满妒忌的中伤接踵而来，内廷的宦官就不必说了，此辈本来就是身心残疾的小人，飞短流长是此辈生活的一大内容，也是一大乐趣。就连朝堂上某些比较正直的大臣也恶语相加：

> 今无行之人，贪利以陷其身，蒙戮辱而捐礼义，恒于苟生。何者？一旦下蚕室，创未瘳，宿卫人主，出入宫殿，由得受俸禄，食大官享赐，身以尊荣，妻子获其饶。②

---

① ［汉］司马迁：《史记·匈奴列传》，中华书局，2011 年版，第 2540～2541 页。本书中相关引文均参照此版本，以下仅标注页码。

② 见 ［汉］ 桓宽《盐铁论·周秦》。

虽未点出姓名，但明眼人一看就知道骂的是司马迁。面对这样的辱骂和中伤，司马迁只能默默忍受，打掉牙也只能往肚里吞。然而，就连司马迁的至交好友也对他有极大误解，比如任安。任安时任少卿，因戾太子案而下狱，在狱中写信给司马迁，请求他利用在宫中且接近皇上的显要职位对自己施以援手。信中还说了一大套"慎于接物""推贤进士"的言辞。司马迁览信，欲哭无泪，提笔回复任安一封长信，说明自己因不白之冤而导致的惨痛经历和愤懑的心情，说明自己任中书令的尴尬和无奈，处境如此荒唐且艰难，哪有能力来帮助他人。这封信就是著名的《报任安书》。

出任中书令，让司马迁正在撰写的《史记》进程大大受阻。皇帝的秘书长是一个没日没夜、需要随叫随到的岗位，司马迁必须居于内廷随时伺候。他只能利用忙里偷空的点滴时间撰写那"草创未就"的《史记》。孤灯静夜，冷雨秋风，司马迁在受刑之后又花了近十年时间，终于完成这部空前绝后的历史与文学巨著。是时，司马迁56岁。《史记》完成后，司马迁销声匿迹，各种史料中均无关于司马迁晚年的记载。一般认为，司马迁死于《史记》完成后三年，享年59岁。换言之，司马迁之死几乎与《史记》之生同时，司马迁为《史记》而生，为《史记》而死，他用自己毕生的精力完成了这部彪炳千秋的不朽之作，仿佛他来到这个世上，就是为了完成这个伟大的历史使命。进而言之，撰写《史记》的工程，远远早于司马迁动手撰稿的42岁，早在他的童年，甚至在他出生之前，这项工程已经开始了。①

---

① 注：司马氏一家均为史官，负责收集各种史料，尤其是其父司马谈，一直在为一部大历史的撰写做准备，由是可以说，《史记》的撰写，开始于司马迁出生之前。

二、《史记》的写作与成书

1. 与生俱来的使命

汉景帝中元五年（前145年），司马迁出生在夏阳。夏阳县治在今陕西韩城西南，来自河套的黄河水穿过龙门山，滔滔流过他的家乡，一泻千里。壮丽的山光水色陶冶了少年司马迁的精神气质，对他的成长有着极大的影响。青少年时代的司马迁在龙门山一带过着艰辛而勤奋的耕读生活。在此期间，其父司马谈在京为官，任太史令，他为司马迁请了两位老师，一位是孔门之后孔安国，一位是董仲舒，都是当时有名的大儒。司马迁不时前往京都，跟孔安国学习《尚书》等先秦典籍，跟董仲舒学习《公羊春秋》等历史典籍。其实，司马谈本人并非喜好儒学，他崇尚的是以老、庄为代表的道家学说，标举的是文景之治。可是，至汉武一朝，经董仲舒等人推行"罢黜百家，独尊儒术"以来，百家凋零，儒术一家独秀。大约考虑到司马迁日后的出路，司马谈才为他找了孔安国、董仲舒等儒者为师。师从儒者，对司马迁的思想影响不小，这种影响，在日后的《史记》中显而易见。然而，在隐性的深层次，仍然可见道家思想在《史记》各篇章中闪烁，说明司马迁仍在相当程度上受其父司马谈的影响，并未真正放弃道家学说。二十岁前后，当其弱冠之年，司马迁开始漫游。前后十余年间，他遍游中原各地，饱览名山大川，结交燕赵豪侠。其后不久，司马迁来到长安，按惯例入仕为郎中，即皇帝的侍从，跟随汉武帝刘彻巡游了许多地方，包括地处边远的西南一带。有时受朝廷之命到各地巡察，感受民间疾苦，搜集轶闻旧事。这些游历生活，对司马迁的成长及日后《史记》的撰写，发挥了更大的作用。

在中国古代，并无专门的史学专业，史学大都来自家学，史官通常由家族成员担任，父子同为史官、兄弟同为史官的现象比比皆是。缘此，当司马谈病重的时候，拉着司马迁的手说了这样一番话：

> 余先周室之太史也。自上世尝显功名于虞夏，典天官事。后世中衰，绝于予乎？汝复为太史，则续吾祖矣。今天子接千岁之统，封泰山，而余不得从行，是命也夫，命也夫！余死，汝必为太史；为太史，无忘吾所欲论著矣。且夫孝始于事亲，中于事君，终于立身。扬名于后世，以显父母，此孝之大者。夫天下称诵周公，言其能论歌文武之德，宣周邵之风，达太王王季之思虑，爰及公刘，以尊后稷也。幽厉之后，王道缺，礼乐衰，孔子修旧起废，论诗书，作春秋，则学者至今则之。自获麟以来四百有余岁，而诸侯相兼，史记放绝。今汉兴，海内一统，明主贤君忠臣死义之士，余为太史而弗论载，废天下之史文，余甚惧焉，汝其念哉！①

这番发自肺腑的话，不仅是司马谈的遗嘱，也是一个自周代就开始任太史的史官家族的重托，这便是司马迁《史记》之滥觞。司马谈语重心长地说，自春秋晚期以来，诸侯相兼，天下大乱，"史记放绝"。到了汉代，遇上所谓"海内一统、明主贤君"的盛世，自己身为史官却没有著述，简直是"废天下之史文"，由是感到深深的内疚和不安。临终之际，他把这个重任交给司马迁，司马迁俯首流泪道："小子不敏，请悉论先人所次旧闻，弗敢阙。"

2. 开创纪传体

其后三年，司马迁被任命为太史令。他牢记父亲的话，以著书记史为己任，当仁不让地开始《史记》的前期准备工作。当时，朝廷还有一件紧急的事要做，就是修订历法。司马迁用三年的时间完成这项工作，同时收集整理史料，其中相当一部分史料是司马谈已经收集好的。一面收集整理，一面构思设计。这部前所未有的《史记》应该怎样写？用什么体例？仿《春秋》《左传》的编年体？还是仿《国语》《国策》的国别体？要想撰写自远古以来近3500年的历史，以什么作为叙事的总线？用什么思想来统率自己将要撰写的庞大史

① 《史记·太史公自序》，第2854页。

料？用什么笔法来写才能达到历史的真实同时又具备相当的可读性？如此等等，司马迁肯定伤透了脑筋。渐渐地，一个周详而细密的构想浮出水面，一种前所未有的叙事体例和叙事笔法逐渐明晰，那就是：

> 网罗天下放失旧闻，略考其行事，综其终始，稽其成败兴坏之纪，上计轩辕，下至于兹，为十表，本纪十二，书八章，世家三十，列传七十，凡百三十篇。亦欲以究天人之际，通古今之变，成一家之言。①

通过这段话，不难看出司马迁撰写《史记》的设计已然成型，所需素材整理就绪，指导思想相当清晰——"究天人之际，通古今之变，成一家之言"。这样的思想和定位，是后世史家想都不敢想的，太大了，太高了，也太难了！可是，司马迁不仅敢想，而且敢为，他要把自己的构想付诸实践，他要通过自己的作品来证明自己的想法。他动笔了，下班后，在孤灯明灭的陋室里，司马迁用刚从小篆转化过来的汉隶开始《史记》的撰写。这一年，他42岁。

创造性写作是一种个性化行为，具有相当的独立性、排他性和私密性。司马迁究竟是怎样动笔的？如何切入这个庞大的文史巨著？谁也不得而知。不过，从写作的规律和经验看，司马迁首先要设定体例。就好比计算机必须有一个操作系统一样，司马迁首先要找到一种适合他预定目标的写作文体，用刘勰的话说，是"设情有宅，置言有位"，即为文章设定一个空间，找准一个位置。什么样的体例方能达到"究天人之际，通古今之变，成一家之言"的预设目标？像"春秋三传"那样的编年体肯定不行，虽然编年体确实是历史写作的重要文体，但司马迁要写的内容历史跨度太大，要"上计轩辕，下至于兹"，就是说，要从神话中人首蛇身的轩辕帝讲起，一直讲到当朝当代，纵贯3500年。若按这几千年的历史时序写，比天方夜谭还天方夜谭，N个一千零一夜也说不完。应该说，首先否掉的就是以《春秋》为代表的编年体。那么，以《国语》为代表的国别体如何呢？也不行，自春秋、战国至西汉，光中原就有上百个大大小小的国家，根本说不过来。至于断代体例，是从《汉书》开始的，在司马迁之后，而且，断代体更加不适合司马迁的目标。在无法继承、无所借鉴

---

① ［汉］司马迁：《报任安书》，《史记》，岳麓书社，2012年版，第1814页。

的情况下，司马迁创造了一种全新的体例——纪传体。纪传体的特点是以人物传记为核心，串联自远古至西汉 3500 年的历史。就历史哲学角度看，这种体例有合理性吗？应该说相当合理。因为，人类社会的历史首先是人的历史（那时还谈不上写自然史、科学史），人是创造历史的主角，人是推动历史前进的动力，中国古代史官的日常工作是"左史记言，右史记事"，那么，所谓"事"与"言"，不都是人所见所为之事，人所讲所想之言吗？人是历史的核心，这点毋庸置疑。难度在后面，即确立纪传体例后，就要确定所写的人。什么样的人物才具备充分的代表性，足以串起这三千余年的历史？换言之，何等人物才具有足够的历史价值，足以在这大浪淘沙的历史长河中留存下来而载入史册？这就涉及更深一层的历史哲学和历史观。关于这点，既可从司马迁《太史公自序》的表述中看出端倪，也能从他遴选并为之立传的人物中去反推。总之，他选定了十二本纪、三十世家和七十列传。十二本纪记帝王，三十世家记诸侯，七十列传记除以上两类的其他各种人，当然，这只是一种粗略的说法。

所谓本纪，顾名思义就是纲领性文件，就是说，选取 12 个对历史发展最有影响的、主导某一阶段历史的人物作为《史记》记事的纲领。一般说来，这些人物是帝王但并非只限于帝王，比如秦末的项羽和汉初的吕雉，此二人并非帝王，但他们实际上主导并左右着一定时期的历史，司马迁分别立为《项羽本纪》和《吕太后本纪》。如清人徐时栋说："天下号令在某人，则某人为本纪，此史公史例也。故《高祖本纪》之前，有《项羽本纪》。此后无人能具此识力，也无人敢循此史例矣。"① 至于"十二"这个数，也是有寓意的，一年有十二个月，一年是一个周期，历史也是一个周期，这个周期也以"十二"分段，故本纪为"十二"，不能多也不能少。世家所记的是具有诸侯爵位及封地，爵位和领地可世袭的人物，一般是诸侯但不仅限于诸侯。司马迁说："二十八宿环北辰，三十辐共一毂，运行无穷，辅拂股肱之臣配焉，忠信行道，以奉主上，作三十世家。"② 在这里，司马迁说得很清楚，一个车轮有三十根条辐，如果说帝王是轴心的话，车辐就是重要的辅佐，三十根辐立三十世家。不过，从三十世家的具体篇目看，入选的人并非都是"辅拂股肱之臣"，比如《陈涉世家》

---

① 见徐时栋《烟屿楼读书志·卷十二》。
② 《史记·太史公自序》，第 2874～2875 页。

中的陈胜，这是中国第一次农民大起义的发起人和领导者，压根不是什么"忠信行道，以奉主上"的人物。列传反映不同时期、不同阶层、不同类型的历史人物，遴选的标准是："扶义俶傥，不令己失时，立功名于天下。"① 换言之，《史记》中选取的都是从不同角度影响了历史、左右过一定历史阶段并享有一定声望的重要人物。

3. 怎样遴选人物

不过，通观《史记》的整个人物传，司马迁虽然说了一套标准，实际上并未完全按这套标准行事。通过作品反推十二本纪、三十世家和七十列传中各类人物的遴选标准，不难发现其中暗含的原则——作用力和影响力原则。谁对历史的作用力大、影响力大，谁就得以入选，反之亦然。所以，项羽虽不是帝王，但他在秦末的历史转折关头发挥了巨大作用，这种作用和影响力足以左右历史事态，撼动天下大势。司马迁遂将其列入本纪：

> 秦失其道，豪桀并扰；项梁业之，子羽接之；杀庆救赵，诸侯立之；诛婴背怀，天下非之。作项羽本纪第七。②

对某些帝王，如秦二世，昏庸无能，碌碌无为，对历史进程没有发挥什么作用，没有多大的影响力，司马迁对其不屑一顾。进而言之，这种对历史的作用力和影响力，又可细分为五种价值特性，即重要性、显著性、接近性、反常性和趣味性。明眼人一看就知道，这是现代新闻价值的五种基本特性。没错，新闻与历史本质上是一回事，今天的新闻是明天的历史。西汉以前虽没有大众传播的新闻和报纸，但小众传播的、口口相传的各种消息古已有之。在朝廷上，史官记载的言和事就是根据上述五种价值特性来筛选的。宋代王安石看不起以《春秋》为代表的古代史，认为不过是"断烂朝报"③。"断烂"，指杂乱无章；"朝报"，朝廷的奏章诏告之类，王安石认为毫无历史价值。这种说法不免过于偏激。《春秋》记事虽然极简略，可能很多事都被史官忽略了，可它还

---

① 《史记·太史公自序》，第 2874~2875 页。
② 《史记·太史公自序》，第 2860 页。
③ 见《宋史·王安石传》："黜《春秋》之书，不使列于学官，至戏目为断烂朝报。"

是记录了很多有价值的事件，比如这一段："是月，六鹢退飞，过宋都。"春天，六只大鸟飞过宋国都城，这种事值得载入史册吗？如果是一般的飞越，当然不值得，可"退飞"则不然，何为"退飞"？被风吹得倒飞？还是违反时令朝相反方向飞？总之既有反常性又有趣味性，《春秋》就记上那么一笔。入选《史记》的那些人和事，基本上以重要性、显著性、接近性、反常性和趣味性的排序为准。对历史发挥了重大作用、具有重要影响力的人和事是首选标准，比如，对大泽乡首倡起义的陈涉给予重要的历史地位，司马迁这样说：

> 桀、纣失其道而汤、武作，周失其道而《春秋》作。秦失其政，而陈涉发迹，诸侯作难，风起云蒸，卒亡秦族。天下之端，自涉发难。作《陈涉世家》第十八。[1]

又如齐国的两位著名相国管仲和晏婴。此二人既有重要影响力，又是声名卓著之人，作《管晏列传》，至于其他齐国相国，基本忽略不计。司马迁说：

> 晏子俭矣，夷吾则奢；齐桓以霸，景公以治。作《管晏列传》第二。[2]

对某些看似既无重要性也无显著性的小人物，比如引车卖浆者、贩夫走卒，他们在社会经济和生产发展方面却有不可小觑的作用，不容忽视，作《货殖列传》。司马迁说：

> 布衣匹夫之人，不害于政，不妨百姓，取与以时而息财富，智者有采焉。作《货殖列传》第六十九。[3]

对某些小人和奴才，如谄媚事主、吮痈舐痔的邓通、赵同、李延年等，其虽然没有正面的影响力，但在中国社会中却有很大的负面作用，是一种非常态

---

① 《史记·太史公自序》，第 2866 页。
② 《史记·太史公自序》，第 2868 页。
③ 《史记·太史公自序》，第 2874 页。

的社会现象，也不可小觑，为此作《佞幸列传》。司马迁说：

> 夫事人君能说主耳目，和主颜色，而获亲近，非独色爱，能亦各有所长。作《佞幸列传》第六十五。①

《佞幸列传》中的人物显然与司马迁立传时的遴选标准——"扶义倜傥，不令己失时，立功名于天下"完全不符甚至相悖，不过，司马迁对这些人也没有完全否定，提了那么一句："非独色爱，能亦各有所长。"

4. 作为人物传的补充

如果仅凭人物传记，还不足以支撑起数千年历史的框架，司马迁用另外两种文本形式加以弥补，这就是十表和八书。表明晰地概括了各个历史时期的人和事，让读者对三千多年的历史有一个总括性的概览。对此，司马迁说：

> 既科条之矣。并时异世，年差不明，作十表。②

表分世表、年表和月表三种，除《三代世表》《秦楚之际月表》外，其余都是年表，即后来史学常用的"大事年表"。表看起来枯燥，却是一桩细活，通过它，能很快梳理出历史的主要脉络。关于八书，司马迁说："礼乐损益，律历改易，兵权山川鬼神，天人之际，承敝通变，作八书。"③ 就是说，书主要记载礼乐、军事、历法、天文、水利等方面的事件和变迁。盖因《史记》是一部通史，它力图概括中国古代（西汉前）发生的各种大事，方方面面都要有所照顾，尽可能不遗漏，显然，这不是人物传记所能做到的，所以得有书。当然，完整全面无所遗漏是做不到的，八书未能完全展示几千年历史中各个方面的各种大事，其中若干篇目在归类和表述上还有错误。比如，"律历改易"的内容是在《历书》呢，还是在《律书》？在归类上显得含混。不过，总体说来无大碍。

---

① 《史记·太史公自序》，第 2873 页。
② 《史记·太史公自序》，第 2874 页。
③ 《史记·太史公自序》，第 2874 页。

5. 幽而发愤之作

如是，通过十二本纪、三十世家、七十列传、十表和八书，司马迁为《史记》编织了一个完整的史学体例和文学体例，同时，在《太史公自序》中简要说明了遴选人物的标准及写作重点。往下，就是按上述设计一字一句地完成全书的写作。这是一个艰辛而漫长的过程，前前后后写了近十四年。其间，司马迁遭遇"李陵之祸"，受宫刑。痛不欲生的司马迁为《史记》而活了下来。在蒙受奇耻大辱而精神恍惚的时候（肠一日而九回，汗发背而沾衣），他不断用先圣前贤的精神鼓励自己，司马迁说：

> 七年而太史公遭李陵之祸，幽于缧绁。乃喟然而叹曰："是余之罪也夫。是余之罪也夫！身毁不用矣！"退而深惟曰："夫《诗》《书》隐约者，欲遂其志之思也。昔西伯拘羑里，演《周易》；孔子厄陈、蔡，作《春秋》；屈原放逐，著《离骚》；左丘失明，厥有《国语》；孙子膑脚，而论兵法；不韦迁蜀，世传《吕览》；韩非囚秦，《说难》《孤愤》；《诗》三百篇，大抵贤圣发愤之所为作也。此人皆意有所郁结，不得通其道也，故述往事，思来者。"①

原来，所有伟大的著作，都是郁结而发愤之作。这样一比，司马迁得到了极大的宽慰，坚定了完成《史记》的决心。终于，至汉武帝征和二年（前 91 年），司马迁在竹简的青皮上写下最后一个字，《史记》的书稿完成了，剩下最后的修订工作。这时，宫廷中发生了所谓"巫蛊之祸"，司马迁的友人任安被牵连下狱。任安在狱中写信给司马迁，请求他在皇帝面前为之求情。司马迁回复了任安，即有名的《报任安书》，再次表明自己的心迹——自己仅为《史记》而活着，不能再用这点残存的生命去做无谓的牺牲。而且，司马迁深知，即便完成了《史记》，自己有生之年也不能看到这部书在世面上流传，只能是"藏之名山，传之后人"。

---

① 《史记·太史公自序》，第 2858 页。

6.《史记》手稿的流播

司马迁逝世后,《史记》书稿由其家人收藏,最后,书稿传到司马迁的外孙、著名文学家杨恽手中。原来,司马迁的女儿嫁给敬侯杨敞,杨敞地位显赫,曾在汉昭帝时做过丞相。杨敞的儿子杨恽自幼聪慧过人,后来在文学上很有成就。可能因为这方面的原因吧,《史记》手稿未按中国传统交到男性继承人即儿孙手中,而是传到女儿及外孙手中。此时,西汉朝廷已三易其主,从汉武帝至汉昭帝,从汉昭帝到汉宣帝。汉宣帝生长于民间,对武帝刘彻的行为颇为不满,容许某些在汉武一朝无法传播的文本在一定范围内流传,《史记》也在其中。杨恽认真阅读了外祖父司马迁撰写的《史记》,击节赞叹,认为可与《春秋》媲美,甚至有过之而无不及。杨恽得意之余,开始对外推介《史记》,主要是请一些专家审读。是时,《史记》有两部文本,一部在中书令署,另一部在杨恽手中。这样,《史记》得以渐渐浮出水面。嗣后,杨恽在《报孙会宗书》中发表了一些对朝廷政治不满的怨言,被其政敌诬陷下狱,被腰斩。某些朝臣趁机毁谤《史记》,视《史记》为离经叛道的谤书。学者不敢为其作注,专家不敢对其评述。西汉时,连诸侯都没有全版的《太史公书》,时有东平王向朝廷要求赏赐宫廷中的《太史公书》,遭拒绝。而且,《史记》中有大量宫廷秘事,西汉朝廷严禁泄露,只有当朝史官才能接触该书。汉宣帝时,史官褚少孙可以在宫廷内阅读该书。班彪任史官时,皇室赐予班彪《太史公书》的副本,其中少了十篇。

《史记》得以较广泛地传播流行,是在东汉中期以后。最早称司马迁这部史著为《史记》的,是东汉桓帝时的《东海庙碑》。在这以前,《史记》都称《太史公书》《太史公记》或简称《太史公》。东汉时,朝廷曾下诏删节和续补《史记》,杨终"受诏删《太史公书》为十余万言"[①]。说明东汉皇室依然不愿全部公开《史记》,只让杨终删为十多万字发表。被删后仅十余万言的《史记》,在汉以后即失传。市面上流传的是经续补的手抄本《史记》。

---

① 见《后汉书·杨终传》。

7. "内部发行"的《史记》

《史记》在西汉宫廷内部流传时，得到一些大臣的推崇和赞赏，扬雄、褚少孙、刘向、刘歆、冯商等十多个大臣和学者都缀集时事，或补之或续之。扬雄是西汉著名文人，擅长写赋，一向恃才傲物，提出文学是"雕虫小技"的就是这位先生。扬雄读了《史记》后，在他的《法言》一书中作出了相当中肯的评价："太史迁，曰实录。"从此，"实录"二字就成为始终伴随《史记》的评价。到了东汉，《汉书》的作者班固为司马迁立传。班固在赞语中说："然自刘向、扬雄博极群书，皆称迁有良史之材，服其善序事理，辩而不华，质而不俚，其文直，其事核，不虚美，不隐恶，故谓之实录。"① 在此赞语中，班固进一步诠释并完善了"实录"说，成为两汉时系统评价《史记》及司马迁的第一人。

不过，班固对《史记》也有不少非议②，他认为：《史记》"采经摭传，分散数家之事，甚多疏略，或有抵牾。""又其是非颇缪于圣人，论大道则先黄老而后六经，序游侠则退处士而进奸雄，述货殖则崇势利而羞贫贱，此其所蔽也。"③ 不得不承认，班固的眼光很毒，他对《史记》在政治思想方面的评说非常准确，他是最早看出深藏于《史记》内容深处的叛逆精神的人，然而，这正是《史记》最大的亮点。班固是一代大儒，站在正统儒家立场，他当然要说这番话。然而，换一个角度，班固所说的"此其所蔽也"正是"此其所利也"，《史记》的批判态度和叛逆精神，是中国专制政治和封建社会中最为难得、最为宝贵的品质。

西汉若干大臣推崇《史记》并补写《史记》，其中值得一提的是褚少孙。褚少孙是汉宣帝至汉元帝时候的史官，用今天的话说，他是司马迁及《史记》最早的铁杆粉丝，不仅用心研读，还对某些散失不全的《史记》篇目做整理补订工作。他在《三王世家》的后面说："臣幸得以文学为侍郎，好览观《太史公》之列传。传中称《三王世家》文辞可观，求其世家终不能得。窃从长老好

① 见班固《汉书·司马迁传》。
② 注：一般认为，对《史记》的非议其实是班固之父班彪的意见，只不过被班固记录在《汉书·司马迁传》中，故视为班固的意见。
③ 转引自鲁迅《汉文学史纲要》。

故事者取其封策书，编列其事而传之，令后世得观贤主之指意。"褚少孙补写的篇目主要见于《三王世家》《外戚世家》《梁孝王列传》《张丞相列传》《滑稽列传》《龟策列传》及《三代世表》。其中最具思想价值和文学价值的是《滑稽列传》中的"西门豹治邺"和《外戚世家》中的"钩弋之死"。以下是这两段的全文：

西门豹治邺

魏文侯时，西门豹为邺令。豹往到邺，会长老，问之民所疾苦。长老曰："苦为河伯娶妇，以故贫。"豹问其故，对曰："邺三老、廷掾常岁赋敛百姓，收取其钱得数百万，用其二三十万为河伯娶妇，与祝巫共分其余钱持归。当其时，巫行视小家女好者，云是当为河伯妇，即娉取。洗沐之，为治新缯绮縠衣，间居斋戒；为治斋宫河上，张缇绛帷，女居其中。为具牛酒饭食，十余日。共粉饰之，如嫁女床席，令女居其上，浮之河中。始浮，行数十里乃没。其人家有好女者，恐大巫祝为河伯取之，以故多持女远逃亡。以故城中益空无人，又困贫，所从来久远矣。民人俗语曰'即不为河伯娶妇，水来漂没，溺其人民'云。"西门豹曰："至为河伯娶妇时，愿三老、巫祝、父老送女河上，幸来告语之，吾亦往送女。"皆曰："诺。"至其时，西门豹往会之河上。三老、官属、豪长者、里父老皆会，以人民往观之者三二千人。其巫，老女子也，已年七十。从弟子女十人所，皆衣缯单衣，立大巫后。西门豹曰："呼河伯妇来，视其好丑。"即将女出帷中，来至前。豹视之，顾谓三老、巫祝、父老曰："是女子不好，烦大巫妪为入报河伯，得更求好女，后日送之。"即使吏卒共抱大巫妪投之河中。有顷，曰："巫妪何久也？弟子趣之！"复以弟子一人投河中。有顷，曰："弟子何久也？复使一人趣之！"复投一弟子河中。凡投三弟子。西门豹曰："巫妪弟子是女子也，不能白事，烦三老为入白之。"复投三老河中。西门豹簪笔磬折，向河立待良久。长老、吏、傍观者皆惊恐。西门豹顾曰："巫妪、三老不来还，奈之何？"欲复使廷掾与豪长者一人入趣之。皆叩头，叩头且破，额血流地，色如死灰。西门豹曰："诺，且留待之须臾。"须臾，豹曰："廷掾起矣。状河伯留客之久，若皆罢去归矣。"邺吏民大惊恐，从是以后，不敢复言为河伯娶妇。西门豹即发民凿十二渠，引河水灌民田，田皆溉。当其时，民治渠少烦苦，不欲也。豹曰：

"民可以乐成，不可与虑始。今父老子弟虽患苦我，然百岁后期令父老子孙思我言。"至今皆得水利，民人以给足富。十二渠经绝驰道，到汉之立，而长吏以为十二渠桥绝驰道，相比近，不可。欲合渠水，且至驰道合三渠为一桥。邺民人父老不肯听长吏，以为西门君所为也，贤君之法式不可更也。长吏终听置之。故西门豹为邺令，名闻天下，泽流后世，无绝已时，几可谓非贤大夫哉！①

钩弋之死

褚先生曰：浴不必江海，要之去垢；马不必骐骥，要之善走；士不必贤世，要之知道；女不必贵种，要之贞好。传曰："女无美恶，入室见妒；士无贤不肖，入朝见嫉。"美女者，恶女之仇。岂不然哉！钩弋夫人姓赵氏，河间人也。得幸武帝，生子一人，昭帝是也。武帝年七十，乃生昭帝。昭帝立时，年五岁耳。卫太子废后，未复立太子。而燕王旦上书，愿归国入宿卫。武帝怒，立斩其使者于北阙。上居甘泉宫，召画工图画周公负成王也。于是左右群臣知武帝意欲立少子也。后数日，帝谴责钩弋夫人。夫人脱簪珥叩头。帝曰："引持去，送掖庭狱！"夫人还顾，帝曰："趣行，女不得活！"夫人死云阳宫。时暴风扬尘，百姓感伤。使者夜持棺往葬之，封识其处。其后帝闲居，问左右曰："人言云何？"左右对曰："人言且立其子，何去其母乎？"帝曰："然。是非儿曹愚人所知也。往古国家所以乱也，由主少母壮也。女主独居骄蹇，淫乱自恣，莫能禁也。女不闻吕后邪？"故诸为武帝生子者，无男女，其母无不谴死，岂可谓非贤圣哉。②

请注意，《史记》中以"褚先生曰"起头者，就是褚少孙补充的段落。此段讲钩弋夫人必然的悲剧命运。因为长得极美，所以入选后宫，刘彻很喜欢她，其子被立为太子，就是后来的汉昭帝。然而，等待她的不是子荣母贵，而是子荣母死。何以如此？刘彻说得很清楚，国家之所以乱，是因为人主（国君）年少而母亲（皇太后）正值壮年。一个正值壮年的女人怎么会独居？肯定

---

① 见褚少孙补《史记·滑稽列传》，第2782~2784页。
② 见褚少孙补《史记·外戚世家》，第1771~1772页。

是"淫乱自恣,莫能禁也"。而且,如果仅是个人私生活上的淫乱,这并不是很大的问题,问题是,皇太后私生活的淫乱,势必导致政治上的混乱。刘彻说,吕后就是一个例子。为了避免王朝的动荡,必须杀死太子的母亲。所以,凡生了儿女的后妃,都必死。为什么司马迁未录这件事而由褚少孙来补录呢?大概因为太阴暗了,司马迁有顾虑。褚少孙是较晚的时候的人,他可以录这件事,还可以谴责汉武帝,毕竟时过境迁了。褚少孙还加了一点小小的议论:美女是丑女天生的仇人,君子(绅士)是小人(流氓)天生的仇人。此言不差。之所以在关于《史记》成书过程及版本演变中插入这么两段,因为这是关于褚少孙补《史记》的一段插曲,也算是褚少孙的功劳吧,顺录于此。

8.《史记》的考注和版本

很快到了东汉,蔡伦改进了造纸技术,用树皮、破布等作原料造纸,人称"蔡侯纸"。纸张的发明对文化的传播起到了极大的推动作用,手抄本的《史记》开始在市面上传播。然而,从两汉到魏晋,由于辗转传抄,不同抄本的《史记》在字句之间颇有差异。晋代徐广作《史记音义》,把那时不同的字句记录下来,力图对一些有差错的字句做订正,但因功力欠缺未达到预期效果。到六朝时,刘宋的裴骃在徐广《史记音义》的基础上,兼采经、传、诸史及孔安国、郑玄、服虔、贾逵等人之说作《史记集解》,从音韵及字义上考证《史记》,成为《史记》文本的第一大注家。裴骃,字龙驹,河东闻喜人,是著名史学家裴松之的儿子。裴松之为《三国志》作注,裴骃为《史记》作注,其孙裴子野也是当时的史学家和文学家,号称"三裴"。

至唐开元年间,《史记》流传已 600 余年,在长时间的流传中,《史记》抄本杂多,对《史记》文本的阅读和理解又产生很多歧义,换言之,对唐代而言,汉代已属古代,《史记》文本中的许多人和事,唐代人读起来有困难了。于是,司马贞作《史记索隐》30 卷。据《唐书·艺文志》载,司马贞,字子正,唐河内(今沁阳)人。开元中官至朝散大夫,宏文馆学士,主管编纂、撰述和起草诏令等,是唐代著名的史学家,世称"小司马"。司马贞以《史记》旧注音义年远散失,乃采摭晋代徐广《史记音义》、南朝宋裴骃《史记集解》、齐邹诞生《史记集注》、唐刘伯庄《史记音义》《史记地名》等诸家的注文,参阅韦昭、贾逵、杜预、谯周等人的论著,撰成对后世很有影响的史学名著《史记索隐》。该书音义并重，注文翔实，对疏误缺略补正颇多，具有较高的史学研究价值。与此同时，唐人张守节作《史记正义》，也是 30 卷。该书按照条目对《史记》加以注释（正义），附于《史记》正文后面，帮助读者理解《史记》文本中的语词。张守节在开元年间任诸王侍读宣议郎守右清道率府长史。张守节的《史记正义》成书于开元二十四年（736 年），与司马贞《史记索隐》的成书年代差不多，但这两人似乎并无往来，他们的书中都不引用对方的观点。从注家角度说，这种独立的注疏更有利于文本的阐释，各抒己见、互不雷同，可以让后世读者看到更丰富的见解。至此，在《史记》众多的注疏文本中，三大注家脱颖而出，这就是裴骃的《史记集解》、司马贞的《史记索隐》和张守节的《史记正义》。三家都是为《史记》作注的，但侧重各有不同。裴骃的"集解"着重收集自西汉至魏晋各家对《史记》的注解供读者参考，有比较研究之意；张守节的"正义"对《史记》中的人名、地名、难解语词和专有名词作逐条解释，有词语解释之意。三家注从不同角度对《史记》做出解读，是阅读理解司马迁《史记》的重要参考书。

自宋以后，《史记》活字印刷文本增多，研究《史记》的著述也增多，较有代表性的如清朝梁玉绳的《史记志疑》、崔适的《史记探源》、日本学者泷川资言的《史记会注考证》，以及赵翼的《廿二史札记》和王鸣盛《十七史商榷》的有关部分，都是关于《史记》的重要的参考书籍。其中值得注意的是日本对中国古代文献的研究，仅以《史记》研究为例。日本学者泷川资言撰写的《史记会注考证》，资料翔实，以金陵书局本为底本，引录三家注以来有关中日典籍一百二十多种，其中有中国著作一百余种、日本著作二十几种，上起盛唐，下迄近代，别择级辑于注文中，时加审辨说明，将一千两百年来诸家众说，以事串联，较为系统地介绍出来，大大节省搜检群书之劳，为研究者提供了极大方便。此外，陈直著《史记新证》，多取甲骨文、金文及秦汉权量、石刻、竹简、铜器、陶器之铭文印证《史记》，独辟蹊径，较有新意。因其所著《汉书新证》成书在前，《史记新证》稿中关于汉武帝以前西汉史之考证与之重复者，均已删去。张森楷作《史记新校注》，初稿完成于 20 世纪 20 年代，惜未定稿。1967 年由杨家骆编纂整理，交由我国台湾地区的中国学典馆筹备处印行，但文有残缺，南京图书馆收藏有张森楷《史记新校注》稿本。近代注释《史记》较有成就的还有黄福銮《史记索引》、钟华《史记人名索引》、段书安《史记三家注引书索引》等。其中黄福銮《史记索引》对查索《史记》中的人名、地名、事件、词汇及习俗语颇为实用。

到了现当代，对《史记》进行校勘、注释等整理工作贡献最大的首推张元济。在他的倡导和主持下，于20世纪20年代开始对以《史记》为首的"二十四史"进行庞大而系统的编校工程，即百衲本《二十四史》的修订和整理。所谓"百衲"，指僧人所穿的用方形小块布片补缀起来的衣服。因许多宋代版本的书传下来都有缺卷，需要配其他的宋本补充，所以称之为"百衲本"。张元济要挑出"二十四史"中最好的版本作为底本，与其他版本的"二十四史"进行互校，最后完成一套完备的《二十四史》。

百衲本《二十四史》的编校工程命途多舛，20世纪30年代初，编校的准备工作刚刚就绪，所需的影印样张基本收集齐备，抗日战争即爆发。1932年的"一·二八"淞沪抗战不仅中断了编校工程，若干的影印样张也在战火中化为灰烬。其后，百衲本《二十四史》在战争的间歇中断断续续得以完成，这就是台湾商务印书馆的百衲本《二十四史》。

1956年，郑振铎①提出重新整理《二十四史》的建议。1958年，由吴晗、范文澜等历史学家全面部署《二十四史》的点校工程，交中华书局组织实施。二十余年间，共有百余位文史专家参与此项工程。1966年"文化大革命"爆发，整理工作停顿，1971年恢复，1978年完成全部整理工作。今日书店中所售的中华书局分册简装竖排繁体排印的《二十四史》就是那次点校的成果。张元济的百衲本《二十四史》在这次整理工作中发挥了重大作用。当时的南京大学教授程千帆说："论百衲本是一篇大文章。前此非无谈此书之文章，未有能如先生之能见其大其全者。中华本（绍曾按：指中华点校本《二十四史》）固有功，然百衲不先出，则中华诸底本亦无以植其基也。"②

张元济（1867—1959年），号菊生，浙江海盐人。出身于名门望族，书香世家。清末中进士，入翰林院任庶吉士，后在总理事务衙门任章京。1902年，张元济进入商务印书馆，历任编译所所长、经理、监理、董事长等职。1949年后，担任上海文史馆馆长，继任商务印书馆董事长。

---

① 郑振铎：作家、文学家，著有《中国俗文学史》，时任文化部副部长。
② 见《百衲本二十四史校勘记·宋史校勘记》。

　　嗣后，中华书局依旧例将裴骃的《史记集解》、司马贞的《史记索隐》、张守节的《史记正义》与司马迁的《史记》整合为一，在《史记》正文之间穿插三家的注释（另用字号）。此种《史记》版本的格局是：冠名《史记》，［汉］司马迁撰，［（刘）宋］裴骃集解，［唐］司马贞索隐，［唐］张守节正义。此版《史记》封面为绿色，读者称之为"绿皮史记"。这样，一套完整的、权威版本的《史记》就呈现在读者面前。通过这套完整的《史记》，历代读者读到什么样的体例和内容？领略到什么样的思想和文采？这是一个很值得讨论的话题。

三、《史记》的思想内涵

1. 《史记》思想集中于历史观

法国数学家、哲学家布莱士·帕斯卡尔（Blaise Pascal）说：

> 人只不过是一根苇草，是自然界最脆弱的东西；但他是一根能思想的
> 苇草。
>
> 因此，我们全部的尊严就在于思想。正是由于它而不是由于我们所无
> 法填充的空间和时间，我们才必须提高自己。因此，我们要努力好好地思
> 想；这就是道德的原则。
>
> 思想——人的全部的尊严就在于思想。①

帕斯卡尔把思想作为人类生存的第一原则，没有思想，人连一根草都不
如。当然，也有人把思想践踏得一文不值，说什么"人类一思考，上帝就发
笑"②。说这种话的人，就是巴不得所有人都放弃思考、放弃思想，从而让他
来充当"上帝"。中国古代的历代统治者都如此，靠溜须拍马而分得一杯羹的
奴才们亦如此。司马迁不吃这一套，在《史记》中，司马迁通过所写人物的故
事、他们的命运和性格，在字里行间流露出自己的思想；通过每篇末"太史公
曰"的议论，直接表达自己的思考和想法。尽管这些思考和想法看似零散而杂
乱，或者委婉而含蓄，可是，通过对《史记》全书的研读，仍不难领会到司马

---

① 见帕斯卡尔《思想录》。

② 此语出自米兰·昆德拉《生命中不能承受之轻》。米氏此言有其特定的时代背景，后被某些人
滥用，以此作为践踏人类思想的一种流行语，笔者这里的批评专指后者。

迁深沉而敏锐的思想。不言而喻，在以言论治罪的封建专制政体中，司马迁不可能畅所欲言。仅仅是为李陵说了几句话，就招致屈辱的宫刑，司马迁不得不接受教训。然而，若以为刑余的司马迁被吓破了胆，再也不敢说话了，则又大谬。恰恰相反，刑余的司马迁思考更加深入，下笔更加有力了，一般认为，遭受宫刑后的司马迁，在笔法和文风上为之一变，其笔法更加含蓄，其文风更加悲壮，在此种笔法和文风中蕴含的思考和想法不仅深沉，而且圆熟，如用一种较为宽松的标准衡量，说《史记》中包含和展示了一套不同凡响的历史哲学和历史观，实不为过。

2.《史记》历史观之一：不以成败论英雄

司马迁在《史记》中展现的历史观是——不以众说之成败为成败，即"不以成败论英雄"。

项羽是汉高祖刘邦的死敌。刘邦得胜了，历史由胜利者书写。若按后世史家的写法，怎么贬低项羽都不为过，说得再不堪都无所谓：当事人项羽早已败亡，谁肯为他说几句公道话呢？可司马迁不，不言别的，单凭他将项羽列入"本纪"这一条，就足以看出司马迁伟大的气度和公正的良知。在他笔下，项羽是推翻秦朝暴政的起义者，是左右和主导了天下大势的西楚霸王，是英勇善战仁爱士卒的统帅，是有情有义的男子汉，是豪迈洒脱的英雄，当然，也是一个刚愎自用、幼稚可笑而必然走向败亡的悲剧角色。司马迁对他有赞赏，有惋惜，也有批评。试看数段：

> 秦始皇帝游会稽，渡浙江，梁与籍俱观。籍曰："彼可取而代也。"梁掩其口，曰："毋妄言，族矣！"梁以此奇籍。籍长八尺余，力能扛鼎，才气过人，虽吴中子弟皆已惮籍矣。

> 当是时，楚兵冠诸侯。诸侯军救钜鹿下者十余壁，莫敢纵兵。及楚击秦，诸将皆从壁上观。楚战士无不一以当十，楚兵呼声动天，诸侯军无不人人惴恐。于是已破秦军，项羽召见诸侯将，入辕门，无不膝行而前，莫敢仰视。

　　沛公旦日从百余骑来见项王，至鸿门，谢曰："臣与将军戮力而攻秦，将军战河北，臣战河南，然不自意能先入关破秦，得复见将军于此。今者有小人之言，令将军与臣有郤。"项王曰："此沛公左司马曹无伤言之；不然，籍何以至此。"项王即日因留沛公与饮。项王、项伯东向坐。亚父南向坐。亚父者，范增也。沛公北向坐，张良西向侍。范增数目项王，举所佩玉玦以示之者三，项王默然不应。

　　居数日，项羽引兵西屠咸阳，杀秦降王子婴，烧秦宫室，火三月不灭；收其货宝妇女而东。人或说项王曰："关中阻山河四塞，地肥饶，可都以霸。"项王见秦宫皆以烧残破，又心怀思欲东归，曰："富贵不归故乡，如衣绣夜行，谁知之者！"说者曰："人言楚人沐猴而冠耳，果然。"项王闻之，烹说者。

　　项王军壁垓下，兵少食尽，汉军及诸侯兵围之数重。夜闻汉军四面皆楚歌，项王乃大惊曰："汉皆已得楚乎？是何楚人之多也！"项王则夜起，饮帐中。有美人名虞，常幸从；骏马名骓，常骑之。于是项王乃悲歌慷慨，自为诗曰："力拔山兮气盖世，时不利兮骓不逝。骓不逝兮可奈何，虞兮虞兮奈若何！"歌数阕，美人和之。项王泣数行下，左右皆泣，莫能仰视。

　　于是项王乃欲东渡乌江。乌江亭长檥船待，谓项王曰："江东虽小，地方千里，众数十万人，亦足王也。愿大王急渡。今独臣有船，汉军至，无以渡。"项王笑曰："天之亡我，我何渡为！且籍与江东子弟八千人渡江而西，今无一人还，纵江东父兄怜而王我，我何面目见之？纵彼不言，籍独不愧于心乎？"

　　乃令骑皆下马步行，持短兵接战。独籍所杀汉军数百人。项王身亦被十余创。顾见汉骑司马吕马童，曰："若非吾故人乎？"马童面之，指王翳曰："此项王也。"项王乃曰："吾闻汉购我头千金，邑万户，吾为若德。"乃自刎而死。王翳取其头，余骑相蹂践争项王，相杀者数十人。

太史公曰：吾闻之周生曰"舜目盖重瞳子"，又闻项羽亦重瞳子。羽岂其苗裔邪？何兴之暴也！夫秦失其政，陈涉首难，豪杰蜂起，相与并争，不可胜数。然羽非有尺寸，乘势起陇亩之中，三年，遂将五诸侯灭秦，分裂天下，而封王侯，政由羽出，号为"霸王"，位虽不终，近古以来未尝有也。及羽背关怀楚，放逐义帝而自立，怨王侯叛己，难矣。自矜功伐，奋其私智而不师古，谓霸王之业，欲以力征经营天下，五年卒亡其国，身死东城，尚不觉寤而不自责，过矣。乃引"天亡我，非用兵之罪也"，岂不谬哉！①

《项羽本纪》是司马迁格外用力的一章，原文很长，仅从以上数段看，一个力拔山河气盖世的英雄形象跃然而出，一个讲义气具有不忍之心的幼稚的年轻人也鲜活可见。司马迁毫不避讳地赞赏道："三年，遂将五诸侯灭秦，分裂天下，而封王侯，政由羽出，号为'霸王'，位虽不终，近古以来未尝有也。"紧接着，又严厉批评道："自矜功伐，奋其私智而不师古，谓霸王之业，欲以力征经营天下，五年卒亡其国，身死东城，尚不觉寤而不自责，过矣。乃引'天亡我，非用兵之罪也'，岂不谬哉！"

这是一段对英雄项羽的爱恨交加的评论。爱，是对一个中国社会历史中罕见的英气逼人的英雄的珍爱；恨，是对一个鲁莽草率稚气未脱的青年人的恨铁不成钢之恨（此处的"恨"应取古汉语中"遗憾"之意）。对此，木心有一段精彩的评论：

文学家的爱恨，是自由的，纯个人性的，而史家的爱恨是有标准的，非个人的，所以艺术家一谈历史，脸色凝重。司马迁写《史记》，很为难，难辩、巧辩、甚至诡辩，为他所喜欢的人物讲几句话。他喜欢项羽，按理"成者为王，败者为寇"，只有帝皇传才能列为"本纪"，可是司马迁却写作《项羽本纪》，全文处处突出项羽的性格才能，最后虽然狠狠批评了一

———

① 以上均见《史记·项羽本纪》，第252、261、266、268、283、285、287页。

句，整体看，明明是小骂大帮忙。①

再说陈胜。陈胜与吴广是中国古代第一次农民大起义的领导者，起义成功后在众人拥戴下自封为陈王。在那种"乱世英雄起四方，有枪便是草头王"的年代，此种自封的王侯多了去了，并不被世人所认可，亦不被历史所认可。虽然刘邦后来给陈胜追加了一个虚衔——隐王，但仅看其名就知道是种荣誉称号，并无实质意义。缘此，陈胜既不可能与春秋、战国时代的诸侯相比，也不能与西汉王朝的萧何、曹参、张良等诸股肱之臣相比（此辈皆封侯）。况且，陈胜自大泽乡起义至败亡为期仅一年（前208年），根本谈不上什么"世袭"。所以，如前所言，按司马迁定的"世家"标准，陈胜是不能达标的。然而，司马迁仍将陈胜列入"三十世家"，写下《陈涉世家》，这是为什么呢？答案只有一个，即司马迁认可陈胜的历史地位，认可他发动起义的亡秦首功，认为他有资格进入诸侯王系列。同样，在《陈涉世家》的叙事中，司马迁对这位振臂一呼、天下响应的英雄不乏赞誉之辞：

> 陈胜者，阳城人也，字涉。吴广者，阳夏人也，字叔。陈涉少时，尝与人佣耕，辍耕之垄上，怅恨久之，曰："苟富贵，无相忘。"庸者笑而应曰："若为庸耕，何富贵也？"陈涉太息曰："嗟乎，燕雀安知鸿鹄之志哉！"

> 吴广素爱人，士卒多为用者。将尉醉，广故数言欲亡，忿恚尉，令辱之，以激怒其众。尉果笞广。尉剑挺，广起，夺而杀尉。陈胜佐之，并杀两尉。召令徒属曰："公等遇雨，皆已失期，失期当斩。藉弟令毋斩，而戍死者固十六七。且壮士不死即已，死即举大名耳，王侯将相宁有种乎！"徒属皆曰："敬受命。"

> 陈胜王凡六月。已为王，王陈。其故人尝与庸耕者闻之，之陈，扣宫门曰："吾欲见涉。"宫门令欲缚之。自辩数，乃置，不肯为通。陈王出，

---

① 见木心《文学回忆录》。

遮道而呼涉。陈王闻之，乃召见，载与俱归。入宫，见殿屋帷帐，客曰："夥颐！涉之为王沈沈者！"楚人谓多为夥，故天下传之，夥涉为王，由陈涉始。客出入愈益发舒，言陈王故情。或说陈王曰："客愚无知，颛妄言，轻威。"陈王斩之。诸陈王故人皆自引去，由是无亲陈王者。

陈胜虽已死，其所置遣侯王将相竟亡秦，由涉首事也。高祖时为陈涉置守冢三十家砀，至今血食。[①]

不以成败论英雄的历史观，颠覆了"成则王侯败则贼"的丛林法则，让中国古代的历代统治者认识到，尽管他们可以猖獗一时，但不能永远猖狂。尽管当时他们可以凭卑鄙和下流取得通往荣华富贵的通行证，但他们无法通过历史的审判，无法取得公平和正义的通行证。对历代失败了的悲剧英雄而言，这也是一个莫大的安慰，他们生前未能成功，死后却得到历史的肯定，得到褒扬其英雄业绩的"墓志铭"，由是于天地之间永垂不朽。事实上亦如此，项羽、陈胜至今仍得到世人的尊重和景仰，一出"霸王别姬"，从古时一直唱到现在；而《陈涉世家》一直入选中学语文课本。[②] 项羽和陈胜之墓至今仍在，项羽墓在山东省泰安市的东平县，陈胜墓在永城市东北芒砀山主峰西南麓，景仰祭祀的人四时不断。

3.《史记》历史观之二：不以儒术定是非

司马迁《史记》历史观之二是——不以儒术之是非为是非。

说到"儒术"，不得不提到一桩一直混淆不清的公案——何谓"儒术"？董仲舒是否提出"罢黜百家，独尊儒术"？汉武帝是否采纳了这一建议？中国在汉武之后的两千多年中是否贯彻了这一国策？"罢黜百家，独尊儒术"的正式提法始于何时何处？倒着说吧，据考，正式提出"罢黜百家，独尊儒术"的是五四时代的易白沙。易白沙是清末民初的著名思想家（1886—1921年），1916

---

① 以上均见《史记·陈涉世家》，第 1743、1745、1752、1753 页。陈胜坟茔的领地及血食（朝廷供养）至东汉王莽新政时止，详见班固《汉书·陈胜项籍传》。

② 听说近来有人建议将《陈涉世家》及鲁迅的大部分作品从中学语文教材中删除，尤其要删除《记念刘和珍君》。

年在《新青年》杂志上发表《孔子平议》，提出：自汉武帝开始，"罢黜百家，独尊儒述，利用孔子为傀儡，垄断天下之思想，使失其自由"①。易白沙是"打倒孔家店"的首倡者，他的提法很有道理且有依据，董仲舒确实提出罢黜百家而进"六艺之科，孔子之术"的建议，在《天人三策》中，董说：

> 《春秋》大一统者，天地之常经，古今之通谊也。今师异道，人异论，百家殊方，指意不同，是以上亡以持一统，法制数变，下不知所守。臣愚以为诸不在六艺之科孔子之术者，皆绝其道，勿使并进。邪辟之说灭息，然后统纪可一而法度可明，民知所从矣。②

曹聚仁在《中国学术思想史随笔》中说："那位御史大夫赵绾也奏道：'所举贤良，或治申、商、韩非、苏秦、张仪之言，乱国政，请皆罢。'这才走上黜百家、尊儒术的路子。"③ 汉武帝刘彻对这一套说法很欣赏，但碍着笃信黄老学说的窦太后的面子，未能完全推行董的建议。窦太后死后，"田蚡又起为丞相，从此儒家才一帆风顺地稳坐了我国思想史中的正统地位"④。不难看出，尽管在字面上，董仲舒没有明确提出"罢黜百家，独尊儒术"的说法，但其在《天人三策》中说的就是这个意思，自汉武之后中国历代封建统治者推行的也是这套方针，只不过经易白沙总结之后点明罢了。但有一些人抓住这点大做文章，无非是替当时的封建专制政治"说白"——没有所谓"罢黜百家，独尊儒术"啊，中国的百家很发达的，思想你想罢黜也罢黜不了的，思想在人家脑袋里装着的呀，怎么能罢黜呢？或又问，董在《天人三策》中说的是"六艺之科，孔子之术"，这与"儒术"是否一样？说来还真有些不同，言至此，还得将有关"儒"的一些基本概念简说一下，这些基本概念是：儒、儒术、儒家、儒学、儒林、儒者、原始儒、汉儒、宋儒、现代儒、当代儒，等等。何谓"儒"？章太炎在《国故论衡》中说：

---

① 见庞朴、马勇、刘贻群《先秦儒家研究·20世纪中国学术文存》。
② 见董仲舒《天人三策》。有人连这一篇都否认，说是班固编造的，持之无故，不论。
③ 见曹聚仁《中国学术思想史随笔·博士与博士弟子》。
④ 见曹聚仁《中国学术思想史随笔·博士与博士弟子》。

　　私名为儒。《七略》曰："儒家者流，盖出于司徒之官，助人君顺阴阳、明教化者也。游文于六经之中，留意于仁义之际，祖述尧舜，宪章文武，宗师仲尼，以重其言，于道为最高。"①

作为"儒"，还是要有点手艺、有点技术的，这就是六艺："礼、乐、射、御、书、数"，就是要懂点礼仪、会演奏乐器、会射箭、会驾马车、会写字、会算账。这六艺也就是通常所说的儒术。至于"儒家"，指学派；"儒学"指儒家学派的理论，汉代主要指"六经"（《诗经》《书》《易》《礼》《乐》《春秋》）；"儒林"指同属儒家学派的人；"儒者"指儒家学派中的某个或某些（年轻点的称"儒生"）；"原始儒"指最早的那批儒，诸如孔、孟，荀子只能算半个儒；"汉儒"是汉代以公孙弘、董仲舒、班固为代表的一批人；"宋儒"指以朱熹、二程为代表的一批人；"现代儒"指以贺麟、冯友兰、梁漱溟、钱宾四、杜维明为代表的一批人；"当代儒"指当下提倡发扬传统文化、传承儒家思想的一批人。

西汉王朝倡导的"儒术"，其中最重要的是第一条就是以礼治国。西汉初年，群臣完全不懂礼仪，吃饭喝酒大呼小叫乱成一片，刘邦急了，儒者叔孙通看透了刘邦的心思，开始教授儒家礼仪：

　　群臣饮酒争功，醉或妄呼，拔剑击柱，高帝患之。叔孙通知上益厌之也，说上曰："夫儒者难与进取，可与守成。臣愿征鲁诸生，与臣弟子共起朝仪。"高帝曰："得无难乎？"叔孙通曰："五帝异乐，三王不同礼。礼者，因时世人情为之节文者也。故夏、殷、周之礼所因损益可知者，谓不相复也。臣愿颇采古礼与秦仪杂就之。"上曰："可试为之，令易知，度吾所能行为之。"

　　于是叔孙通使征鲁诸生三十余人。鲁有两生不肯行，曰："公所事者且十主，皆面谀以得亲贵。今天下初定，死者未葬，伤者未起，又欲起礼乐。礼乐所由起，积德百年而后可兴也。吾不忍为公所为。公所为不合古，吾不行。公往矣，无污我！"叔孙通笑曰："若真鄙儒也，不知时变。"

① 见章太炎《国故论衡》。

遂与所征三十人西，及上左右为学者与其弟子百余人为绵蕞野外。习之月余，叔孙通曰："上可试观。"上既观，使行礼，曰："吾能为此。"乃令群臣习肄，会十月。

汉七年，长乐宫成，诸侯群臣皆朝十月。仪：先平明，谒者治礼，引以次入殿门，廷中陈车骑步卒卫宫，设兵张旗志。传言"趋"。殿下郎中侠陛，陛数百人。功臣列侯诸将军军吏以次陈西方，东乡；文官丞相以下陈东方，西乡。大行设九宾，胪传。于是皇帝辇出房，百官执职传警，引诸侯王以下至吏六百石以次奉贺。自诸侯王以下莫不振恐肃敬。至礼毕，复置法酒。诸侍坐殿上皆伏抑首，以尊卑次起上寿。觞九行，谒者言"罢酒"。御史执法举不如仪者辄引去。竟朝置酒，无敢喧哗失礼者。于是高帝曰："吾乃今日知为皇帝之贵也。"乃拜叔孙通为太常，赐金五百斤。

叔孙通因进曰："诸弟子儒生随臣久矣，与臣共为仪，愿陛下官之。"高帝悉以为郎。叔孙通出，皆以五百斤金赐诸生。诸生乃皆喜曰："叔孙生诚圣人也，知当世之要务。"①

叔孙通教后，刘邦高兴地说，今天总算知道做皇帝的尊贵了。别的不说，只说一个字"趋"字，就是在皇帝面前应该怎样走路。用当今白话解释是：低头（不得昂首），顺眉（不得扬眉更不能吐气），束手（将双手抱在胸前，不得甩手），在指定位置（不得超越，二头目必须跟在大头目之后，以此类推），小碎步（不得大踏步），快走（不得大摇大摆）。试忖，连走路动作都厘定得如此详细，别的还用说吗？一举一动，一颦一笑，儒术都是有规定的，这就是"礼"。以礼治国，就是具体到每项操作上，"一切行动听指挥"，要做古代专制统治者的"驯服工具"，这就需要学习、需要训练，这一整套统称"儒术"。再直白点，所谓"独尊儒术"的"儒术"，就是历代封建统治集团的"驭人之术"，即统治技术；对广大百姓而言，是被统治之术，即按上面细致规定的一切去做，做一个循规蹈矩的"好"奴隶。叔孙通做的只是训练朝臣，到董仲舒则开始全民训练。自西汉禁绝百家之后，独尊的就是这套"儒术"。嗣后，儒术成为中国封建社会的主流意识形态。汉儒在孔子"克己复礼"的基础上，制

---

① 《史记·刘敬叔孙通列传》，第2381~2383页。

定了一整套上尊下卑、上智下愚的礼法制度，以此维系统治者的江山。缘此，易白沙归纳总结得不错，这一套就是"罢黜百家，独尊儒术"。

若按照丛林法则，谁都可以做皇帝，如后世《西游记》中孙悟空所言："皇帝轮流做，明年到我家。"真个这样做还了得？那谁的江山都坐不稳。于是，刚把江山夺到手的封建统治者，势必重新制定规则，规定他的江山是承天启运、万世不易的基业，以此作为他们执政的合法依据。于是，唯上为尊、以礼治国的儒术就成为历代封建统治者的最佳选择。缘此，自董仲舒提出"禁绝百家"之后，儒术就成为中国古代社会最重要的统治工具之一，成为评判天下是非的标准。可是，司马迁不买这个账，尽管《史记》在表面上也以儒术为指导思想，在若干篇什中也有弘扬儒术的话，但在骨子里，司马迁并非真正以儒术为指导，相反，他更看重以老庄为代表的道家思想，如前所言，这也是其父司马谈信奉的思想。只要认真研读《史记》，不难发现蕴藏在《史记》篇章中的这种历史观。试看：

> 韩子曰："儒以文乱法，而侠以武犯禁。"二者皆讥，而学士多称于世云。

> 今游侠，其行虽不轨于正义，然其言必信，其行必果，已诺必诚，不爱其躯，赴士之阨困，既已存亡死生矣，而不矜其能，羞伐其德，盖亦有足多者焉。

> 鄙人有言曰："何知仁义，已飨其利者为有德。"故伯夷丑周，饿死首阳山，而文武不以其故贬王；跖、蹻暴戾，其徒诵义无穷。由此观之，"窃钩者诛，窃国者侯，侯之门仁义存"，非虚言也。

> 自秦以前，匹夫之侠，湮灭不见，余甚恨之。以余所闻，汉兴有朱家、田仲、王公、剧孟、郭解之徒，虽时扞当世之文罔，然其私义廉洁退让，有足称者。名不虚立，士不虚附。

> 太史公曰：吾视郭解，状貌不及中人，言语不足采者。然天下无贤与

不肖，知与不知，皆慕其声，言侠者皆引以为名。谚曰："人貌荣名，岂有既乎！"於戏，惜哉！①

以上是《游侠列传》中的数段。仅从这寥寥数行中，不难看出作者对游侠这一社会人群的肯定和赞扬。自古以来，诚信既是一种难能可贵的品质，也是一种稀缺的社会资源。可是，游侠最讲究诚信——"其言必信，其行必果，已诺必诚，不爱其躯"。说到"仁义"，司马迁直接站出来说话："伯夷丑周，饿死首阳山，而文武不以其故贬王；跖、蹻暴戾，其徒诵义无穷。由此观之，'窃钩者诛，窃国者侯，侯之门仁义存'，非虚言也。"指出真正的仁义存在于民间游侠的盗跖、庄蹻那里，诸侯之门，哪里有什么仁义的容身之地？其中引语为庄子所言，是庄子对封建上层社会最尖锐的批判之一，司马迁在这里直接引用。起头一段借韩非子之言，对儒者和游侠给予同样的批判："儒以文乱法，而侠以武犯禁。"韩非子是法家代表人物，他明确指出，这两种人都危害了法制社会。这种话，当然是"独尊儒术"的封建社会不能接受的。《货殖列传》中又写道：

故曰："仓廪实而知礼节，衣食足而知荣辱。"礼生于有而废于无。故君子富，好行其德；小人富，以适其力。渊深而鱼生之，山深而兽往之，人富而仁义附焉。富者得势益彰，失势则客无所之，以而不乐。夷狄益甚。谚曰："千金之子，不死于市。"此非空言也。故曰："天下熙熙，皆为利来；天下攘攘，皆为利往。"夫千乘之王，万家之侯，百室之君，尚犹患贫，而况匹夫编户之民乎！

范蠡既雪会稽之耻，乃喟然而叹曰："计然之策七，越用其五而得意。既已施于国，吾欲用之家。"乃乘扁舟浮于江湖，变名易姓，适齐为鸱夷子皮，之陶为朱公。朱公以为陶天下之中，诸侯四通，货物所交易也。乃治产积居。与时逐而不责于人。故善治生者，能择人而任时。十九年之中三致千金，再分散与贫交疏昆弟。此所谓富好行其德者也。后年衰老而听

---

① 《史记·游侠列传》，第2757～2764页。

子孙，子孙修业而息之，遂至巨万。故言富者皆称陶朱公。

乌氏倮畜牧，及众，斥卖，求奇缯物，间献遗戎王。戎王什倍其偿，与之畜，畜至用谷量马牛。秦始皇帝令倮比封君，以时与列臣朝请。而巴寡妇清，其先得丹穴，而擅其利数世，家亦不訾。清，寡妇也，能守其业，用财自卫，不见侵犯。秦皇帝以为贞妇而客之，为筑女怀清台。夫倮鄙人牧长，清穷乡寡妇，礼抗万乘，名显天下，岂非以富邪？

夫纤啬筋力，治生之正道也，而富者必用奇胜。田农，掘业，而秦扬以盖一州。掘冢，奸事也，而田叔以起。博戏，恶业也，而桓发用富。行贾，丈夫贱行也，而雍乐成以饶。贩脂，辱处也，而雍伯千金。卖浆，小业也，而张氏千万。洒削，薄技也，而郅氏鼎食。胃脯，简微耳，浊氏连骑。马医，浅方，张里击钟。此皆诚壹之所致。

由是观之，富无经业，则货无常主，能者辐凑，不肖者瓦解。千金之家比一都之君，巨万者乃与王者同乐。岂所谓"素封"者邪？①

《货殖列传》可说是最具眼力的一篇列传。早在以农耕为主的当时社会，司马迁已经看到工商业在社会经济发展中的重要作用。从范蠡这样的富商到引车卖浆者、从行贾（卖油）的雍伯到洒削（磨刀）的张氏，司马迁通过产业致富和经商发家的实例，说明工商业已经超过农耕，成为资本运作和技术领先的新兴经济形式。这些人虽然没有封爵，但他们的富有程度足以与王侯抗衡："千金之家比一都之君，巨万者乃与王者同乐。岂所谓'素封'（虽无封爵实际上等于王者）者邪？"在按儒家排序的"士农工商"社会阶层里，司马迁已然将工商业者提升到更高层次，这就从根本上动摇了中国农耕社会的基础。当然，处于西汉时代的司马迁，不可能预见到一千多年后在英国发生的产业革命及由此导致的人类文明的大飞跃、社会结构的大变革。然而，通过《货殖列传》仍可看出，司马迁站在历史的高度，以超越时代的眼光，洞悉社会结构发

---

① 《史记·货殖列传》，第2821~2823、2825、2843~2844 页。

生的变化和走向，可谓先知先觉。所以，某些眼光很毒的儒者，如上文提到的班固，通过《游侠列传》和《货殖列传》等篇什已经看出司马迁的立场观点与儒术的对立，不妨回顾一下班固的话："其是非颇缪于圣人，论大道则先黄老而后六经，序游侠则退处士而进奸雄，述货殖则崇势利而羞贫贱。"这是从对立的角度，说明《史记》不以儒术之是非为是非。若以儒术之是非为是非，不仅甭说《游侠列传》《货殖列传》是错误的，连《项羽本纪》《陈涉世家》都是错误的。在班固的《汉书》中，这两人都是平民，传名是《陈胜项籍传》。尽管其内容大都取自《史记》，但从标题上已表现出儒者班固的态度，也就是儒术确定的是非：首先，不能列入本纪；其次，直呼其名，陈胜、项籍，在古代这是很不尊重人的（司马迁是称其字，陈涉、项羽）；其三，二人合传，哪能一人专立一传。① 将《史记》与《汉书》一对比，就能发现两位作者各自所持的立场完全不一样。有些学者在讲评《史记》时对这点认识不深，认为司马迁的《史记》"全持孔丘立场"，如当代文学家木心。木心在给陈丹青等当代画家、名人讲文学史时说：

> 一部《史记》，总算落落大方，丈夫气概。我从小熟读司马迁，读到最近，起了怪想法。如果司马迁不全持孔丘立场，而用李耳的宇宙观治史，以他的天才，《史记》这才真正伟大。②

司马迁"全持孔丘立场"吗？不是吧，连班固也未全持孔丘立场。班固所持的是汉儒立场，即董仲舒等人"禁绝百家"的立场。从社会发展的角度看，《货殖列传》是《史记》中最具革命性的篇章。从中国社会后来发生的事件看，以大泽乡起义为代表的农民起义和农民战争，不仅无助于社会的改革和进步，恰恰相反，成为中国历代王朝改朝换代的工具和推手。从这个角度说，重温《史记》，再读《货殖列传》等篇章，不仅有历史意义，更有现实意义。

《史记》中的《游侠列传》和《货殖列传》两篇，是中国历代史书中别具一格的篇章，直到今天，也很少有人将送水的、卖肉的、磨刀的载入史册，司

---

① 见班固《汉书·陈胜项籍传》。
② 见木心讲述、陈丹青记录《1989—1994 文学回忆录·第十三讲 中国古代的历史学家》。

马迁眼里有人民，心里有人民，笔下有人民，由是打开中国史学的新篇章，如钱锺书先生所言："马迁传《游侠》已属破格，然尚以传人为主，此篇（《货殖列传》）则全非'大事记'、'人物志'，于新史学不啻手辟鸿濛矣。"①

4.《史记》历史观之三：不随世势而俯仰

司马迁《史记》历史观之三——不随世势之俯仰而俯仰。

中国社会中总有一些人"与世俯仰"，具体案例在从《汉书》（连同《汉书》在内）之后的二十三史中比比皆是。司马迁的《史记》与众不同，不随世势之俯仰而俯仰，具体表现在以下几个方面：

大胆揭露权贵者的丑恶行径，不替"尊者"讳，不替"圣人"隐，用刘向的话说，就是"不隐恶"。在当时专制独裁的社会体制中，说出任何一句不利于权势者的话，尤其是揭露批判的话，是要冒杀头风险的。所以，中国古代官场的一大诀窍是"多磕头，少说话"。如清人朱克敬《瞑庵杂识》载，曹振镛"晚年，恩遇益隆，身名俱泰。门生某请其故，曹曰：'无他，但多磕头，少说话耳。'"清人汪康年《汪穰卿笔记》载，曾国藩每见到地方上来人到京，也总是教以"多叩头，少说话"。然而，司马迁的《史记》不仅说话，而且敢于说权势者不爱听、不喜欢的话，说揭露统治者老底的话，堪称中国史书中的一绝。试观数段：

> 高祖常繇咸阳，纵观，观秦皇帝，喟然太息曰："嗟乎，大丈夫当如此也！"单父人吕公善沛令，避仇从之客，因家沛焉。沛中豪桀吏闻令有重客，皆往贺。萧何为主吏，主进，令诸大夫曰："进不满千钱，坐之堂下。"高祖为亭长，素易诸吏，乃绐为谒曰"贺钱万"，实不持一钱。谒入，吕公大惊，起，迎之门。吕公者，好相人，见高祖状貌，因重敬之，引入坐。萧何曰："刘季固多大言，少成事。"高祖因狎侮诸客，遂坐上座，无所诎。

> 西过高阳。郦食其为监门，曰："诸将过此者多，吾视沛公大人长

① 见钱锺书《管锥编》。

者。"乃求见说沛公。沛公方踞床,使两女子洗足。郦生不拜,长揖,曰:
"足下必欲诛无道秦,不宜踞见长者。"于是沛公起,摄衣谢之,延上坐。

未央宫成。高祖大朝诸侯群臣,置酒未央前殿。高祖奉玉卮,起为太
上皇寿,曰:"始大人常以臣无赖,不能治产业,不如仲力。今某之业所
就孰与仲多?"殿上群臣皆呼万岁,大笑为乐。①

汉王道逢得孝惠、鲁元,乃载行。楚骑追汉王,汉王急,推堕孝惠、
鲁元车下,滕公常下收载之。如是者三。曰:"虽急不可以驱,奈何弃
之?"于是遂得脱。

(项羽)为高俎,置太公其上,告汉王曰:"今不急下,吾烹太公。"
汉王曰:"吾与项羽俱北面受命怀王,曰'约为兄弟',吾翁即若翁,必欲
烹而翁,则幸分我一桮羹。"②

以上是汉高祖刘邦的几段糗事。见到秦始皇出巡,对人家的权势富贵羡慕
得流口水,叹道,人活着就是要这样啊。到吕家做客,嘴上喊着"送贺礼一
万",实际上一分未出,萧何告知主人:"刘三一向说大话,极少成事。"接待
宾客,蓬头跣足,坐在床上让两个女人为他洗脚。做皇帝后,洋洋得意地问他
父亲:"你当年骂我是个无赖,说我不能治产业,不如老二,现在,我的产业
与老二相比,谁更多?"仗打败了,急着逃命,三次把亲生儿子推下车去。项
羽抓他爹做人质,威胁要烹了他老爹,刘邦一点也不急,说:"你烹啊,煮熟
之后分我也吃一碗。"活脱脱一个流氓无赖,能拿他怎么样?还有关于吕后的
片段:

太后遂断戚夫人手足,去眼,煇耳,饮瘖药,使居厕中,命曰"人
彘"。居数日,乃召孝惠帝观人彘。孝惠见,问,乃知其戚夫人,乃大哭,

---

① 《史记·高祖本纪》,第291~292、303、326页。
② 《史记·项羽本纪》,第273、278页。

因病，岁余不能起。使人请太后曰："此非人所为。臣为太后子，终不能治天下。"孝惠以此日饮为淫乐，不听政，故有病也。①

这是一段残忍的故事。刘邦生前最喜爱戚夫人，刘邦一死，吕后马上将她抓起来，随后砍断戚夫人手足，挖掉她的双眼，熏聋她的双耳，强迫她饮哑药，然后将她放在厕所中养起来，号称"人猪"。再让自己的亲儿子、当朝皇帝惠帝去参观，把汉惠帝吓成了精神病。

其明年，齐人少翁以鬼神方见上。上有所幸王夫人，夫人卒，少翁以方术盖夜致王夫人及灶鬼之貌云，天子自帷中望见焉。于是乃拜少翁为文成将军，赏赐甚多，以客礼礼之。

太史公曰：余从巡祭天地诸神名山川而封禅焉。入寿宫侍祠神语，究观方士祠官之言，于是退而论次自古以来用事于鬼神者，具见其表里。后有君子，得以览焉。至若俎豆珪币之详，献酬之礼，则有司存焉。②

以上是汉武帝求神弄鬼的一段事。武帝刘彻喜爱的王夫人（《汉书》作"李夫人"）死了，他日夜思念。来了一个方士，齐国人少翁，称可以让王夫人还魂，皇帝在帷帐中貌似见到他心爱的女人，大喜，就凭这事封这个方士为"文成将军"。这就是唐代白居易写《长恨歌》中同样场景的原始样本。整篇《孝武本纪》，几乎全是刘彻求仙拜神，祈求长生不死的各种怪事丑事。

四年，鲁桓公与夫人如齐。齐襄公故尝私通鲁夫人。鲁夫人者，襄公女弟也，自釐公时嫁为鲁桓公妇，及桓公来而襄公复通焉。鲁桓公知之，怒夫人，夫人以告齐襄公。齐襄公与鲁君饮，醉之，使力士彭生抱上鲁君车，因拉杀鲁桓公，桓公下车则死矣。③

① 《史记·吕太后本纪》，第 335 页。
② 《史记·孝武本纪》，第 387、409 页。
③ 《史记·齐太公世家》，第 1364 页。

乙亥，公问崔杼病，遂从崔杼妻。崔杼妻入室，与崔杼自闭户不出，公拥柱而歌。宦者贾举遮公从官而入，闭门，崔杼之徒持兵从中起。公登台而请解，不许；请盟，不许；请自杀于庙，不许。皆曰：“君之臣杼疾病，不能听命。近于公宫。陪臣争趣有淫者，不知二命。”公逾墙，射中公股，公反坠，遂弑之。①

孔子生鲁昌平乡陬邑。其先宋人也，曰孔防叔。防叔生伯夏，伯夏生叔梁纥。纥与颜氏女野合而生孔子，祷于尼丘得孔子。鲁襄公二十二年而孔子生。生而首上圩顶，故因名曰丘云。字仲尼，姓孔氏。②

以上仅是三十世家中无数丑闻中的三段，齐襄公与其妹齐姜乱伦并杀死齐姜的丈夫鲁桓公；齐庄公与崔杼的妻子私通被杀；孔子之父叔梁纥与颜氏女野合而生孔子。本来，发生这样的事并不足为奇，但在标榜礼义的儒学社会里，这些权贵嘴上说的是一套，实际做的是另一套，满口仁义道德，一肚子男盗女娼。《史记》如实记载，毫不隐讳，让世人看看这伙大人物的丑恶行径。面对这些丑恶下流的事，司马迁的表现是唾弃、是厌恶、是揭露、是批判。不写则不能传达历史的真实，写了又怕弄脏了自己的笔。不像某些作品，“把痈疽当作宝贝”，一味吹捧丑恶与下流，还美其名曰“审丑”。

《史记》不随世势之俯仰而俯仰的又一表现是：直面社会现实和历史资料，不粉饰太平，不歌功颂德，用刘向的话说，是“不虚美”。

及至厉王，以恶闻其过，公卿惧诛而祸作，厉王遂奔于彘，乱自京师始，而共和行政焉。是后或力政，强乘弱，兴师不请天子。然挟王室之义，以讨伐为会盟主，政由五伯，诸侯恣行，淫侈不轨，贼臣篡子滋起矣。③

秦既得意，烧天下《诗》《书》，诸侯史记尤甚，为其有所刺讥也。

① 《史记·齐太公世家》，第 1378 页。
② 《史记·孔子世家》，第 1707 页。
③ 《史记·十二诸侯年表第二》，第 433 页。

《诗》《书》所以复见者，多藏人家，而史记独藏周室，以故灭。惜哉，惜哉！①

汉定百年之间，亲属益疏，诸侯或骄奢，忕邪臣计谋为淫乱，大者叛逆，小者不轨于法，以危其命，殒身亡国。②

后数世，民咸归乡里，户益息，萧、曹、绛、灌之属或至四万，小侯自倍，富厚如之。子孙骄溢，忘其先，淫嬖。至太初百年之间，见侯五，余皆坐法陨命亡国。③

以上是十表中的几段，分别记述周厉王、秦始皇至西汉初期兵荒马乱、权势集团骄奢淫逸的社会状况。纵观整个大事年表，几乎没有歌舞升平的记载，天灾记述不多，人祸则连连不断。用元曲作家张养浩《山坡羊》的说法是："峰峦如聚，波涛如怒，山河表里潼关路。望西都，意踌躇。伤心秦汉经行处，宫阙万间都做了土。兴，百姓苦；亡，百姓苦！"

通过《史记》这种不随世势俯仰而俯仰的历史观，不难看出司马迁《史记》所具有的独立的史家立场和作者的独立人格。站在这种立场上，《史记》不唯权势之马首是瞻，敢于大胆揭露当时权势集团的种种丑恶行径及卑劣人格，不管是当朝皇帝还是当势权臣，打破了"为尊者讳，为圣人讳"的传统。同时，尊重前代史家记述的原始素材，做到实事求是，在此基础上表现出深刻的怀疑精神和质疑态度，具有难能可贵的批判历史主义和批判现实主义精神。正是这种怀疑态度和批判精神，这种独立不羁的、不随世势之俯仰而俯仰的历史观，让《史记》在众多中国史书中如鹤立鸡群，如中流砥柱。用韩愈的话说是"障百川而东之，回狂澜于既倒"④，真正做到了"不媚俗、不阿世"。

---

① 《史记·六国年表第三》，第 606 页。
② 《史记·汉兴以来诸侯王年表第五》，第 752 页。
③ 《史记·高祖功臣侯者年表第六》，第 810 页。
④ 见韩愈《进学解》。

5.《史记》历史观之四：直面惨淡的人生

司马迁《史记》历史观之四——不因人世之悲凉而悲凉。

《史记》跨越三千五百年的历史时空，在中国史书中是时间跨度最长的。这三千多年中发生了数不清的人和事，在众多的人物和事件中，看似世事纷纭、盘根错节，然而，掩卷之余，不难感受到弥漫在全书中的一种抑郁的悲凉氛围和浓重的悲剧色彩。有人认为，此种悲凉的基调是司马迁个人遭遇所决定的，司马迁中年时的悲惨遭遇，导致他陷入深深的痛苦和抑郁之中，这种情境当然影响了作者的写作。这种说法有一定道理。然而，归根结底，《史记》的悲凉氛围和悲剧色彩，更多地来自中国的历史和社会现实。进而言之，这种浓郁的悲凉氛围和厚重的悲剧色彩，凝聚在《史记》记载的人物身上，他们的性格和命运，反映出一个时代所能给予个人的一切。这种悲凉氛围和悲剧色彩，在每个人物身上又表现为不同的形态。

有些人为国家百姓建立了伟大功勋，高瞻远瞩，为推动社会进步做出重大贡献，最终却因当时统治阶层内部的残酷斗争而死于非命，落得个悲惨的下场：

> 后五月而秦孝公卒，太子立。公子虔之徒告商君欲反，发吏捕商君。商君亡至关下，欲舍客舍。客人不知其是商君也，曰："商君之法，舍人无验者坐之。"商君喟然叹曰："嗟乎，为法之敝一至此哉！"去之魏。魏人怨其欺公子卬而破魏师，弗受。商君欲之他国。魏人曰："商君，秦之贼。秦强而贼入魏，弗归，不可。"遂内秦。商君既复入秦，走商邑，与其徒属发邑兵北出击郑。秦发兵攻商君，杀之于郑黾池。秦惠王车裂商君以徇，曰："莫如商鞅反者！"遂灭商君之家。[①]

> 于是二世乃使高案丞相狱，治罪，责斯与子由谋反状，皆收捕宗族宾客。赵高治斯，榜掠千余，不胜痛，自诬服。斯所以不死者，自负其辩，有功，实无反心，幸得上书自陈，幸二世之寤而赦之。李斯乃从狱中上书

---

① 《史记·商君列传》，第1979页。

曰："臣为丞相，治民三十余年矣。逮秦地之陕隘。先王之时秦地不过千里，兵数十万。臣尽薄材，谨奉法令，阴行谋臣，资之金玉，使游说诸侯，阴修甲兵，饰政教，官斗士，尊功臣，盛其爵禄，故终以胁韩弱魏，破燕、赵，夷齐、楚，卒兼六国，虏其王，立秦为天子。罪一矣。地非不广，又北逐胡、貉，南定百越，以见秦之强。罪二矣。尊大臣，盛其爵位，以固其亲。罪三矣。立社稷，修宗庙，以明主之贤。罪四矣。更克画，平斗斛度量，文章布之天下，以树秦之名。罪五矣。治驰道，兴游观，以见主之得意。罪六矣。缓刑罚，薄赋敛，以遂主得众之心，万民戴主，死而不忘。罪七矣。若斯之为臣者，罪足以死固久矣。上幸尽其能力，乃得至今，愿陛下察之！"书上，赵高使吏弃去不奏，曰："囚安得上书！"赵高使其客十余辈诈为御史、谒者、侍中，更往覆讯斯。斯更以其实对，辄使人复榜之。后二世使人验斯，斯以为如前，终不敢更言，辞服。奏当上，二世喜曰："微赵君，几为丞相所卖。"及二世所使案三川之守至，则项梁已击杀之。使者来，会丞相下吏，赵高皆妄为反辞。二世二年七月，具斯五刑，论腰斩咸阳市。斯出狱，与其中子俱执，顾谓其中子曰："吾欲与若复牵黄犬俱出上蔡东门逐狡兔，岂可得乎！"遂父子相哭，而夷三族。①

太史公曰：李斯以闾阎历诸侯，入事秦，因以瑕衅，以辅始皇，卒成帝业，斯为三公，可谓尊用矣。斯知六艺之归，不务明政以补主上之缺，持爵禄之重，阿顺苟合，严威酷刑，听高邪说，废适立庶。诸侯已畔，斯乃欲谏争，不亦末乎！人皆以斯极忠而被五刑死，察其本，乃与俗议之异。不然，斯之功且与周、召列矣。②

以上所述是秦国两名伟大的相国，一是商鞅，一是李斯。前者推行商鞅变法，让落后的秦国一跃成为大国强国，为秦国日后扫荡六国、一统天下奠定基础。结果，被人诬告谋反，秦惠王趁机公报私仇（商鞅变法时曾将他的两个老

---

① 《史记·李斯列传》，第2249～2250页。
② 《史记·李斯列传》，第2251页。

师处以重刑），车裂商鞅。更可叹的是，秦国并不因诛杀商鞅而改变其法，"商君死，秦法不变"。就是说，商鞅的政策一点没有错，秦国仍按商鞅变法的主张继续前进，可是，变法的首创者和领导者却惨遭车裂。李斯是秦王朝的开国丞相，是郡县制的推行者，曾在秦王嬴政逐客时写下著名的、影响中国历史进程的文章《谏逐客书》，在关键时刻挽回了国家政策的重大失误。秦一统天下后，使书同文、车同轨，为秦王朝做出重大贡献。其后，被赵高诬陷谋反，腰斩于市。

有些人才华过人，曾在人生的篇章上写下光彩照人的一笔，可是因为自身性格方面的某些缺陷，在人生的关键时刻陷入困境甚至绝境，最终结局悲惨。最明显的是上文说过的西楚霸王项羽，曾经力拔山兮气盖世，最后四面楚歌，自刎于乌江。类似案例还有：

"……吾所言者所以制俗也。吾国东有河、薄洛之水，与齐、中山同之，无舟楫之用。自常山以至代、上党，东有燕、东胡之境，而西有楼烦、秦、韩之边，今无骑射之备。故寡人无舟楫之用，夹水居之民，将何以守河、薄洛之水；变服骑射，以备燕、三胡、秦、韩之边。且昔者简主不塞晋阳以及上党，而襄主并戎取代以攘诸胡，此愚智所明也。先时中山负齐之强兵，侵暴吾地，系累吾民，引水围鄗，微社稷之神灵，则鄗几于不守也。先王丑之，而怨未能报也。今骑射之备，近可以便上党之形，而远可以报中山之怨。而叔顺中国之俗以逆简、襄之意，恶变服之名以忘鄗事之丑，非寡人之所望也。"公子成再拜稽首曰："臣愚，不达于王之义，敢道世俗之闻，臣之罪也。今王将继简、襄之意以顺先王之志，臣敢不听命乎！"再拜稽首。乃赐胡服。明日，服而朝。于是始出胡服令也。[①]

主父及王游沙丘，异宫，公子章即以其徒与田不礼作乱，诈以主父令召王。肥义先入，杀之。高信即与王战。公子成与李兑自国至，乃起四邑之兵入距难，杀公子章及田不礼，灭其党贼而定王室。公子成为相，号安平君，李兑为司寇。公子章之败，往走主父，主父开之，成、兑因围主父

---

① 《史记·赵世家》，第1624~1625页。

宫。公子章死，公子成、李兑谋曰："以章故围主父，即解兵，吾属夷矣。"乃遂围主父。令宫中人"后出者夷"，宫中人悉出。主父欲出不得，又不得食，探爵鷇而食之，三月余而饿死沙丘宫。主父定死，乃发丧赴诸侯。是时王少，成、兑专政，畏诛，故围主父。主父初以长子章为太子，后得吴娃，爱之，为不出者数岁，生子何，乃废太子章而立何为王。吴娃死，爱弛，怜故太子，欲两王之，犹豫未决，故乱起，以至父子俱死，为天下笑，岂不痛乎！[①]

以上是史上著名的"胡服骑射"的改革者赵武灵王的片段。他提倡胡服骑射，大大改进和强化了赵国的武装力量，是中国历史上移风易俗的重大改革者之一。赵武灵王晚年宠爱美女吴娃，废太子赵章，将吴娃生的儿子赵何立为太子。吴娃死后，对吴娃的爱渐渐淡泊，又想复立赵章为太子同时保留赵何，"欲两王之"（同时立两个国君），在任何国家，这都是搞笑之举，"犹豫未决，故乱起，以至父子俱死，为天下笑，岂不痛乎！"《史记》中类似案例还有齐桓公小白、吴王夫差、陈王陈胜等。

有些人品貌不凡，功高盖主，令当时的统治者相形见绌，由嫉恨产生杀心，最终结局惨淡：

（秦王）令毁公子于魏王曰："公子亡在外十年矣，今为魏将，诸侯将皆属，诸侯徒闻魏公子，不闻魏王。公子亦欲因此时定南面而王，诸侯畏公子之威，方欲共立之。"秦数使反间，伪贺公子得立为魏王未也。魏王日闻其毁，不能不信，后果使人代公子将。公子自知再以毁废，乃谢病不朝，与宾客为长夜饮，饮醇酒，多近妇女。日夜为乐饮者四岁，竟病酒而卒。其岁，魏安釐王亦薨。

太史公曰：吾过大梁之墟，求问其所谓夷门。夷门者，城之东门也。天下诸公子亦有喜士者矣，然信陵君之接岩穴隐者，不耻下交，有以也。

---

① 《史记·赵世家》，第 1630 页。

名冠诸侯，不虚耳。①

此段述魏公子无忌晚年的惨淡生活。魏公子无忌即信陵君，在赵国生死存亡之秋，在魏王宠妃如姬的帮助下窃符救赵，为赵国、魏国都立下大功。秦国十分惧怕他，多次使用反间计，挑拨他与魏王的关系。魏王本来就妒忌信陵君，趁机撤了他的职。信陵君知道别人在毁谤他，但无计可施，只好糟蹋自己，成天喝酒纵欲，最终竟酗酒而死。

> 其九月，秦复发兵，使五大夫王陵攻赵邯郸。是时武安君病，不任行。四十九年正月，陵攻邯郸，少利，秦益发兵佐陵。陵兵亡五校。武安君病愈，秦王欲使武安君代陵将。武安君言曰："邯郸实未易攻也。且诸侯救日至，彼诸侯怨秦之日久矣。今秦虽破长平军，而秦卒死者过半，国内空。远绝河山而争人国都，赵应其内，诸侯攻其外，破秦军必矣。不可。"秦王自命，不行；乃使应侯请之，武安君终辞不肯行，遂称病。
>
> 秦王使王龁代陵将，八九月围邯郸，不能拔。楚使春申君及魏公子将兵数十万攻秦军，秦军多失亡。武安君言曰："秦不听臣计，今如何矣！"秦王闻之，怒，强起武安君，武安君遂称病笃。应侯请之，不起。于是免武安君为士伍，迁之阴密。武安君病，未能行。居三月，诸侯攻秦军急，秦军数却，使者日至。秦王乃使人遣白起，不得留咸阳中。武安君既行，出咸阳西门十里，至杜邮。秦昭王与应侯群臣议曰："白起之迁，其意尚怏怏不服，有余言。"秦王乃使使者赐之剑，自裁。武安君引剑将自到，曰："我何罪于天而至此哉？"良久，曰："我固当死。长平之战，赵卒降者数十万人，我诈而尽坑之，是足以死。"遂自杀。武安君之死也，以秦昭王五十年十一月。死而非其罪，秦人怜之，乡邑皆祭祀焉。②

秦国武安君白起就是差点把赵国灭了的那个大将。在长平一仗中坑杀赵国40万降卒，杀得邯郸城内小儿不敢夜哭。就在白起打算一鼓作气占领赵国全

---

① 《史记·魏公子列传》，第 2101 页。
② 《史记·白起王翦列传》，第 2059～2060 页。

境的时候，秦丞相、应侯范雎怕白起功劳太大压过自己，下令白起连夜班师回国。白起不得不听命回朝，自然颇多抱怨。结果从上将降为小卒，被勒令即刻离开咸阳。秦王还是不放心，派人赐剑一把给白起，让他看着办，白起长叹，我有何罪？老天对我这么不公平。仔细一想，有罪，有弥天大罪。在长平一战杀害赵国40万俘虏，天良何在？天理难容。这一想，他心安理得地自杀了。不管怎样，白起在临死前总算有所反省、有所忏悔，有这点良知还算不错。

像信陵君、白起这样的遭遇，在《史记》中还有很多。那么，那些在争权夺利、相互倾轧、"你死我活"的斗争中被整死甚至死得很惨的人物，是否也算悲剧人物呢？比如秦二世胡亥、戚夫人、钩弋夫人，甚至众多的小人如邓通、董贤之流，这些人也死得很惨，尤其是戚夫人。按鲁迅的说法似乎不是，鲁迅认为："悲剧将人生的有价值的东西毁灭给人看"，像邓通、董贤这类小人毫无价值可言，应属死有余辜。但换一个角度看问题，这些人害人不假，但他们也被人害。用红学专家蒋和森的话说，是"谁也没有好命运，谁也不配有好命运"①。

这种浓重的悲剧氛围包围着《史记》全书。如此悲苦的人世，还值得生存吗？还值得留恋吗？莎士比亚戏剧《哈姆雷特》中的问题"to be or not to be"同样盘桓于司马迁心间（见《报任安书》）。最终，司马迁选择了"to be"，即活下来，即使是苟活，像当代电影《芙蓉镇》中男主人公所说的那样："像牲口一样地活下去。"为什么？因为司马迁在悲苦人世中仍然看到生命美好的一面，生活美好的一角，人性美好的一点。在深沉的暗夜中，他抓住这些闪耀着人性美好之光的亮点，记录下来：

> 管仲曰："吾始困时，尝与鲍叔贾，分财利多自与，鲍叔不以我为贪，知我贫也。吾尝为鲍叔谋事而更穷困，鲍叔不以我为愚，知时有利不利也。吾尝三仕三见逐于君，鲍叔不以我为不肖，知我不遭时也。吾尝三战三走，鲍叔不以我为怯，知我有老母也。公子纠败，召忽死之，吾幽囚受辱，鲍叔不以我为无耻，知我不羞小节而耻功名不显于天下也。生我者父

---

① 见蒋和森《红楼梦论稿》。

母，知我者鲍子也。"①

晏子为齐相，出，其御之妻从门间而窥其夫。其夫为相御，拥大盖，策驷马，意气扬扬，甚自得也。既而归，其妻请去。夫问其故。妻曰："晏子长不满六尺，身相齐国，名显诸侯。今者妾观其出，志念深矣，常有以自下者。今子长八尺，乃为人仆御，然子之意自以为足，妾是以求去也。"其后夫自抑损。晏子怪而问之，御以实对。晏子荐以为大夫。②

久之，景公遣使者持节赦贾，驰入军中。穰苴曰："将在军，君令有所不受。"问军正曰："驰三军法何？"正曰："当斩。"使者大惧。穰苴曰："君之使不可杀之。"乃斩其仆，车之左驸，马之左骖，以徇三军。遣使者还报，然后行。士卒次舍井灶饮食问疾医药，身自拊循之。悉取将军之资粮享士卒，身与士卒平分粮食。最比其羸弱者，三日而后勒兵。病者皆求行，争奋出为之赴战。晋师闻之，为罢去。燕师闻之，度水而解。③

甘罗者，甘茂孙也。茂既死后，甘罗年十二，事秦相文信侯吕不韦。秦始皇帝使刚成君蔡泽于燕，三年而燕王喜使太子丹入质于秦。秦使张唐往相燕，欲与燕共伐赵以广河间之地。张唐谓文信侯曰："臣尝为秦昭王伐赵，赵怨臣，曰：'得唐者与百里之地。'今之燕必经赵，臣不可以行。"文信侯不快，未有以强也。甘罗曰："君侯何不快之甚也？"文信侯曰："吾令刚成君蔡泽事燕三年，燕太子丹已入质矣，吾自请张卿相燕而不肯行。"甘罗曰："臣请行之。"文信侯叱曰："去！我身自请之而不肯，女焉能行之？"甘罗曰："大项橐生七岁为孔子师。今臣生十二岁于兹矣，君其试臣，何遽叱乎？"于是甘罗见张卿曰："卿之功孰与武安君？"卿曰："武安君南挫强楚，北威燕、赵，战胜攻取，破城堕邑，不知其数，臣之功不如也。"甘罗曰："应侯之用于秦也，孰与文信侯专？"张卿曰："应侯不如文信侯专。"甘罗曰："卿明知其不如文信侯专与？"曰："知之。"甘罗曰：

---

① 《史记·管晏列传》，第1892页。
② 《史记·管晏列传》，第1895页。
③ 《史记·司马穰苴列传》，第1914页。

"应侯欲攻赵，武安君难之，去咸阳七里而立死于杜邮。今文信侯自请卿相燕而不肯行，臣不知卿所死处矣。"张唐曰："请因孺子行。"令装治行。①

孟尝君在薛，招致诸侯宾客及亡人有罪者，皆归孟尝君。孟尝君舍业厚遇之，以故倾天下之士。食客数千人，无贵贱一与文等。孟尝君待客坐语，而屏风后常有侍史，主记君所与客语，问亲戚居处。客去，孟尝君已使使存问，献遗其亲戚。孟尝君曾待客夜食，有一人蔽火光。客怒，以饭不等，辍食辞去。孟尝君起，自持其饭比之。客惭，自刭。士以此多归孟尝君。孟尝君客无所择，皆善遇之。人人各自以为孟尝君亲己。②

魏有隐士曰侯嬴，年七十，家贫，为大梁夷门监者。公子闻之，往请，欲厚遗之。不肯受，曰："臣修身洁行数十年，终不以监门困故而受公子财。"公子于是乃置酒大会宾客。坐定，公子从车骑，虚左，自迎夷门侯生。侯生摄敝衣冠，直上载公子上坐，不让，欲以观公子。公子执辔愈恭。侯生又谓公子曰："臣有客在市屠中，愿枉车骑过之。"公子引车入市，侯生下见其客朱亥，俾倪，故久立与其客语，微察公子。公子颜色愈和。当是时，魏将相宗室宾客满堂，待公子举酒。市人皆观公子执辔。从骑皆窃骂侯生。侯生视公子色终不变，乃谢客就车。至家，公子引侯生坐上坐，遍赞宾客，宾客皆惊。酒酣，公子起，为寿侯生前。侯生因谓公子曰："今日嬴之为公子亦足矣。嬴乃夷门抱关者也，而公子亲枉车骑，自迎嬴于众人广坐之中，不宜有所过，今公子故过之。然嬴欲就公子之名，故久立公子车骑市中，过客以观公子，公子愈恭。市人皆以嬴为小人，而以公子为长者能下士也。"于是罢酒，侯生遂为上客。③

相如每朝时，常称病，不欲与廉颇争列。已而相如出，望见廉颇，相如引车避匿。于是舍人相与谏曰："臣所以去亲戚而事君者，徒慕君之高

---

① 《史记·樗里子甘茂列传》，第2044~2045页。
② 《史记·孟尝君列传》，第2075页。
③ 《史记·魏公子列传》，第2096页。

义也。今君与廉颇同列，廉君宣恶言而君畏匿之，恐惧殊甚，且庸人尚羞之，况于将相乎！臣等不肖，请辞去。"蔺相如固止之，曰："公之视廉将军孰与秦王？"曰："不若也。"相如曰："夫以秦王之威，而相如廷叱之，辱其群臣，相如虽驽，独畏廉将军哉？顾吾念之，强秦之所以不敢加兵于赵者，徒以吾两人在也。今两虎共斗，其势不俱生。吾所以为此者，以先国家之急而后私仇也。"廉颇闻之，肉袒负荆，因宾客至蔺相如门谢罪。曰："鄙贱之人，不知将军宽之至此也。"卒相与欢，为刎颈之交。①

于是新垣衍起，再拜谢曰："始以先生为庸人，吾乃今日知先生为天下之士也。吾请出，不敢复言帝秦。"秦将闻之，为却军五十里。适会魏公子无忌夺晋鄙军以救赵，击秦军，秦军遂引而去。于是平原君欲封鲁连，鲁连辞让者三，终不肯受。平原君乃置酒，酒酣起前，以千金为鲁连寿。鲁连笑曰："所贵于天下之士者，为人排患释难解纷乱而无取也。即有取者，是商贾之事也，而连不忍为也。"遂辞平原君而去，终身不复见。②

未至三十里，至尸乡厩置，横谢使者曰："人臣见天子当洗沐。"止留。谓其客曰："横始与汉王俱南面称孤，今汉王为天子，而横乃为亡虏而北面事之，其耻固已甚矣。且吾亨人之兄，与其弟并肩而事其主，纵彼畏天子之诏，不敢动我，我独不愧于心乎？且陛下所以欲见我者，不过欲一见吾面貌耳。今陛下在洛阳，今斩吾头，驰三十里间，形容尚未能败，犹可观也。"遂自到，令客奉其头，从使者驰奏之高帝。高帝曰："嗟乎，有以也夫！起自布衣，兄弟三人更王，岂不贤乎哉！"为之流涕，而拜其二客为都尉，发卒二千人，以王者礼葬田横。既葬，二客穿其冢旁孔，皆自到，下从之。高帝闻之，乃大惊，以田横之客皆贤。吾闻其余尚五百人在海中，使使召之。至则闻田横死，亦皆自杀。于是乃知田横兄弟能得士也。③

---

① 《史记·廉颇蔺相如列传》，第2150～2151页。
② 《史记·鲁仲连邹阳列传》，第2170页。
③ 《史记·田儋列传》，第2321～2322页。

季布者，楚人也。为气任侠，有名于楚。项籍使将兵，数窘汉王。及项羽灭，高祖购求布千金，敢有舍匿，罪及三族。季布匿濮阳周氏。周氏曰："汉购将军急，迹且至臣家，将军能听臣，臣敢献计；即不能，愿先自刭。"季布许之。乃髡钳季布，衣褐衣，置广柳车中，并与其家僮数十人，之鲁朱家所卖之。朱家心知是季布，乃买而置之田。诫其子曰："田事听此奴，必与同食。"①

广廉，得赏赐辄分其麾下，饮食与士共之。终广之身，为二千石四十余年，家无余财，终不言家产事。广为人长，猿臂，其善射亦天性也，虽其子孙他人学者，莫能及广。广讷口少言，与人居则画地为军陈，射阔狭以饮。专以射为戏，竟死。广之将兵，乏绝之处，见水，士卒不尽饮，广不近水，士卒不尽食，广不尝食。宽缓不苛，士以此爱乐为用。其射，见敌急，非在数十步之内，度不中不发，发即应弦而倒。用此，其将兵数困辱，其射猛兽亦为所伤云。②

酒酣，临邛令前奏琴曰："窃闻长卿好之，愿以自娱。"相如辞谢，为鼓一再行。是时卓王孙有女文君新寡，好音，故相如缪与令相重，而以琴心挑之。相如之临邛，从车骑，雍容闲雅甚都；及饮卓氏，弄琴，文君窃从户窥之，心悦而好之，恐不得当也。既罢，相如乃使人重赐文君侍者通殷勤。文君夜亡奔相如，相如乃与驰归成都。家居徒四壁立。③

以上各篇，都是《史记》中反映人性光彩的片段，因为美好，其中很多故事已改编成戏剧、小说、电影、电视剧而广为流传，不必赘述。简言之，各段反映的生死之交、礼贤下士、睥睨权贵、一诺千金、少年壮志、将相修和、义不帝秦、义无反顾、廉洁奉公直至卓文君为爱情跟随家徒四壁的司马相如私奔等，都是古往今来为人赞颂的美好事物。正是这些美好的事和美好的人，在人

① 《史记·季布栾布列传》，第2387页。
② 《史记·李将军列传》，第2503页。
③ 《史记·司马相如列传》，第2610页。

间的土地上绽放出真善美的花朵，让人感受到春风和暖意，让人看到正义和真理，让人怀揣着希望和梦想，由是坚定生存的意念和决心。鲁迅说："真的猛士，敢于直面惨淡的人生，敢于正视淋漓的鲜血。"① 司马迁正是这样的猛士。当代诗人顾城说："黑夜给了我黑色的眼睛，我却用它寻找光明。"② 《史记》就是这样的"黑色的眼睛"，身处黑暗中的司马迁要用它来寻找光明。他找到了，找到了人性中的美好、找到了生活中的美丽，所以，他不认为人世尽是悲苦，他不以人世之悲苦为悲苦，相反，他在苦难中注入美好与希望。从这个角度来看，《史记》也是一部中华民族的希望史。

6. 《史记》历史观之五：四海之内皆兄弟

司马迁《史记》历史观之五——不以夷夏之分界为分界。

初唐时，少年才子王勃路过南昌，在毫无准备的情况下，即兴写成一篇惊世之作《滕王阁序》，起笔道："豫章故郡，洪都新府。星分翼轸，地接衡庐。襟三江而带五湖，控蛮荆而引瓯越。物华天宝，龙光射牛斗之墟；人杰地灵，徐孺下陈蕃之榻。雄州雾列，俊采星驰。台隍枕夷夏之交，宾主尽东南之美。"③

在王勃笔下，汉代的豫章郡，唐代的洪都府，今天的南昌市，在翼宿和轸宿的分野之内，地处夷夏之交。所谓"夷"（这是一个具有歧视性色彩的词，本不宜使用，此处依古文）指民族地区，"夏"指华夏民族地区、汉以后指汉民族地区。南昌在江西，在唐代尚"台隍枕夷夏之交"，那么，在汉代呢？夷夏的分界在哪里？换言之，华夏民族地区是不是更小一些？因为唐代拓疆甚广，北至里海的势力范围，南至越南的行政区域，东至朝鲜的属国关系，西至新疆的安西都护府（治所在今新疆吐鲁番交河故址）。初唐的王勃，正是到交趾郡（今越南）去探望在那里做县令的父亲。汉代华夏民族生活的地区只在以中原为核心的、以农耕文明为主的一带，周围还有很大一片以游牧文明或渔猎文明为主的"四夷"。《史记》以前、以后的很多史家，在修史时很少将目光投向"四夷"，似乎中国的历史，就是汉民族的历史。所以，关于民族地区的记

---

① 见鲁迅《记念刘和珍君》。
② 见顾城《一代人》。
③ 见王勃《滕王阁序》。

载，一是数量少，二是质量差。何以？因为不重视，把历史的视野以夷夏为分界。司马迁的《史记》不这样，《史记》的历史视野超越夷夏边界，投射到东亚大陆更广阔的地区，即以华夏为主，囊括"四夷"，以此构成大中华民族的历史。在《太史公自序》中，司马迁说：

> 汉兴以来，至明天子，获符瑞，封禅，改正朔，易服色，受命于穆清，泽流罔极，海外殊俗，重译款塞，请来献见者，不可胜道。①

就是说，在汉代，民族交流蔚然成风，不管这种交流是通过商业贸易、文化传播还是旅游往来，甚至通过战争形式来进行，总之，不受山河阻隔、不受习俗限制、不因语言及服饰不同而受阻，使者和文献来自四面八方，"不可胜道"。由是，能将修史的范围仅局限于华夏地区吗？能在历史的视野中划定一条华夷的分界吗？显然不行。所以，《史记》不以夷夏边界为边界，将历史的视野投射到华夏周围的"四夷"，写下《匈奴列传》《南越列传》《东越列传》《朝鲜列传》《西南夷列传》和《大宛列传》六篇关于"四夷"的记述：

> 自三代以来，匈奴常为中国患害；欲知强弱之时，设备征讨，作匈奴列传第五十。②

> 匈奴，其先祖夏后氏之苗裔也，曰淳维。唐虞以上有山戎、猃狁、荤粥，居于北蛮，随畜牧而转移。其畜之所多则马、牛、羊，其奇畜则橐驰、驴、骡、駃騠、䮝騟、騊駼。逐水草迁徙，毋城郭常处耕田之业，然亦各有分地。毋文书，以言语为约束。儿能骑羊，引弓射鸟鼠；少长则射狐兔：用为食。士力能毋弓，尽为甲骑。其俗，宽则随畜，因射猎禽兽为生业，急则人习战攻以侵伐，其天性也。其长兵则弓矢，短兵则刀铤。利则进，不利则退，不羞遁走。苟利所在，不知礼义。自君王以下，咸食畜肉，衣其皮革，被旃裘。壮者食肥美，老者食其余。贵壮健，贱老弱。父

---

① 《史记·太史公自序》，第2858页。
② 《史记·太史公自序》，第2872页。

死，妻其后母；兄弟死，皆取其妻妻之。其俗有名不讳，而无姓字。①

在《匈奴列传》中，记叙匈奴民族的起源，言其为夏后氏之后裔。居北方，是游牧民族。能征惯战，"利则进，不利则退，不羞遁走。苟利所在，不知礼义"。

汉既平中国，而佗能集杨越以保南藩，纳贡职。作《南越列传》第五十三。②

南越王尉佗者，真定人也，姓赵氏。秦时已并天下，略定杨越，置桂林、南海、象郡，以谪徙民，与越杂处十三岁。佗，秦时用为南海龙川令。至二世时，南海尉任嚣病且死，召龙川令赵佗语曰："闻陈胜等作乱，秦为无道，天下苦之，项羽、刘季、陈胜、吴广等州郡各共兴军聚众，虎争天下，中国扰乱，未知所安，豪杰畔秦相立。南海僻远，吾恐盗兵侵地至此，吾欲兴兵绝新道，自备，待诸侯变，会病甚。且番禺负山险，阻南海，东西数千里，颇有中国人相辅，此亦一州之主也，可以立国。郡中长吏无足与言者，故召公告之。"

元鼎五年秋，卫尉路博德为伏波将军，出桂阳，下汇水；主爵都尉杨仆为楼船将军，出豫章，下横浦；故归义越侯二人为戈船、下厉将军，出零陵，或下离水，或抵苍梧；使驰义侯因巴蜀罪人，发夜郎兵，下牂柯江：咸会番禺。元鼎六年冬，楼船将军将精卒先陷寻陕，破石门，得越船粟，因推而前，挫越锋。

苍梧王赵光者，越王同姓，闻汉兵至，及越揭阳令定自定属汉；越桂林监居翁谕瓯骆属汉：皆得为侯。戈船、下厉将军兵及驰义侯所发夜郎兵未下，南越已平矣。遂为九郡。伏波将军益封。楼船将军兵以陷坚为将梁

① 《史记·匈奴列传》，第 2509 页。
② 《史记·太史公自序》，第 2872 页。

侯。自尉佗初王后，五世九十三岁而国亡焉。

太史公曰：尉佗之王，本由任嚣。遭汉初定，列为诸侯。隆虑离湿疫，佗得以益骄。瓯骆相攻，南越动摇。汉兵临境，婴齐入朝。其后亡国，征自樛女；吕嘉小忠，令佗无后。楼船从欲，怠傲失惑；伏波因穷，智虑愈殖，因祸为福。成败之转，譬若纠墨。①

该传提到南越王尉佗是真定人，姓赵，趁秦末大乱时自立为王。汉立朝后，曾多次出兵征讨，多次降汉又多次反叛。最后讲到元鼎五年（前 112 年）时，任路博德为伏波将军大举征讨，平定南越：

吴之叛逆，瓯人斩濞，葆守封禺为臣。作东越列传第五十四。②

闽越王无诸及越东海王摇者，其先皆越王勾践之后也，姓驺氏。秦已并天下，皆废为君长，以其地为闽中郡。及诸侯畔秦，无诸、摇率越归鄱阳令吴芮，所谓鄱君者也，从诸侯灭秦。当是之时，项籍主命，弗王，以故不附楚。汉击项籍，无诸、摇率越人佐汉。汉五年，复立无诸为闽越王，王闽中故地，都东冶。孝惠三年，举高帝时越功，曰闽君摇功多，其民便附，乃立摇为东海王，都东瓯，世俗号为东瓯王。③

太史公曰：越虽蛮夷，其先岂尝有大功德于民哉，何其久也！历数代常为君王，勾践一称伯。然余善至大逆，灭国迁众，其先苗裔繇王居股等犹尚封为万户侯，由此知越世世为公侯矣。盖禹之余烈也。④

《东越列传》讲述东越是越王勾践后裔，驺姓。趁秦末大乱时自立为王，号称东瓯王。说勾践只称"伯（爵）"，其后代竟敢称王，简直是大逆不道。

---

① 《史记·南越列传》，第 2579、2585~2588 页。
② 《史记·太史公自序》，第 2872 页。
③ 《史记·东越列传》，第 2589 页。
④ 《史记·东越列传》，第 2593 页。

燕丹散乱辽间，满收其亡民，厥聚海东，以集真藩，葆塞为外臣。作
《朝鲜列传》第五十五。①

朝鲜王满者，故燕人也。自始全燕时尝略属真番、朝鲜，为置吏，筑
鄣塞。秦灭燕，属辽东外徼。汉兴，为其远难守，复修辽东故塞，至浿水
为界，属燕。燕王卢绾反，入匈奴，满亡命，聚党千余人，魋结蛮夷服而
东走出塞，渡浿水，居秦故空地上下鄣，稍役属真番、朝鲜蛮夷及故燕、
齐亡命者王之，都王险。会孝惠、高后时天下初定，辽东太守即约满为外
臣，保塞外蛮夷，无使盗边；诸蛮夷君长欲入见天子，勿得禁止。以闻，
上许之，以故满得兵威财物侵降其旁小邑，真番、临屯皆来服属，方数
千里。②

太史公曰：右渠负固，国以绝祀。涉何诬功，为兵发首。楼船将狭，
及难离咎。悔失番禺，乃反见疑。荀彘争劳，与遂皆诛。两军俱辱，将率
莫侯矣。③

《朝鲜列传》中说朝鲜王最早是燕国人，汉惠帝时为外臣，其后多次反叛，
多次征战，最后两败俱伤，无功而返。

唐蒙使略通夜郎，而邛笮之君请为内臣受吏。作《西南夷列传》第五
十六。④

西南夷君长以什数，夜郎最大；其西靡莫之属以什数，滇最大；自滇
以北君长以什数，邛都最大：此皆魋结，耕田，有邑聚。其外西自同师以
东，北至楪榆，名为嶲、昆明，皆编发，随畜迁徙，毋常处，毋君长，地
方可数千里。自嶲以东北，君长以什数，徙、筰都最大；自筰以东北，君

---

① 《史记·太史公自序》，第 2872 页。
② 《史记·朝鲜列传》，第 2595~2596 页。
③ 《史记·朝鲜列传》，第 2599 页。
④ 《史记·太史公自序》，第 2872 页。

长以什数，冉、駹最大。其俗或士箸，或移徙，在蜀之西。自冉駹以东北，君长以什数，白马最大，皆氐类也。此皆巴蜀西南外蛮夷也。

始楚威王时，使将军庄蹻将兵循江上，略巴、黔中以西。庄蹻者，故楚庄王苗裔也。蹻至滇池，方三百里，旁平地，肥饶数千里，以兵威定属楚。欲归报，会秦击夺楚巴、黔中郡，道塞不通，因还，以其众王滇，变服，从其俗，以长之。

至滇，滇王尝羌乃留，为求道西十余辈。岁余，皆闭昆明，莫能通身毒国。滇王与汉使者言曰："汉孰与我大？"及夜郎侯亦然。以道不通故，各自以为一州主，不知汉广大。使者还，因盛言滇大国，足事亲附。天子注意焉。

元封二年，天子发巴蜀兵击灭劳浸、靡莫，以兵临滇。滇王始首善，以故弗诛。滇王离难西南夷，举国降，诸置吏入朝。于是以为益州郡，赐滇王王印，复长其民。西南夷君长以百数，独夜郎、滇受王印。滇小邑，最宠焉。①

太史公曰：楚之先岂有天禄哉？在周为文王师，封楚。及周之衰，地称五千里。秦灭诸侯，唯楚苗裔尚有滇王。汉诛西南夷，国多灭矣，唯滇复为宠王。然南夷之端，见枸酱番禺，大夏杖邛竹。西夷后揃，剽分二方，卒为七郡。②

《西南夷列传》言西南一带称王者甚多，以夜郎国（在今贵州毕节）、滇国（在今云南晋宁）、邛都（在今四川）最大。楚威王时，派大将庄蹻沿江而下，到达滇池。滇池土地肥沃，方三百里。庄蹻改服易帜，与当地民族融合，自称滇王。汉武帝元封二年（前 109 年），汉朝出大军征伐，滇国举国投降。汉设

---

① 《史记·西南夷列传》，第 2601～2603、2605 页。
② 《史记·西南夷列传》，第 2606 页。

益州郡（今曲靖市），但仍保留了滇王的封号，授滇王印信，让其仍为滇池一带的最高行政长官。滇是一个小国，最得汉朝廷的宠信。还提到"夜郎自大"这一成语的出处，司马迁解释说，因为道路不通，人家不知道汉有多大，亦不足为奇。在"太史公曰"中，司马迁说，楚国有上天保佑，秦灭诸侯，独楚国后裔滇王得以保存。汉诛西南夷，多国被灭，唯保留了滇国。

汉既通使大夏，而西极远蛮，引领内乡，欲观中国。作大宛列传第六十三。①

大宛之迹，见自张骞。张骞，汉中人。建元中为郎。是时天子问匈奴降者，皆言匈奴破月氏王，以其头为饮器，月氏遁逃而常怨仇匈奴，无与共击之。汉方欲事灭胡，闻此言，因欲通使。道必更匈奴中，乃募能使者。骞以郎应募，使月氏，与堂邑氏胡奴甘父俱出陇西。

大夏在大宛西南二千余里妫水南。其俗土著，有城屋，与大宛同俗。无大君长，往往城邑置小长。其兵弱，畏战。善贾市。及大月氏西徙，攻败之，皆臣畜大夏。大夏民多，可百余万。其都曰蓝市城，有市贩贾诸物。其东南有身毒国。骞曰："臣在大夏时，见邛竹杖、蜀布。问曰：'安得此？'大夏国人曰：'吾贾人往市之身毒。身毒在大夏东南可数千里。其俗土著，大与大夏同，而卑湿暑热云。其人民乘象以战。其国临大水焉。'以骞度之，大夏去汉万二千里，居汉西南。今身毒国又居大夏东南数千里，有蜀物，此其去蜀不远矣。"②

而汉发使十余辈至宛西诸外国，求奇物，因风览以伐宛之威德。而敦煌置酒泉都尉；西至盐水，往往有亭。而仑头有田卒数百人，因置使者护田积粟，以给使外国者。

---

① 《史记·太史公自序》，第 2873 页。
② 《史记·大宛列传》，第 2737、2743~2745 页。

> 太史公曰：《禹本纪》言"河出昆仑。昆仑其高二千五百余里，日月所相避隐为光明也。其上有醴泉、瑶池"。今自张骞使大夏之后也，穷河源，恶睹本纪所谓昆仑者乎？故言九州山川，《尚书》近之矣。至《禹本纪》《山海经》所有怪物，余不敢言之也。①

《大宛列传》述，大宛是张骞出使西域时发现的，西域一带有很多小国，如大宛、月氏、大夏等。其中大夏接近西南，南通印度。在长安和印度之间，有古道相通，其间有"大水"即大河相隔。西域有昆仑山，"高二千五百余里，日月所相避隐为光明也"。但张骞说，没有看到这座高山。司马迁说，《山海经》中所记的这些怪事，我不敢记入史册。当然，据后来的地理发现，昆仑山是有的，"瑶池"（今新疆天池）也是有的，只不过，昆仑山没有那么高，并非日月交替之地。天池是一个高山湖泊，并非仙女洗澡的地方。

通观《史记》所载的"四夷"列传，其史料之翔实，叙事之准确，不仅前所未有，后来也少见。缘此，很多关于这些地区的故事大多来自《史记》。这些国家和地区，最早大都与中原各国有联系甚至有血缘关系，趁秦末天下大乱时纷纷独立为王，之后征战杀伐不断。有些国家被消灭，成为汉王朝的一个郡，有些国家得以保留，一直存在。司马迁对这种民族之间的战争持保留态度，他不赞成以武力手段征服"四夷"，主张通过经济、文化等手段互通有无，逐渐形成民族团结和民族融合的格局。这种思想后来上升为整个中华民族的指导思想。中华民族是一个由多民族组成的大民族，不管其处于何种政体之下，这种思想一以贯之。

以上便是司马迁《史记》的历史哲学和历史观，不妨作一个简要的归纳回顾：

不以众说之成败为成败，即不认同当时社会传统的"成则王侯败则贼"。司马迁认为，在实际上主导了天下大势，对历史进程发挥作用力和影响力的人物才是"英雄"，并非"得天下者是英雄"。项羽最终并未得天下，不仅未得天下，还身死国灭。但是，身死国灭并不意味着"身败名裂"，这两者之间并无必然联系，恰恰相反，项羽死得悲壮而声名益彰，项羽是失败的英雄，所以该

---

① 《史记·大宛列传》，第2755~2756页。

列入本纪。

不以儒术之是非为是非，即不认同中国古代专制政治的主流意识形态。尽管《史记》在表面上也以儒为尊，但在其内容深处，仍以诸子百家的思想，尤其是道家思想为圭臬，诚如班固所言："其是非颇缪于圣人，论大道则先黄老而后六经。"当然，囿于当时社会历史、文化，尤其是科学技术，司马迁没有更先进的哲学思想为指导，这是历史的遗憾，也是司马迁的遗憾，更是古代中国思想和文化的遗憾。

不随世势之俯仰为俯仰，即不认可中国权势社会的主流社会形态，不唯权势之马首是瞻。本着"实事求是"的态度，有一说一，有二说二，"不虚美，不隐恶"，不媚俗，不阿世。司马迁能恪守史家独立治史的学术立场，对手头的史料进行分析、思考和批判，表现出难能可贵的批判历史主义和批判现实主义精神。

不因人世之悲凉而悲凉，即不被当时社会的黑暗和苦难吓倒，恰恰相反，司马迁及其《史记》能在暗夜中发现、发掘人性中美好、善良的一面，用光明和希望鼓舞读者战胜黑暗，迎接黎明的曙光。尽管《史记》弥漫着浓郁的悲剧色彩，似乎任何人都没有好命运，然而，没有好命运不等于没有好性格，问题在于，许许多多具有优秀品质的人，为什么没有好命运？为什么卑鄙会成为卑鄙者的通行证？高尚会成为高尚者的墓志铭？这才是司马迁留给后人思考的问题。事实上，古往今来，许多仁人志士已经思考并回答了这个问题，在"风雨如磐暗故园"的时候，仍坚定地"我以我血荐轩辕"[①]。

不以夷夏之分界为分界，即不认同"华夷天堑"，将治史的眼光投射到更广阔的时空。早在西汉时代，中原周围更广大地区的民族史已被纳入修史范围。在关于四夷的记载中，司马迁虽然没有表现出更深的思想，但有两点值得重视：其一，反对用武力解决民族纠纷和民族问题；其二，主张以和平方式，通过经贸和文化交流达到各民族之间的理解和沟通，达成各民族之间的谅解与和解，这倒与中国民间的一个理念相符，就是"四海之内皆兄弟"。

这五大史观，一言以蔽之，就是敢于说"不"，敢于对社会历史传统说"不"，敢于对专制政体的权势集团说"不"，敢于对权势集团手下的打手和奴

---

① 见鲁迅《自题小像》。

才们说"不"，这对历史而言是可贵，对万众而言是惊讶，对独夫民贼而言是气恼，对有识之士而言是钦佩。

上文在归纳整理《史记》的历史观时，或许会有某些拔高或附会的成分，但愿不大离谱，若如此，庶几近司马迁之本意矣！

四、《史记》的史学笔法

一部好的史书，不仅要有好的历史哲学和历史观作导向，还要有好的笔法即写法来保证历史观的实现，来阐释作者所主张的历史哲学，二者相辅相成，互为表里。那么，司马迁在《史记》中是运用何种笔法来做到这点的？司马迁《史记》的笔法（也称"史笔"），有何特点？

1. 实录笔法

首先，是《史记》的实录笔法。

说到《史记》笔法，首先提"实录"。如前所言，这是西汉文学家扬雄在其名著《法言》中最早提出的。扬雄说："太史迁，曰实录。"然而，究竟何为实录？扬雄并未深入阐释。刘向进而言之："其文直，其事核，不虚美，不隐恶，谓之实录。"再后来，班固在《汉书·艺文志》中进一步说明：

> 自刘向、扬雄博极群书，皆称迁有良史之材，服其善序事理，辨而不华，质而不俚，其文直、其事核，不虚美、不隐恶，故谓之实录。①

用当下话语阐释班固关于"实录"的说法，就是实事求是地反映事件和人物的本来面目（服其善序事理）、语言清雅而少加修饰（辨而不华）、通俗质朴但不粗俗媚俗（质而不俚）、秉笔直书而非曲笔隐讳（其文直）、核查材料核对事实（其事核）、不编造虚假的美好事物（不虚美）、不隐瞒丑恶的现象及丑恶的人和事（不隐恶），这就是实录了。

---

① 见班固《汉书·艺文志》。

大概，这是关于"实录"的最全面的解释了。用这个标准，看一下《世家》中关于西汉几个开国功臣的片段：

> 萧相国何者，沛丰人也。以文无害为沛主吏掾。高祖为布衣时，何数以吏事护高祖。高祖为亭长，常左右之。高祖以吏繇咸阳，吏皆送奉钱三，何独以五。秦御史监郡者与从事，常辨之。何乃给泗水卒史事，第一。秦御史欲入言征何，何固请，得毋行。及高祖起为沛公，何常为丞督事。沛公至咸阳，诸将皆争走金帛财物之府分之，何独先入收秦丞相御史律令图书藏之。沛公为汉王，以何为丞相。①

萧何，刘邦在沛县时的朋友，县吏。刘邦做亭长时，常帮刘邦出主意。刘邦派人到咸阳打点上司，别人送三钱，萧何送五钱。刘邦起事占领咸阳后，众将争抢财物，萧何却率先冲进丞相府抢文书。刘邦做了汉王后，任萧何为丞相。

> 汉五年，既杀项羽，定天下，论功行封。群臣争功，岁余功不决。高祖以萧何功最盛，封为酂侯，所食邑多。功臣皆曰："臣等身被坚执锐，多者百余战，少者数十合，攻城略地，大小各有差。今萧何未尝有汗马之劳，徒持文墨议论，不战，顾反居臣等上，何也？"高帝曰："诸君知猎乎？"曰："知之。""知猎狗乎？"曰："知之。"高帝曰："夫猎，追杀兽兔者狗也，而发踪指示兽处者人也。今诸君徒能得走兽耳，功狗也。至如萧何，发踪指示，功人也。且诸君独以身随我，多者两三人。今萧何举宗数十人皆随我，功不可忘也。"群臣皆莫敢言。②

后来项羽败亡，刘邦建立西汉王朝。论功行赏时，众臣争功，刘邦出面摆平，认定萧何为兴汉第一功。众人不服，认为萧何没有战功，不过是个文墨之吏。刘邦说，懂打猎吗？追杀猎物的是狗，发出指令的是人。你等是有功的猎

---

① 《史记·萧相国世家》，第1795~1796页。
② 《史记·萧相国世家》，第1797页。

狗，而萧何是发出指令的人。你们追随我，多者一家两三人，萧何举家随我，功不可没。众人服。

> 择郡国吏木讷于文辞，重厚长者，即召除为丞相史。吏之言文刻深，欲务声名者，辄斥去之。日夜饮醇酒。卿大夫已下吏及宾客见参不事事，来者皆欲有言。至者，参辄饮以醇酒，间之，欲有所言，复饮之，醉而后去，终莫得开说，以为常。相舍后园近吏舍，吏舍日饮歌呼。从吏恶之，无如之何，乃请参游园中，闻吏醉歌呼，从吏幸相国召按之。乃反取酒张坐饮，亦歌呼与相应和。参见人之有细过，专掩匿覆盖之，府中无事。①

曹参也是刘邦的"沛县帮"之一。萧何死后，曹参为相国，施政措施完全按萧何制定的办。这就是史称的"萧规曹随"。他所起用的下属，全是那种老实木讷、拙于文辞的人，发现那种巧言令色、追求名声的人，曹参立即让他滚蛋，自己则成天喝酒不干正事。卿大夫们见曹参成天不管事，上门来提意见，曹参立刻请他们喝酒。那些人刚想开口，曹参再上酒，搞得那些人开不了口。曹参为人忠厚，看到下属有些小毛病小差错，一概包下来不报，整个丞相府平静无事。

> 良尝闲从容步游下邳圯上，有一老父，衣褐，至良所，直堕其履圯下，顾谓良曰："孺子，下取履！"良鄂然，欲殴之。为其老，强忍，下取履。父曰："履我！"良业为取履，因长跪履之。父以足受，笑而去。良殊大惊，随目之。父去里所，复还，曰："孺子可教矣。后五日平明，与我会此。"良因怪之，跪曰："诺。"五日平明，良往。父已先在，怒曰："与老人期，后，何也？"去，曰："后五日早会。"五日鸡鸣，良往。父又先在，复怒曰："后，何也？"去，曰："后五日复早来。"五日，良夜未半往。有顷，父亦来，喜曰："当如是。"出一编书，曰："读此则为王者师矣。后十年兴。十三年孺子见我济北，穀城山下黄石即我矣。"遂去，无

---

① 《史记·曹相国世家》，第 1808~1809 页。

他言，不复见。旦日视其书，乃太公兵法也。良因异之，常习诵读之。①

张良是韩国公子，刺杀秦始皇失败后，隐匿民间。一天外出散步时来到下邳的一座桥下，见一个穿麻布衣的老头坐在桥栏上。张良走近，老头故意将鞋踢下桥，说，小子，去把我的鞋拾过来，张良愕然，本想上去揍他一顿，看他太老，只得下桥把他的鞋拾过来。没想到老头又说，替我穿上，张良只好替他穿上。老头笑着离开了，张良感到奇怪，老头返回说，孺子可教也。五天后，在这里等候我。五天后，张良到达约定地点，老头已先到，大怒说，你跟老人约见，为什么迟到？五天后再见。五天后，张良去，老头早在那里，又被骂一顿。再五天后，张良半夜就去，一会儿，老头来了，笑着说，这就对了。说着，掏出一编书对张良说，好好读这套书，将来可以做帝王的老师。十年后你必然兴旺发达，十三年后到济水之北见我，山下那块黄色的大石头就是我。

> 汉六年正月，封功臣。良未尝有战斗功，高帝曰："运筹策帷帐中，决胜千里外，子房功也。自择齐三万户。"良曰："始臣起下邳，与上会留，此天以臣授陛下。陛下用臣计，幸而时中，臣愿封留足矣，不敢当三万户。"乃封张良为留侯，与萧何等俱封。②

刘邦大封功臣。张良没有战功，刘邦说，运筹帷幄之中，决胜千里之外，这就是张良的战功。让张良自择地封三万户。张良推辞说，我从下邳出山，与皇上相遇于留地，这是我们的缘分，臣愿封在留地，不敢受封三万户。遂封于留，称留侯。至今有留侯祠。

> 留侯从上击代，出奇计马邑下，及立萧何相国，所与上从容言天下事甚众，非天下所以存亡，故不著。留侯乃称曰："家世相韩，及韩灭，不爱万金之资，为韩报雠强秦，天下振动。今以三寸舌为帝者师，封万户，位列侯，此布衣之极，于良足矣。愿弃人间事，欲从赤松子游耳。"乃学

---

① 《史记·留侯世家》，第1812~1813页。
② 《史记·留侯世家》，第1818页。

辟谷，道引轻身。会高帝崩，吕后德留侯，乃强食之，曰："人生一世间，如白驹过隙，何至自苦如此乎！"留侯不得已，强听而食。[①]

后来，张良随刘邦征讨代国，出奇计获胜。张良说，我凭三寸之舌为帝王之师，封万户侯，此布衣之极也，我知足了。从今往后，放弃一切事务，跟随赤松子学道，乃学辟谷之术（不吃五谷）。吕后感谢张良曾帮助过自己，强劝他恢复进食。吕后说，人生一世，如白驹过隙，何必自苦如此。张良不得已，勉强恢复进食。

及平长，可娶妻，富人莫肯与者，贫者平亦耻之。久之，户牖富人有张负，张负女孙五嫁而夫辄死，人莫敢娶。平欲得之。邑中有丧，平贫，侍丧，以先往后罢为助。张负既见之丧所，独视伟平，平亦以故后去。负随平至其家，家乃负郭穷巷，以弊席为门，然门外多有长者车辙。张负归，谓其子仲曰："吾欲以女孙予陈平。"张仲曰："平贫不事事，一县中尽笑其所为，独奈何予女乎？"负曰："人固有好美如陈平而长贫贱者乎？"卒与女。为平贫，乃假贷币以聘，予酒肉之资以内妇。负诫其孙曰："毋以贫故，事人不谨。事兄伯如事父，事嫂如母。"平既娶张氏女，赍用益饶，游道日广。里中社，平为宰，分肉食甚均。父老曰："善，陈孺子之为宰！"平曰："嗟乎，使平得宰天下，亦如是肉矣！"[②]

陈平身材高大，面相俊美，可称高、帅但不富，穷居于陋巷之中，但门前常有车马留下的辙印。有一个大富翁叫张负，认为陈平将来必有作为，想把自己的孙女嫁给陈平。张负的弟弟张仲说，陈平又穷还没有工作，一县的人都瞧不起他，你怎么偏要把这么漂亮的孙女嫁给他？张负说，哪有像陈平这么帅气的男人会长期贫困呢？就把孙女嫁给陈平还常常出资帮助陈平，同时告诫孙女说，不要看他没有钱，这个人做事很靠谱。社区有祭祀活动，陈平主刀分肉，分得非常均匀，父老乡亲夸奖他。陈平叹道，有朝一日我掌管天下，也会像我

---

① 《史记·留侯世家》，第 1826 页。
② 《史记·陈丞相世家》，第 1826 页。

今天分肉一样。

　　绛侯、灌婴等咸谗陈平曰："平虽美丈夫，如冠玉耳，其中未必有也。臣闻平居家时，盗其嫂；事魏不容，亡归楚；归楚不中，又亡归汉。今日大王尊官之，令护军。臣闻平受诸将金，金多者得善处，金少者得恶处。平，反覆乱臣也，愿王察之。"汉王疑之，召让魏无知。无知曰："臣所言者，能也；陛下所问者，行也。今有尾生、孝己之行而无益处于胜负之数，陛下何暇用之乎？楚汉相距，臣进奇谋之士，顾其计诚足以利国家不耳。且盗嫂受金又何足疑乎？"汉王召让平曰："先生事魏不中，遂事楚而去，今又从吾游，信者固多心乎？"平曰："臣事魏王，魏王不能用臣说，故去事项王。项王不能信人，其所任爱，非诸项即妻之昆弟，虽有奇士不能用，平乃去楚。闻汉王之能用人，故归大王。臣裸身来，不受金无以为资。诚臣计画有可采者，愿大王用之；使无可用者，金具在，请封输官，得请骸骨。"汉王乃谢，厚赐，拜为护军中尉，尽护诸将。诸将乃不敢复言。①

　　陈平投靠刘邦时，周勃、灌婴等都在刘邦面前说陈平的坏话。说，陈平是个帅哥，但长得漂亮有什么用？以前在老家时，跟他嫂子有一腿，现在你用他为护军，他经常接受下属军官的贿赂，给钱多的就说好话，给钱少的就说人家的坏话，是个反复无常的小人。刘邦起疑了，召陈平的推荐人魏无知来查问。魏无知说，楚汉相争，要的是人才，我推荐的是有奇才有利于国家的高人，盗嫂受金何足道哉！刘邦召陈平道，你从魏到楚，又从楚到我这里，别人对你有意见了，说白了就是信不过你。陈平说，魏、楚不能用我，我听说大王你能用人，所以来了。我来时一无所有，不接受点钱财咋过日子？你认为我可用就用，不可用，那些钱还在呢，可以上缴财政，你要杀我，请把我的骸骨还给我的家人。刘邦听后马上向他道歉，重赏之，封为护军中尉，诸将再也不敢说话。

---

　　① 《史记·陈丞相世家》，第 1827～1828 页。

勃为人木强敦厚，高帝以为可属大事。勃不好文学，每召诸生说士，东乡坐而责之："趣为我语。"其椎少文如此。勃既定燕而归，高祖已崩矣，以列侯事孝惠帝。孝惠帝六年，置太尉官，以勃为太尉。十岁，高后崩。吕禄以赵王为汉上将军，吕产以吕王为汉相国，秉汉权，欲危刘氏。勃为太尉，不得入军门。陈平为丞相，不得任事。于是勃与平谋，卒诛诸吕而立孝文皇帝。其语在吕后、孝文事中。①

周勃为人敦厚，刘邦认为他可托大事。周勃不爱文学，每召那些有学问的儒生谈事，常呵斥道，走过来对我说。就是那么一个粗人。周勃平定燕地后，刘邦已死。汉惠帝六年时任太尉，掌军事。吕后死后，诸吕执政，欲危害刘家天下。周勃是"国防部长"，却不准他进入军营；陈平是"总理"，却不准他进入"国务院"。周勃与陈平商量，索性将他们一窝端了。于是动手，抓捕了吕产、吕禄等人，全部斩首，拥立孝文皇帝。关于这方面的记载，见《吕太后本纪》《孝文本纪》。

岁余，每河东守尉行县至绛，绛侯勃自畏恐诛，常被甲，令家人持兵以见之。其后人有上书告勃欲反，下廷尉。廷尉下其事长安，逮捕勃治之。勃恐，不知置辞。吏稍侵辱之。勃以千金与狱吏，狱吏乃书牍背示之，曰"以公主为证"。公主者，孝文帝女也，勃太子胜之尚之，故狱吏教引为证。勃之益封受赐，尽以予薄昭。及系急，薄昭为言薄太后，太后亦以为无反事。文帝朝，太后以冒絮提文帝，曰："绛侯绾皇帝玺，将兵於北军，不以此时反，今居一小县，顾欲反邪！"文帝既见绛侯狱辞，乃谢曰："吏方验而出之。"于是使使持节赦绛侯，复爵邑。绛侯既出，曰："吾尝将百万军，然安知狱吏之贵乎！"②

周勃受封为绛侯，心怀恐惧，常常披甲带兵器，于是有人密告周勃谋反。周勃被逮捕下狱，非常害怕，受审讯时不知说什么才好。狱吏辱骂之，周勃赶

---

① 《史记·绛侯周勃世家》，第 1840~1841 页。
② 《史记·绛侯周勃世家》，第 1841 页。

快送千金给狱吏。狱吏教他一招，说，赶快找公主为你作证。公主是文帝的女儿、周勃的儿媳妇，周勃求她为之说情并将自己受赐的财物都送给她。公主对太后说明周勃的冤情，太后认为周勃根本没有谋反一事。太后对文帝说，当年周勃把皇帝玉玺交给你的时候，手握重兵，那是他谋反的最好时候。那时他不谋反，现在住一个小小的绛县，反而谋反了，道理上说不过去啊。文帝看了周勃的供词，向太后道歉说，监狱一方也是这样说的，于是派人到监狱释放周勃。周勃出狱后长叹道，我曾统率百万大军，可是，哪里知狱吏的尊贵啊！

上述这些西汉开国元勋，都是朝廷重臣，是西汉权势集团的核心人物。他们的后裔，至司马迁撰写《史记》时多数还在（世袭）。他们的历史，是当朝最近的历史。司马迁撰写时，基本上按史料如实记载，既没加油添酱、说许多肉麻的吹捧之辞，也没有妄加贬斥之语。在肯定这些人的开国功勋的时候，更多地记叙他们青年时代、未发迹时候的一些精彩细节，暗寓这些人早先就不同凡响，后来才能做成一番事业。对他们的缺点和不足之处，司马迁并不隐讳，比如，萧何的老奸巨猾、曹参的墨守成规、张良晚年的消极避世、陈平早年的盗嫂受金①、周勃的粗糙少文等。以上片段仅是节选，原文还有许多精彩的细节和有趣的对话。这就是据实记录。

值得强调的还有一点，即司马迁早年漫游天下时，曾有意识地对若干史料进行过核实考证，刘向说的"其事核"，即指这种对材料的核查考证。司马迁在《史记》中经常提到这种核查情况，比如，在《樊郦滕灌列传》中说："吾适丰沛，问其遗老，观故萧、曹、樊哙、滕公之家，及其素，异哉所闻。"在《魏公子列传》中说："吾过大梁之墟，求问其所谓夷门。夷门者，城之东门也。"据说②，司马迁还到垓下古战场进行考查，对垓下的山川地形、关隘要塞、屯粮用兵之所都做了详细考证，后来写《项羽本纪》时，这一段才写得如此真实而细致。如果读者仔细，会发现《史记》对虞姬死后的情况付之阙如。据野史载，虞姬自刎后，项羽携虞姬的尸骸突出汉军重围，草草安葬后重新再战。司马迁到垓下时，虞姬疑冢太多，不能确定真实的埋葬地点，所以，关于虞姬后来的情况，《项羽本纪》中只字未提，就是说，拿不实在的事不能写进

---

① 此种说法原是诬陷，后来以讹传讹，竟成为一种广为流传的说法，成为一个成语。

② 未经考证，据某些野史而说。

历史。如前所言，司马迁在《大宛列传》中说，据传昆仑山有二千五百里之高，没人见过。"故言九州山川，《尚书》近之矣。至《禹本纪》《山海经》所有怪物，余不敢言之也。"《山海经》记载的那些神话传说，司马迁是不敢记入《史记》的。有感于这点，明代顾炎武读《史记》时说："盖自古史书兵事地形之详，未有过此者。"①

话还得说回来，所谓"实录"，难道是完全真实的记录，一点加工想象都没有吗？并非如此。历史是消失了的事物，很多事已经无法核实，即使"实录"也无法还原历史本身。"实录"并非一丝不苟地再现历史，按美国新历史主义的观点，任何消失了的事物都不可能再现，所谓"历史的真实"不过是一种理论上的设定。任何历史文本，不论其多么求实，也只能是接近历史的真实。对某些缺失了的事实环节，尤其是某些细节，只能通过合乎语境即符合当时文化氛围的叙述来加以填补。新历史主义是后现代主义之后对当代史学有重大贡献的理论。司马迁当然无从得知这种理论，然而，在处理这方面问题的时候，司马迁确乎是这样做的：

> 陈胜者，阳城人也，字涉。吴广者，阳夏人也，字叔。陈涉少时，尝与人佣耕，辍耕之垄上，怅恨久之，曰："苟富贵，无相忘。"庸者笑而应曰："若为庸耕，何富贵也？"陈涉太息曰："嗟乎，燕雀安知鸿鹄之志哉！"②

陈胜青年时代，为人佣耕。一天，在耕耘时停了下来，心情坏透了（怅恨久之），忽然冒出一句："苟富贵，无相忘。"一同耕田的众人大笑，就你这样一个农民雇工，哪来的富贵？陈胜长叹说，燕雀安知鸿鹄之志哉！这样一段场景和对话，其原始记载从哪里来？陈胜不过是一个农民，不会有史官在旁记录他的言行。后来，陈胜为王的时候，可能跟别人说过自己青年时代的故事。陈胜死了，那几个农民朋友也被他杀了。也就是说，当事人当时就死了，这段事只能是民间传说，可是，司马迁写得如此逼真，神情、对话、场景似乎历历在

---

① 见顾炎武《日知录》。
② 《史记·陈涉世家》，第 1743 页。

目，成为《陈涉世家》中非常精彩的一节。显而易见，作者只能通过联想来完成这番写作。

> 荆轲知太子不忍，乃遂私见樊於期曰："秦之遇将军可谓深矣，父母宗族皆为戮没。今闻购将军首金千斤，邑万家，将奈何？"於期仰天太息流涕曰："於期每念之，常痛于骨髓，顾计不知所出耳！"荆轲曰："今有一言可以解燕国之患，报将军之仇者，何如？"於期乃前曰："为之奈何？"荆轲曰："愿得将军之首以献秦王，秦王必喜而见臣，臣左手把其袖，右手揕其匈，然则将军之仇报而燕见陵之愧除矣。将军岂有意乎？"樊於期偏袒扼腕而进曰："此臣之日夜切齿腐心也，乃今得闻教！"遂自刭。①

以上是荆轲入秦行刺前与樊於期的一段绝密对话。荆轲要用樊於期的脑袋作为觐见礼，以此作为接近秦王的手段。荆轲向樊於期详细说明了行刺计划。樊於期当场允诺，自刎而死。是时，除燕太子丹以外，任何人都不知道这个计划。荆轲见樊於期时，没有第三者在场，樊於期当场死了，荆轲自己绝不会泄密，而荆轲在刺秦王时当场被砍死。那么，上述一段对话及场景从何而知？显然，还是联想和想象。中国有句古话，叫"法不传六耳"，就是说，只有两个人听到的话、只有两个人知道的事，是死无对证的。即使其中一人出来作证，但"孤证"在任何地方都无效，不能作为取证的依据。除你知我知之外，就只有天知地知了。故作者不通过想象，写不出上述对话和场景，更别说写得如此之细腻了。

> 淮阴侯韩信者，淮阴人也。始为布衣时，贫无行，不得推择为吏，又不能治生商贾，常从人寄食饮，人多厌之者，常数从其下乡南昌亭长寄食，数月，亭长妻患之，乃晨炊蓐食。食时信往，不为具食。信亦知其意，怒，竟绝去。②

---

① 《史记·刺客列传》，第 2226 页。
② 《史记·淮阴侯列传》，第 2289 页。

这是韩信青少年时代的一段趣事。韩信贫而无行，不能被推荐为吏，又不愿从事生产，只得到处蹭饭吃。常到南昌亭长家蹭吃蹭喝，亭长老婆急了，"乃晨炊蓐食"，一早起床就把饭做好了，在被窝里就吃完了。韩信赶着饭点去到那里，但见一派冷火残烟。更绝的是，发脾气的不是别人，正是韩信，韩信大怒，从此离开此地。对这种事，知道的人不会多，正史一般也无记载，司马迁写得如此传神，不通过想象根本做不到。

> 信知汉王畏恶其能，常称病不朝从。信由此日夜怨望，居常鞅鞅，羞与绛、灌等列。信尝过樊将军哙，哙跪拜送迎，言称臣，曰："大王乃肯临臣！"信出门，笑曰："生乃与哙等为伍！"①

此段是关于韩信的心理描写。韩信知道刘邦妒忌自己的才能，常称病不朝；平常闷闷不乐，羞与周勃、灌婴等同列。却对樊哙很赞赏，因为樊哙对他极尊重，尽管韩信此时早已不是齐王或楚王了，樊哙仍称他为"大王"。韩信大笑说，此生当与樊哙这样的人为伍。②

《史记》很少有心理描绘，因为人的心思是看不见的，除非他本人说出来，否则旁人无从得知。此段写韩信失势后的心理——认为皇帝惧怕他太有本事，羞与绛、灌等自己当年的部下同列（同一等级，上班时站在一起）。这些不便对人说道的心思，作者从何得知？还得依靠联想和想象。但是，这种联想和想象并非虚构，而是在事实基础上，通过合乎逻辑的想象即真正的"合理想象"来完成的。如钱锺书说："史家追叙真人实事，每须遥体人情，悬想事势，设身局中，潜心腔内，忖以度之，以揣以摩，庶几入情合理。盖与小说、院本之臆造人物、虚构境地，不尽同而可相通；记言特其一端。"③ 这种既非虚构，又非实录的手法，姑且称之为"实构"吧，即基于事实（史实）、合乎逻辑、在恰当的语境中通过想象进行的表述，是介于实录与虚构之间的一种笔法，通常用于纪实性报道和历史叙事中。陈学勇将这种手法称为"拟实"，他说："传

---

① 《史记·淮阴侯列传》，第 2304 页。

② 对此段话有不同的解释，另一说为，想不到此生竟与樊哙这样的人为伍。就字面意义而言，两说皆通。

③ 见钱锺书《管锥编》。

记无论如何不宜虚构，所谓虚构不妨以'拟实'概念取代。与其讨论可不可以虚构，不如讨论如何合情合理地拟实。拟实与虚构大有区别，后者是无中生有，前者只是把确实发生过的事情作推理、想象、摹写出来。譬如，史料记载传主春季天晴的某日去了一趟西湖，传记不妨据此，写写春阳娇媚，垂柳拂面，但不可描述成秋雨绵绵，万木萧疏。要是史料失记是晴是雨，那就放宽一些，随你写晴写雨，算打个擦边球啰。传记的文学性，其涵义何止在情节曲折，更有诸多其他文学因素，如笔致宜人，注重细节，场景再现，等等。"①

那么，《史记》一百三十篇是否都做到了上述"实录"或"实构"呢，不尽然。《史记》中仍有一些失实记载或令人质疑的篇什。清代梁玉绳在《史记志疑》中说："《伯夷传》所载俱非也。"② 伯夷、叔齐的有关材料来自《庄子》，而《庄子》是一部散文集，庄子称自己的语言是"重言、寓言、卮言"，即比较"生猛"的语言、寓言故事和酒后醉言，如果基本材料来自这种语言表述，其可信度当然要打折扣。又如，清代文学家赵翼在《陔余丛考》中说："屠岸贾之事，出于无稽，而迁之采摭。荒诞不足凭也。"③ 若按赵翼之说，《史记》中相当感人的"搜孤救孤"的故事，几乎是凭空虚构了。这些，是《史记》实录手法中的缺陷和问题，当然，只是些无关大雅的局部问题，并不能因此对整部《史记》的实录笔法进行否定。

对《史记》实录笔法提出严重否定的是前文提到的王船山（夫之）的《读通鉴论》。如前所言，王船山在《读通鉴论》中借李陵事件对整部《史记》的真实性提出否定，他说："司马迁挟私以成史""迁之书，为背公死党之言，而恶足信哉？"所谓"挟私以成史""背公死党之言"都是修史之大忌，倘若真是这样，则历史的真实性、客观性、公正性等基本准则将荡然无存。《史记》真如王船山所指责的那样吗？否！如前所言，我们并不否认司马迁在李陵问题上可能存在一定的偏颇，司马迁为李陵所做的辩护可能有过当之处，然而，仅因为这点而否定《史记》的实录笔法，进而否定《史记》全书的真实性，就是以点代面、以偏概全。如果王船山能在《史记》篇章中找到更多证据，为其所说的"挟私以成史"提供有力佐证，则另当别论。王船山有这样的证据吗，没

---

① 见顾农、陈学勇《关于传记作品文学性的通信》。
② 转引自韩兆琦《史记讲座》。
③ 转引自韩兆琦《史记讲座》。

有。《史记》一百三十篇，王船山仅拿《李将军列传》中关于李陵的附传说事，以此说"迁之书，为背公死党之言，而恶足信哉?"这是真正的"攻其一点，不及其余"。其实，通过一点简单的形式逻辑论证，即可看出王船山在这里使用了偷换概念的手法，其提供的证据是关于李陵的一段，你只能说这一段是"挟私以成（这一段）史"，不能将这一段说成是整本《史记》;你只能说这一段是"背公死党之言"，不能说"迁之书"都是"背公死党之言"。单称概念不等于全称概念，个别不等于整体，《史记》中的一段不等于整部《史记》，此乃常识。王船山以偷换概念的手法将单称概念替换为全称概念，以此否定司马迁的《史记》，未免有失公允。如此以偏概全的批评，不能构成对《史记》实录笔法的有力否定。

2. 互见笔法

继实录笔法之后，《史记》的一个重要笔法是互见笔法。

《史记》中的很多人和事是相互交集的，在分传记叙的时候，如何处理这些相互交叉、盘根错节的事? 若在每个人的传记中都将他们经历过的事说一遍，势必累赘重复令读者生厌，但如果不交代，事实环节就会缺失、人物传记就不完整。在处理这一矛盾时，司马迁采用了一种笔法——互见，即将同一事件在不同人物的传记中分别展现，以错落有致的形式分而叙之，不仅避免了叙述中的重复累赘，还达到相互印证的效果。

> 行略定秦地。函谷关有兵守关，不得入。又闻沛公已破咸阳，项羽大怒，使当阳君等击关。项羽遂入，至于戏西。沛公军霸上，未得与项羽相见。沛公左司马曹无伤使人言于项羽曰:"沛公欲王关中，使子婴为相，珍宝尽有之。"项羽大怒，曰:"旦日飨士卒，为击破沛公军!"当是时，项羽兵四十万，在新丰鸿门，沛公兵十万，在霸上。范增说项羽曰:"沛公居山东时，贪于财货，好美姬。今入关，财物无所取，妇女无所幸，此其志不在小。吾令人望其气，皆为龙虎，成五采，此天子气也。急击勿失。"
>
> 楚左尹项伯者，项羽季父也，素善留侯张良。张良是时从沛公，项伯乃夜驰之沛公军，私见张良，具告以事，欲呼张良与俱去。曰:"毋从俱

死也。"张良曰:"臣为韩王送沛公,沛公今事有急,亡去不义,不可不语。"良乃入,具告沛公。沛公大惊,曰:"为之奈何?"张良曰:"谁为大王为此计者?"曰:"鲰生说我曰'距关,毋内诸侯,秦地可尽王也'。故听之。"良曰:"料大王士卒足以当项王乎?"沛公默然,曰:"固不如也,且为之奈何?"张良曰:"请往谓项伯,言沛公不敢背项王也。"沛公曰:"君安与项伯有故?"张良曰:"秦时与臣游,项伯杀人,臣活之。今事有急,故幸来告良。"沛公曰:"孰与君少长?"良曰:"长于臣。"沛公曰:"君为我呼入,吾得兄事之。"张良出,要项伯。项伯即入见沛公。沛公奉卮酒为寿,约为婚姻,曰:"吾入关,秋豪不敢有所近,籍吏民,封府库,而待将军。所以遣将守关者,备他盗之出入与非常也。日夜望将军至,岂敢反乎!愿伯具言臣之不敢倍德也。"项伯许诺。谓沛公曰:"旦日不可不蚤自来谢项王。"沛公曰:"诺。"于是项伯复夜去,至军中,具以沛公言报项王。因言曰:"沛公不先破关中,公岂敢入乎?今人有大功而击之,不义也,不如因善遇之。"项王许诺。

沛公旦日从百余骑来见项王,至鸿门,谢曰:"臣与将军戮力而攻秦,将军战河北,臣战河南,然不自意能先入关破秦,得复见将军于此。今者有小人之言,令将军与臣有郤。"项王曰:"此沛公左司马曹无伤言之;不然,籍何以至此。"项王即日因留沛公与饮。项王、项伯东向坐。亚父南向坐。亚父者,范增也。沛公北向坐,张良西向侍。范增数目项王,举所佩玉玦以示之者三,项王默然不应。范增起,出召项庄,谓曰:"君王为人不忍,若入前为寿。寿毕,请以剑舞,因击沛公于坐,杀之。不者,若属皆且为所虏。"庄则入为寿,寿毕,曰:"君王与沛公饮,军中无以为乐,请以剑舞。"项王曰:"诺。"项庄拔剑起舞,项伯亦拔剑起舞,常以身翼蔽沛公,庄不得击。于是张良至军门,见樊哙。樊哙曰:"今日之事何如?"良曰:"甚急。今者项庄拔剑舞,其意常在沛公也。"哙曰:"此迫矣,臣请入,与之同命。"哙即带剑拥盾入军门。交戟之卫士欲止不内,樊哙侧其盾以撞,卫士仆地,哙遂入,披帷西向立,瞋目视项王,头发上指,目眦尽裂。项王按剑而跽曰:"客何为者?"张良曰:"沛公之参乘樊哙者也。"项王曰:"壮士,赐之卮酒。"则与斗卮酒。哙拜谢,起,立而饮之。项王曰:"赐之彘肩。"则与一生彘肩。樊哙覆其盾于地,加彘肩上，拔剑切而啗之。项王曰："壮士，能复饮乎？"樊哙曰："臣死且不避，卮酒安足辞！夫秦王有虎狼之心，杀人如不能举，刑人如不恐胜，天下皆叛之。怀王与诸将约曰'先破秦入咸阳者王之'。今沛公先破秦入咸阳，豪毛不敢有所近，封闭宫室，还军霸上，以待大王来。故遣将守关者，备他盗出入与非常也。劳苦而功高如此，未有封侯之赏，而听细说，欲诛有功之人。此亡秦之续耳，窃为大王不取也。"项王未有以应，曰："坐。"樊哙从良坐。坐须史，沛公起如厕，因招樊哙出。

沛公已出，项王使都尉陈平召沛公。沛公曰："今者出，未辞也，为之奈何？"樊哙曰："大行不顾细谨，大礼不辞小让。如今人方为刀俎，我为鱼肉，何辞为。"于是遂去。乃令张良留谢。良问曰："大王来何操？"曰："我持白璧一双，欲献项王，玉斗一双，欲与亚父，会其怒，不敢献。公为我献之。"张良曰："谨诺。"当是时，项王军在鸿门下，沛公军在霸上，相去四十里。沛公则置车骑，脱身独骑，与樊哙、夏侯婴、靳强、纪信等四人持剑盾步走，从郦山下，道芷阳间行。沛公谓张良曰："从此道至吾军，不过二十里耳。度我至军中，公乃入。"沛公已去，间至军中，张良入谢，曰："沛公不胜桮杓，不能辞。谨使臣良奉白璧一双，再拜献大王足下；玉斗一双，再拜奉大将军足下。"项王曰："沛公安在？"良曰："闻大王有意督过之，脱身独去，已至军矣。"项王则受璧，置之坐上。亚父受玉斗，置之地，拔剑撞而破之，曰："唉！竖子不足与谋。夺项王天下者，必沛公也，吾属今为之虏矣。"

沛公至军，立诛杀曹无伤。[1]

闻沛公已定关中，大怒，使黥布等攻破函谷关。十二月中，遂至戏。沛公左司马曹无伤闻项王怒，欲攻沛公，使人言项羽曰："沛公欲王关中，令子婴为相，珍宝尽有之。"欲以求封。亚父劝项羽击沛公。方飨士，旦日合战。是时项羽兵四十万，号百万。沛公兵十万，号二十万，力不敌。会项伯欲活张良，夜往见良，因以文谕项羽，项羽乃止。沛公从百余骑，驱之鸿门，见谢项羽。项羽曰："此沛公左司马曹无伤言之。不然，籍何

---

[1] 《史记·项羽本纪》，第264～268页。

以生此！"沛公以樊哙、张良故，得解归。归，立诛曹无伤。①

以上两段是关于鸿门宴的记载，前段出自《项羽本纪》，后段出自《高祖本纪》，记叙的是同一事件，但详略程度一目了然。前段记叙详尽而细腻，事件的起因、背景、对话、场面、动作、表情逐一展现，是《史记》中重彩工笔的一段华章。正因为在《项羽本纪》中已经表述得相当清楚且相当精彩了，在《高祖本纪》中就没必要重复记述了，缘此，《高祖本纪》中关于鸿门宴的情况以寥寥数笔带过。

那么，在互见的分头记叙中，如何确定主次与详略呢？很清楚，谁主导事件，谁左右局势，谁是事件的主角，谁就是记叙的重点。整个叙事围绕主角展开，配角仅作为陪衬。鸿门宴的主角是项羽和范增，鸿门宴设在新丰鸿门的楚军营房内，刘邦和张良是客人也是配角。主导事件是项羽和范增，刘邦的处境非常被动，用樊哙的话说，就是"人为刀俎，我为鱼肉"。如果记叙一场烹饪大戏，是写动刀掌勺的大厨呢？还是写案板上的鱼肉？当然是写前者，顺带写一下二厨和帮手。在鸿门宴中，楚军一方是里通敌人的项伯、起身舞剑而意在沛公的项庄，汉军一方是出谋划策的张良、闯入宴会坐在地上吃生肉的勇士樊哙等。此外，还有一个不在现场却又非常重要的人物曹无伤。所以，这位曹无伤在两段中都出现了。

这种写法，既相互印证了同一事件又避免了重复累赘，是《史记》首创的叙事笔法。因为，只有在纪传体出现后，才需要使用这种手法。《史记》以前的《左传》《战国策》等史书都是编年体，没有互见笔法的用武之地。自《史记》以后，互见法已成为史家经常使用的笔法。在具体应用中，互见笔法还有一个操作细则，即有说明或无说明。对有些"互见"，作者会说明此事另见某某传；对有些"互见"，作者省略了说明，比如上述鸿门宴的两段。下面这段属有说明的互见：

> 勃为人木强敦厚，高帝以为可属大事。勃不好文学，每召诸生说士，东乡坐而责之："趣为我语。"其椎少文如此。勃既定燕而归，高祖已崩

---

① 《史记·高祖本纪》，第309页。

矣，以列侯事孝惠帝。孝惠帝六年，置太尉官，以勃为太尉。十岁，高后崩。吕禄以赵王为汉上将军，吕产以吕王为汉相国，秉汉权，欲危刘氏。勃为太尉，不得入军门。陈平为丞相，不得任事。于是勃与平谋，卒诛诸吕而立孝文皇帝。其语在吕后、孝文事中。①

关于周勃与陈平商量铲除诸吕立汉文为帝一事，在此段仅有一句话。司马迁在段末说明，此事详见关于吕后及孝文帝的记载即《吕太后本纪》和《孝文本纪》中：

> 太尉绛侯勃不得入军中主兵。曲周侯郦商老病，其子寄与吕禄善。绛侯乃与丞相陈平谋，使人劫郦商。令其子寄往绐说吕禄曰："高帝与吕后共定天下，刘氏所立九王，吕氏所立三王，皆大臣之议，事已布告诸侯，诸侯皆以为宜。今太后崩，帝少，而足下佩赵王印，不急之国守藩，乃为上将，将兵留此，为大臣诸侯所疑。足下何不归将印，以兵属太尉？请梁王归相国印，与大臣盟而之国，齐兵必罢，大臣得安，足下高枕而王千里，此万世之利也。"吕禄信然其计，欲归将印，以兵属太尉。使人报吕产及诸吕老人，或以为便，或曰不便，计犹豫未有所决。吕禄信郦寄，时与出游猎。过其姑吕婺，婺大怒，曰："若为将而弃军，吕氏今无处矣。"乃悉出珠玉宝器散堂下，曰："毋为他人守也。"左丞相食其免。
>
> 八月庚申旦，平阳侯窋行御史大夫事，见相国产计事。郎中令贾寿使从齐来，因数产曰："王不蚤之国，今虽欲行，尚可得邪？"具以灌婴与齐楚合从，欲诛诸吕告产，乃趣产急入宫。平阳侯颇闻其语，乃驰告丞相、太尉。太尉欲入北军，不得入。襄平侯通尚符节。乃令持节矫内太尉北军。太尉复令郦寄与典客刘揭先说吕禄曰："帝使太尉守北军，欲足下之国，急归将印辞去，不然，祸且起。"吕禄以为郦兄不欺己，遂解印属典客，而以兵授太尉。太尉将之入军门，行令军中曰："为吕氏右袒，为刘氏左袒。"军中皆左袒为刘氏。太尉行至，将军吕禄亦已解上将印去，太尉遂将北军。然尚有南军。平阳侯闻之，以吕产谋告丞相平，丞相平乃召

---

① 《史记·绛侯周勃世家》，第 1840～1841 页。

朱虚侯佐太尉。太尉令朱虚侯监军门。令平阳侯告卫尉："毋入相国产殿门。"吕产不知吕禄已去北军，乃入未央宫，欲为乱，殿门弗得入，裴回往来。平阳侯恐弗胜，驰语太尉。太尉尚恐不胜诸吕，未敢讼言诛之，乃遣朱虚侯谓曰："急入宫卫帝。"朱虚侯请卒，太尉予卒千余人。入未央宫门，遂见产廷中。日餔时，遂击产。产走，天风大起，以故其从官乱，莫敢斗。逐产，杀之郎中府吏厕中。朱虚侯已杀产，帝命谒者持节劳朱虚侯。朱虚侯欲夺节信，谒者不肯，朱虚侯则从与载，因节信驰走，斩长乐卫尉吕更始。还，驰入北军，报太尉。太尉起，拜贺朱虚侯曰："所患独吕产，今已诛，天下定矣。"遂遣人分部悉捕诸吕男女，无少长皆斩之。辛酉，捕斩吕禄，而笞杀吕嬃。使人诛燕王吕通，而废鲁王偃。壬戌，以帝太傅食其复为左丞相。戊辰，徙济川王王梁，立赵幽王子遂为赵王。遣朱虚侯章以诛诸吕氏事告齐王，令罢兵。灌婴兵亦罢荥阳而归。

诸大臣相与阴谋曰："少帝及梁、淮阳、常山王，皆非真孝惠子也。吕后以计诈名他人子，杀其母，养后宫，令孝惠子之，立以为后，及诸王，以强吕氏。今皆已夷灭诸吕，而置所立，即长用事，吾属无类矣。不如视诸王最贤者立之。"或言"齐悼惠王高帝长子，今其适子为齐王，推本言之，高帝适长孙，可立也"。大臣皆曰："吕氏以外家恶而几危宗庙，乱功臣。今齐王母家驷，驷钧，恶人也。即立齐王，则复为吕氏。"欲立淮南王，以为少，母家又恶。乃曰："代王方今高帝见子，最长，仁孝宽厚。太后家薄氏谨良。且立长故顺，以仁孝闻于天下，便。"乃相与共阴使人召代王。代王使人辞谢。再反，然后乘六乘传。后九月晦日己酉，至长安，舍代邸。大臣皆往谒，奉天子玺上代王，共尊立为天子。代王数让，群臣固请，然后听。

东牟侯兴居曰："诛吕氏吾无功，请得除宫。"乃与太仆汝阴侯滕公入宫，前谓少帝曰："足下非刘氏，不当立。"乃顾麾左右执戟者掊兵罢去。有数人不肯去兵，宦者令张泽谕告，亦去兵。滕公乃召乘舆车载少帝出。少帝曰："欲将我安之乎？"滕公曰："出就舍。"舍少府。乃奉天子法驾，迎代王于邸。报曰："宫谨除。"代王即夕入未央宫。有谒者十人持戟卫端门，曰："天子在也，足下何为者而入？"代王乃谓太尉。太尉往谕，谒者十人皆掊兵而去。代王遂入而听政。夜，有司分部诛灭梁、淮阳、常山王及少帝于邸。代王立为天子。二十三年崩，谥为孝文皇帝。①

孝文皇帝，高祖中子也。高祖十一年春，已破陈豨军，定代地，立为代王，都中都。太后薄氏子。即位十七年，高后八年七月，高后崩。九月，诸吕吕产等欲为乱，以危刘氏，大臣共诛之，谋召立代王，事在《吕后》语中。

丞相陈平、太尉周勃等使人迎代王。代王问左右郎中令张武等。张武等议曰："汉大臣皆故高帝时大将，习兵，多谋诈，此其属意非止此也，特畏高帝、吕太后威耳。今已诛诸吕，新喋血京师，此以迎大王为名，实不可信。愿大王称疾毋往，以观其变。"中尉宋昌进曰："群臣之议皆非也。夫秦失其政，诸侯豪桀并起，人人自以为得之者以万数，然卒践天子之位者，刘氏也，天下绝望，一矣。高帝封王子弟，地犬牙相制，此所谓盘石之宗也，天下服其强，二矣。汉兴，除秦苛政，约法令，施德惠，人人自安，难动摇，三矣。夫以吕太后之严，立诸吕为三王，擅权专制，然而太尉以一节入北军，一呼士皆左袒，为刘氏，叛诸吕，卒以灭之。此乃天授，非人力也。今大臣虽欲为变，百姓弗为使，其党宁能专一邪？方今内有朱虚、东牟之亲，外畏吴、楚、淮南、琅邪、齐、代之强。方今高帝子独淮南王与大王，大王又长，贤圣仁孝，闻于天下，故大臣因天下之心而欲迎立大王，大王勿疑也。"代王报太后计之，犹与未定。卜之龟，卦兆得大横。占曰："大横庚庚，余为天王，夏启以光。"代王曰："寡人固已为王矣，又何王？"卜人曰："所谓天王者乃天子。"于是代王乃遣太后弟薄昭往见绛侯，绛侯等具为昭言所以迎立王意。薄昭还报曰："信矣，毋可疑者。"代王乃笑谓宋昌曰："果如公言。"乃命宋昌参乘，张武等六人乘传诣长安。至高陵休止，而使宋昌先驰之长安观变。

昌至渭桥，丞相以下皆迎。宋昌还报。代王驰至渭桥，群臣拜谒称臣。代王下车拜。太尉勃进曰："愿请间言。"宋昌曰："所言公，公言之。所言私，王者不受私。"太尉乃跪上天子玺符。代王谢曰："至代邸而议之。"遂驰入代邸。群臣从至。丞相陈平、太尉周勃、大将军陈武、御史

---

① 《史记·吕太后本纪》，第343～346页。

大夫张苍、宗正刘郢、朱虚侯刘章、东牟侯刘兴居、典客刘揭皆再拜言曰："子弘等皆非孝惠帝子，不当奉宗庙。臣谨请阴安侯列侯顷王后与琅邪王、宗室、大臣、列侯、吏二千石议曰：'大王高帝长子，宜为高帝嗣。'愿大王即天子位。"代王曰："奉高帝宗庙，重事也。寡人不佞，不足以称宗庙。愿请楚王计宜者，寡人不敢当。"群臣皆伏固请。代王西乡让者三，南乡让者再。丞相平等皆曰："臣伏计之，大王奉高帝宗庙最宜称，虽天下诸侯万民以为宜。臣等为宗庙社稷计，不敢忽。愿大王幸听臣等。臣谨奉天子玺符再拜上。"代王曰："宗室将相王列侯以为莫宜寡人，寡人不敢辞。"遂即天子位。[①]

上述两段与《绛侯周勃世家》中的那一句话互见，详细记载了周勃与陈平策划逮捕吕产、吕禄等人并付诸实践的背景及详细过程。刘邦死后，吕太后成为左右时局的主要人物，整个事件也是因吕后操控实权而导致的，故将叙事重点放在《吕太后本纪》。诛杀诸吕后，迎立代王为孝文帝的过程，以孝文帝为重点，所以，在本段一开始，作者即交代，关于前事的记载"事在吕后语中"，随后才详细记叙迎立孝文皇帝的全过程。两段原文都很长，在此就不必一一解释了。

3. 合传笔法

司马迁《史记》的人物传有多种组合形式，在《本纪》《世家》和《列传》中有一人专传，有多人合传。如《项羽本纪》是一人专传，《五帝本纪》是五人合传；《陈涉世家》是一人专传，《齐世家》《晋世家》是多人合传；《管晏列传》是两人合传，《仲尼弟子列传》是多人合传，如此等等。如果说，互见法着重在"分"的话，合传法则注重在"合"。为什么要"合"？盖因历史人物太多，仅凭单人专传无法囊括，必须将某些人物合在一起写。若问，为何不写更多的篇什呢？司马迁没有解释，大约因为材料及体量方面的限制吧，在西汉，《史记》的体量及其篇什和字数已经非常庞大了，那可是一字一句地写在竹简上，而且，是司马迁一个人完成，工作量之大，是今人无法想象的。缘此，司

---

① 《史记·孝文本纪》，第349～352页。

马迁将人物传的总数控制在112篇，不仅是材料方面的关系，也与个人力量有关。在有限的篇目内，为将众多人物都纳入立传的视野，不采取合传法不行。

《史记》中的合传分三种。一是并传，即是将性质相近的二人或数人合为一传，如《管晏列传》《魏其武安侯列传》《张释之冯唐列传》《老子韩非列传》等。二是类传，即按人物类型或属性编排，或数人合为一传，或十数人合为传，如《酷吏列传》《游侠列传》《匈奴列传》《西南夷列传》等。三是附传，即以二人为主，其他人作为附录，如《孟子荀卿列传》，主叙孟子和驺子，附录淳于髡、公孙龙等；《李将军列传》以李广为主，附录其子李敢、其孙李陵。司马迁在《太史公自序》中说明了这种联系：

晏子俭矣，夷吾则奢；齐桓以霸，景公以治。作《管晏列传》第二。

李耳无为自化，清净自正；韩非揣事情，循势理。作《老子韩非列传》第三。

猎儒墨之遗文，明礼义之统纪，绝惠王利端，列往世兴衰。作《孟子荀卿列传》第十四。

能忍诟于魏齐，而信威于强秦，推贤让位，二子有之。作《范雎蔡泽列传》第十九。

能信意强秦，而屈体廉子，用徇其君，俱重于诸侯。作《廉颇蔺相如列传》第二十一。

类传将相同性质或相同类型的一些人合在一起立传，少则数人，多则十数人至数十人，如：

孔氏述文，弟子兴业，咸为师傅，崇仁厉义。作《仲尼弟子列传》第七。

曹子匕首，鲁获其田，齐明其信；豫让义不为二心。作《刺客列传》

第二十六。

民倍本多巧，奸轨弄法，善人不能化，唯一切严削为能齐之。作《酷吏列传》第六十二。

夫事人君能说主耳目，和主颜色，而获亲近，非独色爱，能亦各有所长。作《佞幸列传》第六十五。

不流世俗，不争势利，上下无所凝滞，人莫之害，以道之用。作《滑稽列传》第六十六。

布衣匹夫之人，不害于政，不妨百姓，取与以时而息财富，智者有采焉。作《货殖列传》第六十九。①

附传一般附属在上述合传之后，作为合传中一个或两个主要人物的补充，如：

自驺衍与齐之稷下先生，如淳于髡、慎到、环渊、接子、田骈、驺奭之徒，各著书言治乱之事，以干世主，岂可胜道哉！淳于髡，齐人也。博闻强记，学无所主。其谏说，慕晏婴之为人也，然而承意观色为务。客有见髡于梁惠王，惠王屏左右，独坐而再见之，终无言也。惠王怪之，以让客曰："子之称淳于先生，管、晏不及，及见寡人，寡人未有得也。岂寡人不足为言邪？何故哉？"客以谓髡。髡曰："固也。吾前见王，王志在驱逐；后复见王，王志在音声：吾是以默然。"客具以报王，王大骇，曰："嗟乎，淳于先生诚圣人也！前淳于先生之来，人有献善马者，寡人未及视，会先生至。后先生之来，人有献讴者，未及试，亦会先生来。寡人虽屏人，然私心在彼，有之。"后淳于髡见，一语连三日三夜无倦。惠王欲以卿相位待之，髡因谢去。于是送以安车驾驷，束帛加璧，黄金百镒。终身不仕。慎到，赵人。田骈、接子，齐人。环渊，楚人。皆学黄老道德之

---

① 《史记·太史公自序》，第2868～2874页。

术，因发明序其指意。故慎到著十二论，环渊著上下篇，而田骈、接子皆有所论焉。驺奭者，齐诸驺子，亦颇采驺衍之术以纪文。于是齐王嘉之，自如淳于髡以下，皆命曰列大夫，为开第康庄之衢，高门大屋，尊宠之。览天下诸侯宾客，言齐能致天下贤士也。①

以上一段是《孟子荀卿列传》中顺带说到的淳于髡、慎到、环渊、接子、田骈、驺奭等诸子百家中的重要人物，这些人并非儒学一派，之所以列入孟子、荀子列传中，是因他们都有两个重要特点——一是好辩、二是学者，不像同样好辩的苏秦、张仪那样做了高官。以淳于髡为例，尽管惠王很看重他，两人谈话三天三夜不倦，齐王想请他做相国，他拒而不受，终身不出仕。

赵奢者，赵之田部吏也。收租税而平原君家不肯出租，奢以法治之，杀平原君用事者九人。平原君怒，将杀奢。奢因说曰："君于赵为贵公子，今纵君家而不奉公则法削，法削则国弱，国弱则诸侯加兵，诸侯加兵是无赵也，君安得有此富乎？以君之贵，奉公如法则上下平，上下平则国强，国强则赵固，而君为贵戚，岂轻于天下邪？"平原君以为贤，言之于王。王用之治国赋，国赋大平，民富而府库实。

七年，秦与赵兵相距长平，时赵奢已死，而蔺相如病笃，赵使廉颇将攻秦，秦数败赵军，赵军固壁不战。秦数挑战，廉颇不肯。赵王信秦之间。秦之间言曰："秦之所恶，独畏马服君赵奢之子赵括为将耳。"赵王因以括为将，代廉颇。蔺相如曰："王以名使括，若胶柱而鼓瑟耳。括徒能读其父书传，不知合变也。"赵王不听，遂将之。赵括自少时学兵法，言兵事，以天下莫能当。尝与其父奢言兵事，奢不能难，然不谓善。括母问奢其故，奢曰："兵，死地也，而括易言之。使赵不将括即已，若必将之，破赵军者必括也。"及括将行，其母上书言于王曰："括不可使将。"王曰："何以？"对曰："始妾事其父，时为将，身所奉饭饮而进食者以十数，所友者以百数，大王及宗室所赏赐者尽以予军吏士大夫，受命之日，不问家

①《史记·孟子荀卿列传》，第2068~2069页。

事。今括一旦为将，东向而朝，军吏无敢仰视之者，王所赐金帛，归藏于家，而日视便利田宅可买者买之。王以为何如其父？父子异心，愿王勿遣。"王曰："母置之，吾已决矣。"括母因曰："王终遣之，即有如不称，妾得无随坐乎？"王许诺。

赵括既代廉颇，悉更约束，易置军吏。秦将白起闻之，纵奇兵，详败走，而绝其粮道，分断其军为二，士卒离心。四十余日，军饿，赵括出锐卒自博战，秦军射杀赵括。括军败，数十万之众遂降秦，秦悉阬之。赵前后所亡凡四十五万。明年，秦兵遂围邯郸，岁余，几不得脱。赖楚、魏诸侯来救，乃得解邯郸之围。赵王亦以括母先言，竟不诛也。

李牧者，赵之北边良将也。常居代雁门，备匈奴。以便宜置吏，市租皆输入莫府，为士卒费。日击数牛飨士，习射骑，谨烽火，多间谍，厚遇战士。为约曰："匈奴即入盗，急入收保，有敢捕虏者斩。"匈奴每入，烽火谨，辄入收保，不敢战。如是数岁，亦不亡失。然匈奴以李牧为怯，虽赵边兵亦以为吾将怯。赵王让李牧，李牧如故。赵王怒，召之，使他人代将。[①]

赵奢、赵括、李牧是《廉颇蔺相如列传》中附录的人物。赵奢是赵国大将，曾率军与秦军抗衡。赵括是赵奢的儿子，就是那位"纸上谈兵"的将军。只会夸夸其谈而毫无实战经验的赵括率四十五万大军与秦国身经百战、经验丰富的老将白起对阵于长平，秦军号称六十万，其实五十万不到，就兵力来讲旗鼓相当。结果，赵括中了白起的骄兵之计，被秦军于纵深处将赵军主力分割为两段，截断粮草补给线，包围在长平四十多天。赵军粮尽矢绝，赵括冒死发动突围，被秦军射杀。赵军失去主帅，群龙无首，四十万大军投降。白起以劳军为名欺骗挨饿多日的赵国军队，趁赵军埋锅造饭时，秦军一声令下，杀戮赵国四十万俘虏，长平血流成河。白起下令将所有尸骸就地掩埋，令长平地面臭气熏天。中国有句老话是，"主将无能，累死三军"。在这个战例中，岂止是累死三军，是害死三军。难怪，司马迁在不同篇什里多次强调、甚至是不厌其烦地

① 《史记·廉颇蔺相如列传》，第2152、2153～2155页。

反复讲，对一个国家而言，用人太重要了。用得好，一人可以兴邦；用不好，一人可以亡国。遗憾的是，这些忠言，中国古代的历代统治者少有能听得进去的。

　　广子三人，曰当户、椒、敢，为郎。天子与韩嫣戏，嫣少不逊，当户击嫣，嫣走。于是天子以为勇。当户早死，拜椒为代郡太守，皆先广死。当户有遗腹子名陵。广死军时，敢从骠骑将军。广死明年，李蔡以丞相坐侵孝景园壖地，当下吏治，蔡亦自杀，不对狱，国除。李敢以校尉从骠骑将军击胡左贤王，力战，夺左贤王鼓旗，斩首多，赐爵关内侯，食邑二百户，代广为郎中令。顷之，怨大将军青之恨其父，乃击伤大将军，大将军匿讳之。居无何，敢从上雍，至甘泉宫猎。骠骑将军去病与青有亲，射杀敢。去病时方贵幸，上讳云鹿触杀之。居岁余，去病死。而敢有女为太子中人，爱幸，敢男禹有宠于太子，然好利，李氏陵迟衰微矣。

　　李陵既壮，选为建章监，监诸骑。善射，爱士卒。天子以为李氏世将，而使将八百骑。尝深入匈奴二千余里，过居延视地形，无所见虏而还。拜为骑都尉，将丹阳楚人五千人，教射酒泉、张掖以屯卫胡。数岁，天汉二年秋，贰师将军李广利将三万骑击匈奴右贤王于祁连天山，而使陵将其射士步兵五千人出居延北可千余里，欲以分匈奴兵，毋令专走贰师也。陵既至期还，而单于以兵八万围击陵军。陵军五千人，兵矢既尽，士死者过半，而所杀伤匈奴亦万余人。且引且战，连斗八日，还未到居延百余里，匈奴遮狭绝道，陵食乏而救兵不到，虏急击招降陵。陵曰："无面目报陛下。"遂降匈奴。其兵尽没，余亡散得归汉者四百余人。单于既得陵，素闻其家声，及战又壮，乃以其女妻陵而贵之。汉闻，族陵母妻子。自是之后，李氏名败，而陇西之士居门下者皆用为耻焉。[①]

　　此段附录于《李将军列传》后，补叙李广儿子李当户、李椒、李敢及孙子李陵的事迹。重点记叙李敢和李陵。李敢作战一向英勇，曾随其父击匈奴，时为郎中令，赐封关内侯。李敢因为卫青害死其父李广，怨恨卫青。有一天痛殴

――――――――――

① 《史记·李将军列传》，第 2506~2508 页。

大将军卫青，将卫青打个半死，卫青当时没说什么。在一次甘泉宫的围猎中，与卫青有亲戚关系的霍去病趁机射杀李敢。霍去病是皇帝的宠臣，皇帝明知实情，却没有追究霍去病。

李陵是李当户的遗腹子，长大后继承李家的传统，为骑都尉。在居延百里外被匈奴大军包围，苦战八天八夜，最后投降匈奴。汉武帝将兵败的责任全部推到李陵头上，灭李氏三族，李家就此败落，陇西人士以李家为耻。

细读《史记》会发现，合传中的人物，不仅有属性和类型方面的联系，不少合传还有更深层的联系，就是这些人物的性格和命运也有某些相似之处，比如《管晏列传》，表层联系是两位都是齐国有名的相国，都对齐国称霸做出重大贡献。在深层次上，还能看到管、晏二人有共同的特点，就是"知人"和"善任"。管仲早年十分坎坷，可谓一事无成，如果没有鲍叔对他的深刻了解和无私举荐，管仲一辈子可能就这样了。然而，被鲍叔推荐做了齐相国后，管仲大放光彩，让齐国迅速走向富国强兵之路，一举成为春秋五霸之主。晏婴在管仲死后百余年任齐相国，其施政方针与管仲相似，晏婴的特点是知人善任，礼贤下士。为晏婴赶车的马夫一向十分张狂，马夫的老婆从门缝里看见自己丈夫不可一世的样子，而身为相国的晏婴却非常低调。马夫回家后，他老婆对他提出离婚。马夫大惊，问其缘由，这位可敬的老婆讲出一番大道理。这马夫也不错，服了老婆的训斥，咱改还不行吗？居然从此改过。细心的晏婴发现车夫的变化，问其缘由，车夫以实对。晏婴认为，知错能改是一种难得的品质，遂提拔马夫做了大夫。所以，《管晏列传》的内在联系是廉洁奉公，知人善任。试看此篇全文：

> 管仲夷吾者，颍上人也。少时常与鲍叔牙游，鲍叔知其贤。管仲贫困，常欺鲍叔，鲍叔终善遇之，不以为言。已而鲍叔事齐公子小白，管仲事公子纠。及小白立，为桓公，公子纠死，管仲囚焉。鲍叔遂进管仲。管仲既用，任政于齐，齐桓公以霸，九合诸侯，一匡天下，管仲之谋也。
>
> 管仲曰："吾始困时，尝与鲍叔贾，分财利多自与，鲍叔不以我为贪，知我贫也。吾尝为鲍叔谋事而更穷困，鲍叔不以我为愚，知时有利不利也。吾尝三仕三见逐于君，鲍叔不以我为不肖，知我不遭时也。吾尝三战三走，鲍叔不以我怯，知我有老母也。公子纠败，召忽死之，吾幽囚受

辱，鲍叔不以我为无耻，知我不羞小节而耻功名不显于天下也。生我者父母，知我者鲍子也。"

鲍叔既进管仲，以身下之。子孙世禄于齐，有封邑者十余世，常为名大夫。天下不多管仲之贤而多鲍叔能知人也。管仲既任政相齐，以区区之齐在海滨，通货积财，富国强兵，与俗同好恶。故其称曰："仓廪实而知礼节，衣食足而知荣辱，上服度则六亲固。四维不张，国乃灭亡。下令如流水之原，令顺民心。"故论卑而易行。俗之所欲，因而予之；俗之所否，因而去之。其为政也，善因祸而为福，转败而为功。贵轻重，慎权衡。桓公实怒少姬，南袭蔡，管仲因而伐楚，责包茅不入贡于周室。桓公实北征山戎，而管仲因而令燕修召公之政。于柯之会，桓公欲背曹沫之约，管仲因而信之，诸侯由是归齐。故曰："知与之为取，政之宝也。"管仲富拟于公室，有三归、反坫，齐人不以为侈。管仲卒，齐国遵其政，常强于诸侯。后百余年而有晏子焉。

晏平仲婴者，莱之夷维人也。事齐灵公、庄公、景公，以节俭力行重于齐。既相齐，食不重肉，妾不衣帛。其在朝，君语及之，即危言；语不及之，即危行。国有道，即顺命；无道，即衡命。以此三世显名于诸侯。越石父贤，在缧绁中。晏子出，遭之涂，解左骖赎之，载归。弗谢，入闺。久之，越石父请绝。晏子惧然，摄衣冠谢曰："婴虽不仁，免子于厄，何子求绝之速也？"石父曰："不然。吾闻君子诎于不知己而信于知己者。方吾在缧绁中，彼不知我也。夫子既已感寤而赎我，是知己；知己而无礼，固不如在缧绁之中。"晏子于是延入为上客。

晏子为齐相，出，其御之妻从门间而窥其夫。其夫为相御，拥大盖，策驷马，意气扬扬，甚自得也。既而归，其妻请去。夫问其故。妻曰："晏子长不满六尺，身相齐国，名显诸侯。今者妾观其出，志念深矣，常有以自下者。今子长八尺，乃为人仆御，然子之意自以为足，妾是以求去也。"其后夫自抑损。晏子怪而问之，御以实对。晏子荐以为大夫。

太史公曰：吾读管氏牧民、山高、乘马、轻重、九府，及晏子春秋，详哉其言之也。既见其著书，欲观其行事，故次其传。至其书，世多有之，是以不论，论其轶事。管仲，世所谓贤臣，然孔子小之。岂以为周道衰微，桓公既贤，而不勉之至王，乃称霸哉？语曰"将顺其美，匡救其恶，故上下能相亲也"。岂管仲之谓乎？方晏子伏庄公尸哭之，成礼然后去，岂所谓"见义不为无勇"者邪？至其谏说，犯君之颜，此所谓"进思尽忠，退思补过"者哉！假令晏子而在，余虽为之执鞭，所忻慕焉。①

在具体操作中，合传的写作有三个要点：第一，看合传人物在性格和命运方面的共同性质，有意识地突出这种性质，让合传人物具有深层的内在联系，如上述的管仲和晏婴。第二，在人物时间跨度大的情况下，要处理好承接时的结构，让两个人的分叙在结构上自然过渡、天衣无缝地联结起来。如上文，说完管仲事迹后，用一个承接语"后百余年而有晏子焉"实现了平滑的对接，一点不感到突兀。当然，如果合传的两个人物处于同一时期，他们的事状相互交叉，互相对接，就没有必要专设过渡句了，如《廉颇蔺相如列传》。二人是赵国的一将一相，同朝为官，曾发生很大的矛盾。因为蔺相如的宽宏大度，也因为廉颇的从善如流，二人和解，留下"将相和"的美谈至今。第三，要处理好材料的剪裁，按立意确定重点，删弃无关素材。管仲、晏婴都是著名人物，事迹很多，而《管晏列传》却是《史记》中最短的一篇，何以如此？因为司马迁确立的写作重点是"论其轶事"，管晏二人有自己的著作如《管子》《晏子春秋》等，其言论和大事多见于这些专著，从轶闻趣事中更能展示二人的性格和才情，司马迁在"太史公曰"中专门说明这点，以避免读者的误解，以为管晏二人只有这些小事可记，不是的，很多大事可通过其他著作得知。

4. 点评笔法

司马迁在史笔方面的又一创造是于叙事之后增加了以司马迁本人立场同时也是史家立场评述历史的点评部分，即"太史公曰"。早先，孔子修订《春秋》时，强调"述而不作"，即客观地记事，不发表言论，即使要表现史官立场，也只能使用微言大义的"春秋笔法"来进行。如前所说的"崔杼弑君"，一个"弑"字，表明是以臣刺君、以下犯上，是大逆不道之事。崔杼就是因为这个

---

① 《史记·管晏列传》，第1891～1896页。

字连杀两个史官。但是，话说到此就行，点到为止。稍后，《左传》以"君子曰"的立场和口气站出来说话，实际上是借一个不明身份的"君子"发表作者的评论。比如在《郑伯克段于鄢》一文的最后，以"孝子不匮，永锡尔类。其是之谓乎！"发表意见。司马迁首次在《史记》中使用直接的、署名的简短评论，对每篇传记的人物事件做出言简意赅、画龙点睛式的批评，以此公开表明自己的立场和观点，如：

> 太史公曰：吾闻之周生曰"舜目盖重瞳子"，又闻项羽亦重瞳子。羽岂其苗裔邪？何兴之暴也！夫秦失其政，陈涉首难，豪杰蜂起，相与并争，不可胜数。然羽非有尺寸，乘势起陇亩之中，三年，遂将五诸侯灭秦，分裂天下，而封王侯，政由羽出，号为"霸王"，位虽不终，近古以来未尝有也。及羽背关怀楚，放逐义帝而自立，怨王侯叛己，难矣。自矜功伐，奋其私智而不师古，谓霸王之业，欲以力征经营天下，五年卒亡其国，身死东城，尚不觉寤而不自责，过矣。乃引"天亡我，非用兵之罪也"，岂不谬哉！①

司马迁说，听说项羽有重瞳（一个眼球有两个瞳孔），是不是舜帝的后裔呢？为什么兴起如此之快？秦丧失了政权，陈涉首先发难，天下响应。项羽没有什么基础，乘势起于民间，仅三年，率领五大诸侯灭秦，政由羽出，号称霸王。虽然未做到底，也是近古以来没有的。但项羽靠武力征服天下，五年而亡其国，身死东城而不知道自省，乃引"天亡我，非用兵之罪也"来为自己开脱责任，岂不是很荒谬吗！这段评语既肯定了项羽的亡秦大功，又批评他以武力征服天下的错误政策，进而批评项羽缺乏自省精神，至死都不明白自己失败的原因。

> 太史公曰：孝惠皇帝、高后之时，黎民得离战国之苦，君臣俱欲休息乎无为，故惠帝垂拱，高后女主称制，政不出房户，天下晏然。刑罚罕

---

① 《史记·项羽本纪》，第287页。

用，罪人是希。民务稼穑，衣食滋殖。①

司马迁说，汉惠帝和吕后执政时，天下太平，君臣无为而治。刑罚罕用，犯罪者很少；百姓务于农耕，丰衣足食。这段评语对吕后执政给予高度评价，未涉及吕后诛杀韩信等功臣及对戚夫人施加的空前绝后的暴刑等，看来是有所顾忌。

太史公曰：老子所贵道，虚无，因应变化于无为，故著书辞称微妙难识。庄子散道德，放论，要亦归之自然。申子卑卑，施之于名实。韩子引绳墨，切事情，明是非，其极惨礉少恩。皆原于道德之意，而老子深远矣。②

司马迁说，老子的学说以道为贵，崇尚虚无，他的著作很微妙而不易读懂。庄子理论的要旨是回归自然。申子（申不害）重名实之学，韩非子重在立规则、定法制。他们的学说皆源于道德，其中老子学说深远啊！此段评论以极简练的文辞概括道家、法家等代表人物的学说，肯定老子的道家学说非常深远，评论虽简约但极为精准。老子以《道德经》五千言传世，每个命题都大有深意，至今未能全部理解。美国学者认为，老子的理论是人类迄今为止最深刻、最全面的关于宇宙及人类社会的哲学思辨。以木心为代表的中国学者也有同感，但完整精确地阐释老子理论的专著尚不多见。

太史公曰：世俗所称师旅，皆道孙子十三篇，吴起兵法，世多有，故弗论，论其行事所施设者。语曰："能行之者未必能言，能言之者未必能行。"孙子筹策庞涓明矣，然不能蚤救患于被刑。吴起说武侯以形势不如德，然行之于楚，以刻暴少恩亡其躯。悲夫！③

司马迁说，所有军事理论皆起自孙子兵法。能行者未必能言，能言者未必

---

① 《史记·吕太后本纪》，第 346 页。
② 《史记·老子韩非列传》，第 1911 页。
③ 《史记·孙子吴起列传》，第 1923 页。

能行，孙膑能为庞涓筹谋，但未能及早发现其阴谋，自己反而受刑；吴起能深刻地分析形势，但未能保护自己。此段评论围绕"能行"与"能言"的关系进行。说孙膑、吴起两位军事理论家在理论方面有极高造诣，对别人出谋划策也很成功，对自己的危险处境却反应迟钝，结果陷入被动而悲惨的境地。此段评论未过多评说孙吴兵法的成就和影响，仅以孙吴二人的遭遇说明"智者千虑，终有一失"。

> 太史公曰：怨毒之于人甚矣哉！王者尚不能行之于臣下，况同列乎！向令伍子胥从奢俱死，何异蝼蚁。弃小义，雪大耻，名垂于后世，悲夫！方子胥窘于江上，道乞食，志岂尝须臾忘郢邪？故隐忍就功名，非烈丈夫孰能致此哉？白公如不自立为君者，其功谋亦不可胜道者哉！①

司马迁说，伍子胥未随其父伍奢一起死，这是弃小义明大义，以小耻雪大耻，所以能名垂青史。伍子胥隐忍耻辱，经奋斗而成功，最终率吴国大军攻破楚国，对楚平王鞭尸三百以报仇雪恨。非英烈勇猛之士做不到这点。

> 太史公曰：苏秦兄弟三人，皆游说诸侯以显名，其术长于权变。而苏秦被反间以死，天下共笑之，讳学其术。然世言苏秦多异，异时事有类之者皆附之苏秦。夫苏秦起闾阎，连六国从亲，此其智有过人者。吾故列其行事，次其时序，毋令独蒙恶声焉。②

司马迁说，苏秦三兄弟皆以游说成名，但苏秦本人最后因别人的反间计而死。苏秦起自民间，其智过人，所以列其行事，别让他蒙受恶劣的名声。此段评语赞誉纵横家苏秦的才智、批评他的不足，总体说来，是充分肯定苏秦的才能，澄清世人对苏秦的误解。

> 太史公曰：三晋多权变之士，夫言从衡强秦者大抵皆三晋之人也。夫

---

① 《史记·伍子胥列传》，第 1935 页。

② 《史记·苏秦列传》，第 2011 页。

张仪之行事甚于苏秦，然世恶苏秦者，以其先死，而仪振暴其短以扶其说，成其衡道。要之，此两人真倾危之士哉！①

司马迁说，山西多出权变之士，张仪的行为在某些方面比苏秦还恶劣，世人之所以恶评苏秦，是因为苏秦死得早。张仪以连横之计打破苏秦的合纵之策，为秦国的暴力鸣锣开道。但不管怎么说，苏、张二人都是将天下大势操控在自己手掌之中的高手啊！

太史公曰：鄙语云"尺有所短，寸有所长"。白起料敌合变，出奇无穷，声震天下，然不能救患于应侯。王翦为秦将，夷六国，当是时，翦为宿将，始皇师之，然不能辅秦建德，固其根本，偷合取容，以至圽身。及孙王离为项羽所虏，不亦宜乎！彼各有所短也。②

司马迁说，白起用兵神出鬼没，但不能防患于应侯（范雎）。王翦是身经百战的老将，但不能帮助秦国做些好事，一贯投机取巧，最终自刎。他的孙子王离被项羽生俘，真是活该。这二人长处很多，优势很明显，但也有自己的短处，真是"尺有所短，寸有所长"啊。此段评秦国后期两名著名战将的优势和不足，以此说明任何人都有自己的优势和缺点，强者有其弱点，弱者也有其强项，不可一概而论。

太史公曰：平原君，翩翩浊世之佳公子也，然未睹大体。鄙语曰"利令智昏"，平原君贪冯亭邪说，使赵陷长平兵四十余万众，邯郸几亡。虞卿料事揣情，为赵画策，何其工也！及不忍魏齐，卒困于大梁，庸夫且知其不可，况贤人乎？然虞卿非穷愁，亦不能著书以自见于后世云。③

司马迁说，平原君是一个翩翩公子，但不识大体，利令智昏，犯下了大错：他听信冯亭的邪说，致使赵国四十万大军陷于长平。虞卿能为赵国出谋划

---

① 《史记·张仪列传》，第2033页。
② 《史记·白起王翦列传》，第2064页。
③ 《史记·平原君虞卿列传》，第2094页。

策，挽救了赵国，可后来被困在大梁。虽然他很聪明，解了赵国之围，但是却解不了自己之围。连庸人都知道不可行的事，虞卿这样的智者却做了。不过，如果虞卿不被困，也不能写出他的著作，此乃因祸得福。此段评说与前面那段一样，言下之意是，人都有聪明一世、糊涂一时的时候。

> 太史公曰：韩子称"长袖善舞，多钱善贾"，信哉是言也！范雎、蔡泽世所谓一切辩士，然游说诸侯至白首无所遇者，非计策之拙，所为说力少也。及二人羁旅入秦，继踵取卿相，垂功于天下者，固强弱之势异也。然士亦有偶合，贤者多如此二子，不得尽意，岂可胜道哉！然二子不困厄，恶能激乎？①

司马迁说，长袖善舞，多钱善贾，说得很正确。范雎、蔡泽于羁旅中进入秦国，两手空空，一无所有，竟相继成为秦国卿相。而有些游说者，一辈子也未能成功，不是他们的计策拙劣，是因为他们的口才不行（"说力少也"）。不过，机遇也有很大关系，成功者如范、蔡二人，不成功者不可胜数，可是，此二者如果没有以前的失败，也不会有后来的成功啊。此段评说对后人的启示是：其一，演讲、论辩的口才很重要，很多人并非脑袋不好使，是口拙嘴笨，最后一无所成。其二，机遇很重要，因无机会而失败的人多了去了。可是，失败也并非坏事，没有失败和倒霉，怎能激发斗志？没有斗志，怎能成功？所以说，机遇是成功之父，失败是成功之母。

> 太史公曰：知死必勇，非死者难也，处死者难。方蔺相如引璧睨柱，及叱秦王左右，势不过诛，然士或怯懦而不敢发。相如一奋其气，威信敌国，退而让颇，名重太山，其处智勇，可谓兼之矣！②

司马迁说，人到不怕死的时候会很勇敢，这种时候，死不难，如何处理生与死的问题才是难点。蔺相如在生死存亡的紧要关头凛然大义，威震敌国，然

---

① 《史记·范雎蔡泽列传》，第 2134~2135 页。
② 《史记·廉颇蔺相如列传》，第 2157 页。

99

后完璧归赵。此后对廉颇却一让再让，最终将相和解，名重泰山，这才叫智勇双全。此段评蔺相如的大智大勇，进而说明大智大勇的基础是深明大义，始终把大局置于个人利益之上，先天下而后自身。

司马迁《史记》的"太史公曰"是每则传记之后的画龙点睛之笔。[①]《史记》三个准则之一的"成一家之言"，在很大程度上体现在这些短小精悍的点评之中，因为，这真正是司马迁个人见解，不管其评论的意见是否正确，但它的唯一性、个性化显而易见。然而，司马迁并未使用第一人称的"我"或"我们"进行评论，而是让第三人称的"太史公"说话，此间有三重含义：其一，表明自己的史家身份，说明并非站在个人立场，而是以史家身份发言，这就带上了专业色彩。其二，第一人称的主观性太强，第三人称则体现了客观性，也就是说，司马迁把自己融入历史，让"太史公"也成为历史中的一员，尽量减少主观色彩。其三，公开表明身份，体现出文责自负的态度，说对说错都有明确的责任人，不像《左传》中的"君子曰"，所谓"君子"是谁，不得而知。此外，"太史公曰"的评论还有五个特点：其一，点评言简意赅而非长篇大论，表明其仅是人物传记的附属部分，毕竟，《史记》是一部纪传体通史而不是论说专著，不能喧宾夺主、本末倒置。其二，因为短小，评论只能抓住重点，抓取人物传记中的某一侧面或某一局部进行，不能面面俱到也不必面面俱到。其所抓取的评论重点，或为有关人物关键的行事和言谈，或为闪光的亮点（已经很瞩目，再加点色彩则锦上添花，更为富丽堂皇），或为暗淡的盲点（就像张僧繇画的那几条龙一样，一经点亮则大放光彩）。如是，让读者对所叙的人物和事件有更深入的理解。其三，在原叙事基础上有所延展、有所升华，将个人的遭遇和命运进一步延伸到更广阔的社会历史空间，将个人经验上升为理论形态，对读者有所启示。其四，在结构上为叙事设置一个总的收尾，仿佛在音乐中画上一个有力的休止符，使结构上显得更加完整。其五，"太史公曰"的评论大多是精心制作的、富于哲思的话语，言虽短而寓意深，其发人深省之处引

---

① 相传南北朝时，南朝画家张僧繇在金陵安乐寺的墙壁上画了四条龙，这四条龙张牙舞爪，形象逼真，但奇怪的是都没有画上眼睛。游客看了，觉得缺少神韵，很是惋惜，就请张僧繇把龙的眼睛补上去。张僧繇推辞说，画上眼睛，龙就会飞走。游客不信，都以为张僧繇吓唬人。大家一再要求，张僧繇只好提起笔来，轻轻一点。霎时间，只见雷鸣电闪，风雨交加，两条巨龙撞毁墙壁，腾云驾雾，凌空而起，飞向天空去了。没有画上眼睛的那两条龙，依然留在墙壁上。这就是画龙点睛的传说，意思是，在文章最后加上精彩的一笔，能取得意想不到的好效果。

起读者更多的思索，收到言有尽而意无穷的效果。如苏东坡在《前赤壁赋》中所言："余音袅袅，不绝如缕。"这种笔法，被《史记》以后很多史家所采用，成为纪传体史书中常用的笔法。

这就是司马迁在《史记》中使用的四种历史笔法：实录笔法、互见笔法、合传笔法和点评笔法。

五、《史记》的文学笔法

　　从春秋战国至两汉，中国文史不分家，文即史、史即文。从《左传》《战国策》至《史记》《汉书》，既是史学作品，也是文学作品。所以，司马迁的《史记》不仅是一部史书，也是一部散文、小说、剧本，说是一部史诗也不为过。《史记》不仅有独具一格的史学笔法，还有独辟蹊径的文学笔法，在叙事言情、状物写景、人物刻画等方面均表现出高超的技巧。这种技巧集中体现在"讲故事"。在以叙事为主的历史及小说、戏剧、电影、电视剧里，最基本的技巧就是讲故事，要把故事讲好。就这点而言，英语显得更直接、更明晰，英语单词的"history"（历史）拆开一看，原来就是"他的故事"。后现代女权主义者对这个单词很不满，要求改为"herstory"即"她的故事"，至今尚未成功，英语单词的"历史"还是"history"。本来嘛，历史就是讲故事，《史记》不就是"秦始皇的故事""汉高祖的故事""项羽的故事""陈涉的故事""淮阴侯的故事""刺客的故事""生意人和打工者的故事"（《货殖列传》）等诸如此类的"他的故事"吗？其中也有一篇"她的故事"即"吕太后的故事"。司马迁怎样用他手中的笔来讲述这些故事？从司马迁的《史记》中，能整理几条讲故事的方法和技巧吗？粗略整理一下，还真有那么十来条，犯一个"十景"或"八景"①的通病，就十条吧，简述如下。

1. 简洁洗练的叙事

　　《史记》故事，有文辞洗练、清泉流石之妙。

---

　　① 注："十景病""八景病"，是鲁迅在《再论雷峰塔的倒掉》中提出的概念，意在讽刺一些人贪多求全的心理。

　　山西应县有座古老的木塔，颇有名气，很多人都知道。然而，很多人不知道，应县的县志也很有名气。因为写得好，文笔流畅，议论精辟。试看其篇首第一句："县积而郡，郡积而天下。郡县治，天下无不治。"开宗明义，县一级的治理，是治理天下的基础。把这个道理移植到写文章，同理，字积而词，词积而句，句积而章，字词成而章句无不成。在古汉语中，一个字往往也是一个词，缘此，把这个字用好，用最少最准的字眼表达出意思，是讲故事的基本技能，也是写文章的基本技能。福楼拜①说，说明一个对象，只有一个名词；表现一个动作，只有一个动词；描写一种状态，只有一个形容词，言下之意是，最合适的词只有一个，要找到"那一个"。这个寻找的过程很像矿山的工作流程，先用水流冲洗矿砂，再将洗净的矿砂进行熔炼，最后才得到金属。如司空图所说："犹矿出金，如铅出银。超心炼冶，绝爱缁磷。"②《史记》中的文字，不敢说全部，但多数关键字词都经历了这种洗炼过程，所以显得精准、简洁，如"明月松间照，清泉石上流"。

　　　　张汤者，杜人也。其父为长安丞，出，汤为儿守舍。还而鼠盗肉，其父怒，笞汤。汤掘窟得盗鼠及余肉，劾鼠掠治，传爰书，讯鞫论报，并取鼠与肉，具狱磔堂下。其父见之，视其文辞如老狱吏，大惊，遂使书狱。父死后，汤为长安吏，久之。③

　　这是《酷吏列传》中关于张汤小时候的一段故事。张汤的父亲是个狱吏，一天外出，回家后发现肉被老鼠偷走了，大怒用竹棍痛打张汤。张汤挖开鼠洞抓到老鼠，还找到赃物即剩下的肉。当即发出传票，正式逮捕老鼠并当堂审讯。其父发现，张汤写的司法文书简直跟老狱吏写的一样，大惊，从此让张汤写正式的司法文书。其父死后，张汤接班做了长安的法官。整段话文辞洗练，"出""还""笞""文辞如老狱吏""书狱"等字词极为精准，说明情况即可，一个字都不多用。如，"笞"是用竹条抽打，是老子打儿子的准确表达，要打痛但又不能打伤，所以用"笞"。说张汤的司法文书写得好，一句"其文辞如

---

① 居斯塔夫·福楼拜：法国著名作家，代表作有《包法利夫人》《情感教育》等。
② 见司空图《二十四诗品》。
③ 《史记·酷吏列传》，第 2722 页。

老狱吏"足够了，因为其父本身就是一个老狱吏，很内行的。

> 项籍者，下相人也，字羽。初起时，年二十四。其季父项梁，梁父即
> 楚将项燕，为秦将王翦所戮者也。项氏世世为楚将，封于项，故姓项氏。
> 项籍少时，学书不成，去学剑，又不成。项梁怒之。籍曰："书足以记名
> 姓而已。剑一人敌，不足学，学万人敌。"于是项梁乃教籍兵法，籍大喜，
> 略知其意，又不肯竟学。①

这是《项羽本纪》开头的一段，讲项羽小时候的故事。这小子在少年时代
很不努力，学什么都不成。学文不行，习武也不行。最后学兵法，起初很起
劲，学了一会又不行了，半途而废。这一段看似闲笔，其实不然，是一个重要
的伏笔。项羽在 29 岁时败亡，很有可能跟他早年的学习有关，知识太少，见
识谈不上，身边又没有张良、陈平那样的智囊，有一个老头范增还被他逼走
了。刘邦批评他不能用人，有一定道理。此段用字同样简略，两个"不成"，
交代了项羽的学习背景，最后学兵法，一个"略"，一个"竟"，将学习过程交
代完毕——刚知道点大概就结束了。

说话、讲故事最忌唠叨烦琐，简洁明快的表述是说话写文章最重要的基本
功。在这点上，《史记》是表率，叙事简明，用词洗练，以一当十。当然，话
要说回来，这种简洁洗练，与使用古代汉语有十分重要的关系，古汉语一字一
词，表现力很强，是现代汉语无法比拟的。缘此，读《史记》必须读原版，所
谓"白话史记"，只能是辅助读物。

《史记》用词的洗练，在每篇开头的第一句最为明显。大约司马迁很看重
一个人的出生地，每篇第一句话交代的就是人物的出生地点。这句话的基本格
式是一个判断句，如《李将军列传》的第一句"李将军广者，陇西成纪人也"。
判断句是古汉语中重要的三种特殊句式之一（其余两种为被动句和宾语前置
句），特点是判断简明，语势有力，以"者"字表提顿，以"也"字表结尾。
《史记》以这种句式开头，开始就给读者一个简明有力的印象，为下文的展开
做了很好的铺垫。

---

① 《史记·项羽本纪》，第 251～252 页。

2. 缜密紧凑的叙事

《史记》故事，有行文紧凑，走云连风之妙。

如果仅有文辞的洗练，还不足以形成《史记》全文的紧凑连贯、快速推进。句与句之间、段与段之间，还须步步紧逼，方能形成紧凑的格局。《史记》要记叙的事件太多，每件事的情节复杂、头绪纷繁，不采取这种紧凑的行文，整个作品势必臃肿冗长。

> 太史公曰：秦以前尚略矣，其详靡得而记焉。汉兴，吕娥姁为高祖正后，男为太子。及晚节色衰爱弛，而戚夫人有宠，其子如意几代太子者数矣。及高祖崩，吕后夷戚氏，诛赵王，而高祖后宫唯独无宠疏远者得无恙。[①]

以上为《外戚世家》中的一段，讲刘邦的家庭事务，提到刘邦与原配夫人吕后及宠妃戚夫人的事，一句"色衰爱弛"，说尽了古往今来多少夫妻关系。刘邦死后，吕后夷灭戚夫人三族，诛杀戚夫人生的儿子赵王如意。汉高祖后宫的嫔妃，只有失宠而远离者得以保命。三言两语，说完了错综复杂的宫廷斗争。至于秦以前的类似事件，六个字说完："秦以前尚略矣"。如果写成今天的电视剧《还珠格格》之类，不定敷演成几十集的连续剧呢。

> 蜀卓氏之先，赵人也，用铁冶富。秦破赵，迁卓氏。卓氏见虏略，独夫妻推辇，行诣迁处。诸迁虏少有余财，争与吏，求近处，处葭萌。唯卓氏曰："此地狭薄。吾闻汶山之下，沃野，下有蹲鸱，至死不饥。民工于市，易贾。"乃求远迁。致之临邛，大喜，即铁山鼓铸，运筹策，倾滇蜀之民，富至僮千人。田池射猎之乐，拟于人君。[②]

此段记述卓文君父亲卓王孙的发家史，从卓氏夫妻推着一辆小车来到临邛

---

① 《史记·外戚世家》，第 1759 页。
② 《史记·货殖列传》，第 2839 页。

说起，说到开采铁矿发财致富。完全用短句快速推进，中间过程尽数省略，这种写法，是美国新闻界推崇的"间奏式"笔法，即跳跃前进，省略许多中间过程，留下许多想象空间，以此达到风驰电掣般的效果。用司空图的说法，是"行神如空，行气如虹。巫峡千寻，走云连风"①。

3. 悬念迭生的叙事

《史记》故事，有悬念迭生，欲罢不能之妙。

设置悬念是讲故事的重要一环。其实，任何故事的基本形式都很简单而且都差不多，无非是设定一个目标，诸如寻宝、复仇、求爱、升官、发财、侦破之类，然后设置许多障碍（行话称"设难"），让主人公突破重重障碍（行话称"犯难"），最后突破所有障碍达到目的，故事就结束了。在童话故事里，就是"王子和公主从此过着幸福的生活"。在此以前，一个个牵挂读者（听众）的念想就是悬念。那个障碍到底突破没有？如台湾校园歌曲《童年》唱的"山里面有没有住着神仙""到底谁抢到那支宝剑"之类，正是这些悬念，牵引着读者的阅读兴趣，欲罢不能地一直读下去。昔时的说书人正是利用这种心理，每到关键时刻，惊堂木一拍，"欲知后事如何？且听下回分解"，以此吊住听众的胃口，得，想知道后事吗？明日请早。《史记》不是评书，其所记载的历史事件虽然都有了结局，但在展开的过程中依然有悬念。《史记》紧扣悬念展开故事，抓住读者的念想心理，让人产生读下去的浓厚兴趣。

> 文帝时时如邓通家游戏。然邓通无他能，不能有所荐士，独自谨其身以媚上而已。上使善相者相通，曰"当贫饿死"。文帝曰："能富通者在我也。何谓贫乎？"于是赐邓通蜀严道铜山，得自铸钱，"邓氏钱"布天下。其富如此。文帝尝病痈，邓通常为帝唶吮之。文帝不乐，从容问通曰："天下谁最爱我者乎？"通曰："宜莫如太子。"太子入问病，文帝使唶痈，唶痈而色难之。已而闻邓通常为帝唶吮之，心惭，由此怨通矣。及文帝崩，景帝立，邓通免，家居。居无何，人有告邓通盗出徼外铸钱。下吏验问，颇有之，遂竟案，尽没入邓通家，尚负责数巨万。长公主赐邓通，吏

---

① 见司空图《二十四诗品》。

辄随没入之，一簪不得著身。于是长公主乃令假衣食。竟不得名一钱，寄死人家。①

此段讲汉文帝男宠邓通的故事。文帝请相士为邓通相面，相士说，邓通将来会因贫困以至饿死（相士的原话是，纵理纹入口，是饿死之相）。文帝大怒说，富贵在我，怎么能让邓通贫困呢？当即将四川的铜矿山赐予邓通，让他自行铸钱。用今天的话说，就是让他自己开银行且发行钞票，所以，邓通富甲天下。这么有钱的人还会被饿死吗？这是悬念之一。文帝死景帝立，景帝恨死了邓通，立即将其罢免。景帝为什么恨邓通，这是悬念之二。是时，有人告发邓通，说他私铸钱币，有司一查，果然不假，马上将邓通抓起来，没收全部财产。邓通只得向别人借钱，但借不到一分钱，自己又没有谋生手段，最后活活被饿死。悬念之一得解。悬念之二，上文有解释。

> 扁鹊过齐，齐桓侯客之。入朝见，曰："君有疾在腠理，不治将深。"桓侯曰："寡人无疾。"扁鹊出，桓侯谓左右曰："医之好利也，欲以不疾者为功。"后五日，扁鹊复见，曰："君有疾在血脉，不治恐深。"桓侯曰："寡人无疾。"扁鹊出，桓侯不悦。后五日，扁鹊复见，曰："君有疾在肠胃间，不治将深。"桓侯不应。扁鹊出，桓侯不悦。后五日，扁鹊复见，望见桓侯而退走。桓侯使人问其故。扁鹊曰："疾之居腠理也，汤熨之所及也；在血脉，针石之所及也；其在肠胃，酒醪之所及也；其在骨髓，虽司命无奈之何。今在骨髓，臣是以无请也。"后五日，桓侯体病，使人召扁鹊，扁鹊已逃去。桓侯遂死。②

神医扁鹊入见齐桓公，发现他有病，提出意见欲为之治病。齐桓公不以为然，认为是医生图利，想以此求功。那么，是扁鹊正确呢，还是齐桓公正确？悬念产生了。一连几周，矛盾越来越大，扁鹊认为齐桓公的病情越来越严重，齐桓公始终认为自己没病。最后，扁鹊看了齐桓公一眼，扭头就走。齐桓公纳

---

① 《史记·佞幸列传》，第 2766～2767 页。
② 《史记·扁鹊仓公列传》，第 2438 页。

闷了，派人追问究竟，悬念到达顶点。扁鹊做了解释，但悬念依然高悬——到底齐桓公死了没有？直到最后，以"桓侯遂死"一句结尾，方才解除悬念。

在小说、戏剧等虚构文学作品里，悬念是通过作者设置产生的。主人公遇到的障碍越多，矛盾冲突越厉害，悬念越多越难解。在侦探小说、寻宝小说中，设置悬念是重要的技巧。最成功的著作是英国的《福尔摩斯探案》之类。在司马迁《史记》里，悬念来自生活本身，生活中本来就充满矛盾斗争及由此产生的悬念，司马迁不过是在史料基础上将其加工整理出来而已。值得强调的是，司马迁从不事前解密，而是让悬念挂到最后，让读者欲罢不能地往下读。到最后，轻轻一句点出结果，读者方才松一口气。

4. 情态逼真的叙事

《史记》故事，有情态逼真，绘声绘色之妙。

司马迁《史记》的形态描摹主要表现为人物的动作状态和对话状态，也有情景状态的描绘。以动作写人、以对话写人，是中国小说的一贯传统，然而，如果单纯写动作，单纯写对话，即使写得很准，也只能有形不能出态，更难显示出情景状态。所以，很多作家都强调，不仅要写出人的动作，还要写他怎样做；不仅要写出人的对话，还要写他怎样说。看《史记》怎样写：

> 陈涉少时，尝与人佣耕，辍耕之垄上，怅恨久之，曰："苟富贵，无相忘。"庸者笑而应曰："若为庸耕，何富贵也？"陈涉太息曰："嗟乎，燕雀安知鸿鹄之志哉！"[1]

辍耕在何处？在垄上，这是场景。说："苟富贵，无相忘。"怎么说的，是"怅恨久之"后说的。"怅恨"是惆怅、遗憾，也有恨意，这就是情景，其中有表情，有心态，也有动作状态。后文的"太息"则是长长的叹息，与"嗟乎"一词相呼应。这样就把陈胜当时说话的动作、表情、情景等活灵活现地展示出来。话不在多，但穷形尽相。把这几个词拿掉试试——

---

[1] 《史记·陈涉世家》，第 1743 页。

> 陈涉少时，尝与人佣耕，辍耕，曰："苟富贵，无相忘。"庸者笑而应曰："若为庸耕，何富贵也？"陈涉曰："嗟乎，燕雀安知鸿鹄之志哉！"

情态全无，兴味大减，陈胜被压抑的内心状态及其英雄气概的抒发几乎荡然无存，对话变成机械式的对答。所以，《史记》在写人物动作和对话的时候，尽量避开了机械的动作陈述和干巴巴的对话，总是写出当时的情景和状态，令人有身临其境之感。

> 淮阴屠中少年有侮信者，曰："若虽长大，好带刀剑，中情怯耳。"众辱之曰："信能死，刺我；不能死，出我袴下。"于是信熟视之，俯出袴下，蒲伏。一市人皆笑信，以为怯。①

韩信碰到一个从事屠宰的痞子，当众羞辱韩信，要韩信从他袴（一作"胯"）下钻过去。韩信虽然佩剑，但还是仔细权衡了一番。这个细节，文中用了"熟视"二字，即很仔细地打量，其实是在心里盘算得失，最后，作出一个惊人的决定，从那痞子的袴下钻了过去，引得围观者大笑。后来，韩信做了天下兵马大元帅，回到家乡召见了那个痞子，还称其为"壮士"，韩信说："此壮士也。方辱我时，我宁不能杀之邪？杀之无名，故忍而就于此。"

> 范增数目项王，举所佩玉玦以示之者三，项王默然不应。
> 哙曰："此迫矣，臣请入，与之同命。"哙即带剑拥盾入军门。交戟之卫士欲止不内，樊哙侧其盾以撞，卫士仆地，哙遂入，披帷西向立，瞋目视项王，头发上指，目眦尽裂。项王按剑而跽曰："客何为者？"张良曰："沛公之参乘樊哙者也。"项王曰："壮士，赐之卮酒。"则与斗卮酒。哙拜谢，起，立而饮之。项王曰："赐之彘肩。"则与一生彘肩。樊哙覆其盾于地，加彘肩上，拔剑切而啖之。②

---

① 《史记·淮阴侯列传》，第 2290 页。
② 《史记·项羽本纪》，第 266 页。

"鸿门宴"一段之所以精彩，不仅是因为矛盾冲突剧烈，悬念丛生，还因为动作、对话描写绘声绘色。范增"数目"、举手中的玉玦多次示意，这是事先约定的暗号。项羽"默然"无反应。樊哙用盾撞倒卫士，冲进宴会厅，怒目视项羽，项羽按剑跪坐，随时准备反击。项羽赐樊哙酒，樊哙站立饮酒。项羽故意给他一只生猪腿，看他怎么吃。樊哙照吃不误，拔剑切而啖之。一系列动作，一系列对话，一系列情景状态像画面一样地展现，这就叫"状难言之景如在目前"。在现代汉语中，对动作的描写通常用副词来完成，副词作状语修饰动词，写好状语是关键。在古汉语中，可将名词用作状语（"披帷西向立"），数词用作谓语（"举所佩玉玦以示之者三"），这就大大增强了动作的表现力，这点，很像英语中的"动名词（ing 形式）"和"动词不定式（verb to be）"。英语动词的表现力很强，很大程度上得力于动名词和动词不定式。

与表现情态同等重要的是表现动作和言谈本身。人物的性格，其外在表现形式主要是言谈举止。《史记》最擅长记叙的正是言谈举止，以此凸显人物性格，继而凸显人物命运。

　　孙子武者，齐人也。以兵法见于吴王阖庐。阖庐曰："子之十三篇，吾尽观之矣，可以小试勒兵乎？"对曰："可。"阖庐曰："可试以妇人乎？"曰："可。"于是许之，出宫中美女，得百八十人。孙子分为二队，以王之宠姬二人各为队长，皆令持戟。令之曰："汝知而心与左右手背乎？"妇人曰："知之。"孙子曰："前，则视心；左，视左手；右，视右手；后，即视背。"妇人曰："诺。"约束既布，乃设鈇钺，即三令五申之。于是鼓之右，妇人大笑。孙子曰："约束不明，申令不熟，将之罪也。"复三令五申而鼓之左，妇人复大笑。孙子曰："约束不明，申令不熟，将之罪也；既已明而不如法者，吏士之罪也。"乃欲斩左右队长。吴王从台上观，见且斩爱姬，大骇。趣使使下令曰："寡人已知将军能用兵矣。寡人非此二姬，食不甘味，愿勿斩也。"孙子曰："臣既已受命为将，将在军，君命有所不受。"遂斩队长二人以徇。用其次为队长，于是复鼓之。妇人左右前后跪起皆中规矩绳墨，无敢出声。于是孙子使使报王曰："兵既整齐，王可试下观之，唯王所欲用之，虽赴水火犹可也。"吴王曰："将军罢休就舍，寡人不愿下观。"①

此段是历史上有名的孙武操练女兵的故事。孙武的坚决果敢通过其言行得以充分展现，居然把一次训练搞得跟真的打仗一样，当场斩了吴王阖庐的两个宠妃，吴王当面求情都不行，理由是"将在军，君命有所不受"。这一理念，正是《孙子兵法》中的一条，孙武用实践来证明自己的理论。吴王阖庐虽然很不高兴，居然也没有怪罪孙武，多少体现了一个明君的胸怀，换个人，孙武必死无疑。如是，一个名将，一个明君的性格气质展现无遗。

> 张仪者，魏人也。始尝与苏秦俱事鬼谷先生，学术，苏秦自以不及张仪。张仪已学而游说诸侯。尝从楚相饮，已而楚相亡璧，门下意张仪，曰："仪贫无行，必此盗相君之璧。"共执张仪，掠笞数百，不服，释之。其妻曰："嘻！子毋读书游说，安得此辱乎？"张仪谓其妻曰："视吾舌尚在不？"其妻笑曰："舌在也。"仪曰："足矣。"②

注意此段中张仪与其妻的对话及情态。张仪被诬陷，说他偷了楚相国的和氏璧，被打得遍体伤痕。回到家，老婆说，你不搞什么读书游说，怎会受这样的侮辱？张仪并不正面回答，幽默地说，你看看我的舌头还在不在？妻笑道，舌头在呢。张仪说，那就行了。几句话，就将张仪那种坚忍不拔、乐天进取的性格凸显出来。日后果然游说成功，打破了苏秦建立的合纵，重建了以秦、齐联盟为核心的"连横"，显功名于天下。《史记》中这样的故事很多，司马迁很重视人物早年的经历，通过这些经历展现人物的性格、才情、气质及雄心大志，正因为有青少年时代的雄心壮志，才会有中年时候的成名成功，二者之间有必然的逻辑关系。缘此，《史记》故事中人物的举止言谈，不仅合情，而且合理，换言之，是这个人，才说得出这样的话、才做得出这样的事，反之亦然，这种话、这种事，只有这个人才说得出、才做得出。

---

① 《史记·孙子吴起列传》，第 1917~1918 页。
② 《史记·张仪列传》，第 2013 页。

5. 同中见异的叙事

《史记》故事，有同中见异，同工异曲之妙。

"人有其性情，人有其声口。"[①]《史记》着力刻画了种种不同的性情及相应的举止言谈，尤其难得的是，在相同的环境、相同的事件中，突出不同人物的不同反应，做到同中见异，同工异曲，从而写出人物的差别，写出人物的个性。

> 秦始皇帝游会稽，渡浙江，梁与籍俱观。籍曰："彼可取而代也。"梁掩其口，曰："毋妄言，族矣！"梁以此奇籍。[②]

> 高祖常繇咸阳，纵观，观秦皇帝，喟然太息曰："嗟乎，大丈夫当如此也！"[③]

秦始皇出巡天下，众百姓围观，项羽、刘邦都在围观的人群中。看到同一个不可一世的秦始皇，处于同样的人群和场景中，但两人的反应完全不同。牛气冲天的项羽压根不买秦始皇的账，公开说："彼可取而代也。"把他叔父项梁吓得赶快掩住他的嘴，说，别乱讲，这是要灭族的。刘邦常到咸阳，也看到秦始皇出巡，很是羡慕，长叹道："嗟乎，大丈夫当如此也！"同一场景中两种不同的反应、两句不同的心里话，显现出二人不同的性情。前者年轻气盛、谁都不放在眼里；后者老成持重、充满艳羡而深深向往。二者都对权力富贵有着强烈的欲望，项羽想到的是造反取而代之，刘邦想到的是往上爬逐步靠拢，既相同又不尽同。

> 屈原至于江滨，被发行吟泽畔。颜色憔悴，形容枯槁。渔父见而问之曰："子非三闾大夫欤？何故而至此？"屈原曰："举世混浊而我独清，众人皆醉而我独醒，是以见放。"渔父曰："夫圣人者，不凝滞于物而能与世

---

① 见金圣叹点评《水浒传》。
② 《史记·项羽本纪》，第252页。
③ 《史记·高祖本纪》，第292页。

112

推移。举世混浊，何不随其流而扬其波？众人皆醉，何不铺其糟而啜其醨？何故怀瑾握瑜而自令见放为？"屈原曰："吾闻之，新沐者必弹冠，新浴者必振衣，人又谁能以身之察察，受物之汶汶者乎！宁赴常流而葬乎江鱼腹中耳，又安能以皓皓之白而蒙世俗之温蠖乎！"乃作怀沙之赋……于是怀石遂自沉汨罗以死。

文帝复封淮南厉王子四人皆为列侯。贾生谏，以为患之兴自此起矣。贾生数上疏，言诸侯或连数郡，非古之制，可稍削之。文帝不听。居数年，怀王骑，堕马而死，无后。贾生自伤为傅无状，哭泣岁余，亦死。①

《史记》把屈原与贾谊合写在一个列传，已表明此二人性质相同。都是著名文人、诗人，青年时代都曾被重用，后来都因被人嫉妒而被撤职流放，这两人有太多相同之处。然而，在生命的最后阶段，屈原对自己受到的不公正待遇、对楚国的权贵和政治、对天下的纷乱及人世的悲哀直至对宇宙人生的意义，都表示出强烈的怀疑和批判，写下《天问》《怀沙》等诗篇，最后，悲壮地投汨罗江而死。贾谊呢？虽然年纪轻轻，才三十多岁，他的学生堕马身亡后，竟整日整夜地哭泣，忧伤过度而死。屈原之坚贞不屈，贾谊之软弱可欺，一目了然。

严复翻译赫胥黎的《进化论与伦理学》（《天演论》）时，拈出八个大字："物竞天择，适者生存。"② 生物的多样性是物竞天择的结果，人物也一样。像屈原、贾谊这样的优秀人物很难适应当时的社会环境，信而见疑、忠而被谤是他们共同的命运，然而，在具体方式上却各有不同。《史记》如实地反映出这种不同，这就叫同中见异、同工异曲，这样才能写出人物之间的细微区别，体现出人物性情和命运的多样性即人物个性。

6. 意味隽永的叙事

《史记》故事，有独白精彩，意味隽永之妙。

① 《史记·屈原贾生列传》，第 2187、2191、2201～2202 页。
② 见严复译著《天演论》。

　　《史记》记言有两种主要形式——对话和独白。对话是两人之间的对白，其中又分两类，一类是一方为主陈述，另一方简单回应；一类是双方都有陈述或辩论，你来我往地交锋。两类对白都精彩纷呈，尤其是苏秦、张仪等纵横家的论辩，简直是唇枪舌剑，正所谓"一人之辨，重于九鼎之宝；三寸之舌，强于百万之师"①。然而，最能表现人物性格和气质的言谈是独白，即人物的自说自话或无意中独自一人说出的话，用直接引语表现出来。如前所言陈胜在耕田时突然冒出的"苟富贵，无相忘"。从心理学角度说，这种独白才是人物发自内心的心声，不仅能集中体现人物的主体意识，还能体现人物的潜在意识。《史记》刻意收集了许多精彩的人物独白，对展示人物内心世界、刻画人物形象具有不可或缺的重要作用。除上文诸案例中已经提到的以外，还有许多：

　　　　管仲曰："吾始困时，尝与鲍叔贾，分财利多自与，鲍叔不以我为贪，知我贫也。吾尝为鲍叔谋事而更穷困，鲍叔不以我为愚，知时有利不利也。吾尝三仕三见逐于君，鲍叔不以我为不肖，知我不遭时也。吾尝三战三走，鲍叔不以我怯，知我有老母也。公子纠败，召忽死之，吾幽囚受辱，鲍叔不以我为无耻，知我不羞小节而耻功名不显于天下也。生我者父母，知我者鲍子也。"②

　　这是管仲的一段独白，说自己青年时代的种种倒霉事（其中也有自我批评），说在他背时倒运的时候，始终有一个人理解他，保护他，这人就是鲍叔牙。管仲和鲍叔牙从小就是好朋友，即"发小"。在管仲处境最糟，差点被杀头的时候，鲍叔牙救了他。不仅救他一命，还推荐他做了齐国相国。管仲从此大展宏图，成就一番伟大的事业。在回顾自己前半生从坎坷到顺利的人生经历时，管仲说出上述发自肺腑的话，这不仅是对鲍叔牙的感谢，还包含着对"知己"这一概念的深刻阐释。后人评："'生我者父母，知我者鲍子也'一句，管仲可谓声泪俱下矣。"在《管晏列传》中，管仲的早期经历就是以独白完成的，这些话，只有通过管仲自己来讲，才最有说服力也最有表现力。

---

①　见刘勰《文心雕龙》。

②　《史记·管晏列传》，第1892页。

　　乃使使赐伍子胥属镂之剑，曰："子以此死。"伍子胥仰天叹曰："嗟乎！谗臣嚭为乱矣，王乃反诛我。我令若父霸。自若未立时，诸公子争立，我以死争之于先王，几不得立。若既得立，欲分吴国予我，我顾不敢望也。然今若听谀臣言以杀长者。"①

　　这是楚国大将伍子胥临死之前的一段对天长叹。伍子胥一片忠心，却被吴王夫差赐剑命其自杀。在无法为自己剖白的情况下，只好对天长叹，向苍天作最后的诉说。

　　后五月而秦孝公卒，太子立。公子虔之徒告商君欲反，发吏捕商君。商君亡至关下，欲舍客舍。客人不知其是商君也，曰："商君之法，舍人无验者坐之。"商君喟然叹曰："嗟乎，为法之敝一至此哉！"②

　　这是商鞅的一段独白，当时，商鞅被公子虔诬陷谋反，出逃至关口，想住旅馆。店家说，商君立法规定，住店要有证明，无证住店者，店家坐罪。商鞅拿不出证明，最后被抓。商鞅长叹道，为法之敝怎么到了这种程度。

　　于是六国从合而并力焉。苏秦为从约长，并相六国。北报赵王，乃行过雒阳，车骑辎重，诸侯各发使送之甚众，疑于王者。周显王闻之恐惧，除道，使人郊劳。苏秦之昆弟妻嫂侧目不敢仰视，俯伏侍取食。苏秦笑谓其嫂曰："何前倨而后恭也？"嫂委蛇蒲服，以面掩地而谢曰："见季子位高金多也。"苏秦喟然叹曰："此一人之身，富贵则亲戚畏惧之，贫贱则轻易之，况众人乎！且使我有雒阳负郭田二顷，吾岂能佩六国相印乎！"③

　　这是苏秦的一段独白。当其时，苏秦挂六国相印，高车驷马，荣归故里，当年羞辱他的嫂子跪在地上。苏秦感慨道："我还是我，富贵则亲戚畏惧，贫

　　① 《史记·伍子胥列传》，第 1932 页。
　　② 《史记·商君列传》，第 1978～1979 页。
　　③ 《史记·苏秦列传》，第 1998～1999 页。

困则亲戚瞧不起，何况旁人？如果我在洛阳早有二顷田地，那就是一个农夫，怎么会有佩六国相印的今天呢！"

> 初，冯谖闻孟尝君好客，蹑蹻而见之。孟尝君曰："先生远辱，何以教文也？"冯谖曰："闻君好士，以贫身归于君。"孟尝君置传舍十日，孟尝君问传舍长曰："客何所为？"答曰："冯先生甚贫，犹有一剑耳，又蒯缑。弹其剑而歌曰'长铗归来乎，食无鱼'。"孟尝君迁之幸舍，食有鱼矣。五日，又问传舍长。答曰："客复弹剑而歌曰'长铗归来乎，出无舆'。"孟尝君迁之代舍，出入乘舆车矣。五日，孟尝君复问传舍长。舍长答曰："先生又尝弹剑而歌曰'长铗归来乎，无以为家'。"①

以上是《史记》中广为人知的一段独白，是冯谖唱的歌，当然，是唱给旁人听的。一会是"食无鱼"，一会是"出无车"，最后是"家属没来，无以为家"，全是抱怨的话。但孟尝君毕竟是孟尝君，居然一一为他解决了难题，让他食有鱼、出有车，还将冯谖的老母接来了，让他在这里安家。后来，冯谖果然为孟尝君排忧解难，不负孟尝君对他的一片关心。

《史记》各篇什中，几乎都有这样精彩的独白，这些独白不仅对人物形象刻画入木三分，还给读者留下深刻印象。因为此类独白很真实而且是直接引语，富于哲理而意味隽永，再加上短小精悍，便于记忆。缘此，这些独白几乎都是《史记》中难得的精彩段落。国际新闻界认为，新闻报道中是否有直接引语，是考查新闻真实性的标准之一。《史记》中的独白不仅是直接引语，而且是精彩的直接引语，当然为读者所津津乐道了。顺带一说，不管是新闻报道还是文学创作，千万不要忘了直接引语，不要忘了独白，这是写好文章的诀窍之一。

7. 对面着笔的叙事

《史记》故事，有烘云托月，对面着笔之妙。

中国画对月亮的描画有两种基本手法，一是直接用线描勾画出月亮，一是

---

① 《史记·孟尝君列传》，第2079页。

泼墨手法画出或浓或淡的云层，中间留出一块圆形或弧形，这就是圆月或弯月。前者是直奔主题，后者是烘云托月，即通过对周边关系物的表现而突出主体的侧面描写手法。文学写作中也有这种手法，作者表现对象时，并不落笔于对象本身，而是通过与对象有关的事物来说明或描绘对象。这种手法在《史记》中很常见：

> 信拜礼毕，上坐。王曰："丞相数言将军，将军何以教寡人计策？"信谢，因问王曰："今东乡争权天下，岂非项王邪？"汉王曰："然。"曰："大王自料勇悍仁强孰与项王？"汉王默然良久，曰："不如也。"信再拜贺曰："惟信亦为大王不如也。然臣尝事之，请言项王之为人也。项王喑噁叱咤，千人皆废，然不能任属贤将，此特匹夫之勇耳。项王见人恭敬慈爱，言语呕呕，人有疾病，涕泣分食饮，至使人有功当封爵者，印玩敝，忍不能予，此所谓妇人之仁也。项王虽霸天下而臣诸侯，不居关中而都彭城。有背义帝之约，而以亲爱王，诸侯不平。诸侯之见项王迁逐义帝置江南，亦皆归逐其主而自王善地。项王所过无不残灭者，天下多怨，百姓不亲附，特劫于威强耳。名虽为霸，实失天下心。故曰其强易弱。"①

以上是韩信眼中的项羽。司马迁在《项羽本纪》中正面叙述了项羽，同时在其他人物的传记中通过他人之口再次说到项羽。韩信认为，项羽勇猛而仁慈，对将士很好，见到病号，流着眼泪把自己的食物分给别人吃。然而，到了封赏有功将士时，却将印信拿在手中，磨磨蹭蹭，把印都磨坏了，还舍不得发下去，太小家子气了。所以，项羽的仁爱，是一种婆婆妈妈的妇人之仁，难成大事。

> 上常从容与信言诸将能不，各有差。上问曰："如我能将几何？"信曰："陛下不过能将十万。"上曰："于君何如？"曰："臣多多而益善耳。"上笑曰："多多益善，何为为我禽？"信曰："陛下不能将兵，而善将将，

---

① 《史记·淮阴侯列传》，第 2291 页。

此乃信之所以为陛下禽也。且陛下所谓天授，非人力也。"①

韩信不仅在人后评论项羽，还敢当面评价刘邦，且敢讲真话。刘邦问他，我能带兵多少？韩信说，陛下你最多能带十万。刘邦很不高兴，问，那你能带兵多少？韩信毫不客气地说，我嘛，多多益善，越多越好，带他几十万都没问题。刘邦讥笑道，越多越好，那你怎么会被我拿下？韩信非常机灵地说，陛下你不是带兵的人，是带将的人，这就是我被你拿下的原因了。何况，陛下你是有老天保佑的人，不是一般人力所能达到的。一番拍马屁，把刘邦说得转怒为喜。如是，通过《淮阴侯列传》中韩信之口，分别评述项羽和刘邦，与《项羽本纪》和《高祖本纪》中的项羽、刘邦互为表里。韩信就像一面镜子，在镜子里映射出项羽、刘邦的形象。用美国心理学家库利"镜中我"理论来阐释，人们不仅有主体的审视，还须有客体的审视，客体像一面面镜子，让主体从镜子中看到自己，从而知道自己在别人心目中的印象和位置，这样才能更完整地认识自己。老子说："知人者智，自知者明。"就是说，了解自己比了解别人更困难，因为人总是爱自己的，人在认知自己时往往带上这种主观色彩，结果出了偏差。通过别人这面"镜子"，能看到比较客观的效果、听到比较客观的评价，对"自知"有很大帮助。《史记》使用这种对面着笔的手法，能多侧面地反映一个人物，让读者对人物有更全面的认知。比如项羽，他的"妇人之仁"在《项羽本纪》中并未提及，是在《淮阴侯列传》中通过韩信与刘邦的对话来表现的。而刘邦不能带多少兵，也是通过韩信这位真正带过兵的大将来说明的，应该说，韩信对这两人的评价都很准确。

8. 详略得当的叙事

《史记》故事，有详略得当，近树远山之妙。

一开始，说到《史记》叙事笔法简洁、节奏很快，可能会形成某种误导，即认为《史记》叙事很简单，走马观花地快速而过。恰恰相反，简洁不是简化，快速不等于草率，《史记》叙事是该详细的绝不简化，该慢慢说的绝不着急。换言之，叙事详略有致，重要事件、重要人物、关键场景和关键细节，不

---

① 《史记·淮阴侯列传》，第2304页。

惜重彩工笔，细细道来。反之亦然，对非重点人物及事件则一笔带过，无须更多展开。如《项羽本纪》中的案例"鸿门宴"，属详写，《高祖本纪》中的"鸿门宴"则一笔带过。

> 匈奴大入上郡，天子使中贵人从广勒习兵击匈奴。中贵人将骑数十纵，见匈奴三人，与战。三人还射，伤中贵人，杀其骑且尽。中贵人走广。广曰："是必射雕者也。"广乃遂从百骑往驰三人。三人亡马步行，行数十里。广令其骑张左右翼，而广身自射彼三人者，杀其二人，生得一人，果匈奴射雕者也。已缚之上马，望匈奴有数千骑，见广，以为诱骑，皆惊，上山陈。广之百骑皆大恐，欲驰还走。广曰："吾去大军数十里，今如此以百骑走，匈奴追射我立尽。今我留，匈奴必以我为大军之诱，必不敢击我。"广令诸骑曰："前！"前未到匈奴陈二里所，止，令曰："皆下马解鞍！"其骑曰："虏多且近，即有急，奈何？"广曰："彼虏以我为走，今皆解鞍以示不走，用坚其意。"于是胡骑遂不敢击。有白马将出护其兵，李广上马与十余骑奔射杀胡白马将，而复还至其骑中，解鞍，令士皆纵马卧。是时会暮，胡兵终怪之，不敢击。夜半时，胡兵亦以为汉有伏军于旁欲夜取之，胡皆引兵而去。平旦，李广乃归其大军。大军不知广所之，故弗从。

> 居久之，孝景崩，武帝立，左右以为广名将也，于是广以上郡太守为未央卫尉，而程不识亦为长乐卫尉。程不识故与李广俱以边太守将军屯。及出击胡，而广行无部伍行陈，就善水草屯，舍止，人人自便，不击刀斗以自卫，莫府省约文书籍事，然亦远斥候，未尝遇害。程不识正部曲行伍营陈，击刀斗，士吏治军簿至明，军不得休息，然亦未尝遇害。①

以上两段都选自《李将军列传》。前段写李广与匈奴射雕手相遇，因追杀射雕手而陷于匈奴大部队包围，最后以疑兵之计突出重围。叙事详尽，场景描写、对话描写、细节描写都以细腻的笔触一一展现，让读者看到一场惊心动魄

---

① 《史记·李将军列传》，第 2500、2501 页。

的战斗场面，这是详写。后一段写李广和程不识任未央宫和长乐宫卫队司令一事，说明两人带兵的方法完全不同，李广带兵简易，程不识带兵繁密，但各有成效，二人都是著名将领。说明各自带兵的特点，叙说中不展开过程和细节，这就是略写。

那么，《史记》以什么作为叙事详略的原则？

司马迁《史记》详略排序一般由主体性、接近性和细节性来决定。主体是作者在文章中表现的重点对象，因《史记》以记人为主，这个对象就是司马迁着力展示的重点人物，其他人物仅是这个人物的陪衬或背景。如《陈涉世家》中的人物，陈胜是主角，是该传中的核心人物，传记以他命名。吴广及其他人或为陪衬，或为背景。其实，吴广在大泽乡起义中发挥的作用不在陈胜之下，若仅论重要性，吴广绝对是个重要人物，不可忽视。然而，作者将写作重点定在陈胜，将吴广弱化了。至于那两个押送戍卒的将尉及起义的六百戍卒，全都简化为背景。在《管晏列传》中，叙事重点放在管仲，将鲍叔牙作为背景。其实，鲍叔牙相当重要，没有鲍叔牙就没有管仲，然而，已将管仲定为主体，鲍叔牙在《管晏列传》中就只是背景，在其他篇什中再适当给予展示。缘此，重要性不等于主体性，主体是作者在作品中确定的主要表现对象，与其在历史事件中发挥的重要作用不可等量齐观。既如此，对主体的人物和事件自然要浓墨重彩，详尽展现。

　　太子及宾客知其事者，皆白衣冠以送之。至易水之上，既祖，取道，高渐离击筑，荆轲和而歌，为变徵之声，士皆垂泪涕泣。又前而为歌曰："风萧萧兮易水寒，壮士一去兮不复还！"复为羽声慷慨，士皆瞋目，发尽上指冠。于是荆轲就车而去，终已不顾。

　　遂至秦，持千金之资币物，厚遗秦王宠臣中庶子蒙嘉。嘉为先言于秦王曰："燕王诚振怖大王之威，不敢举兵以逆军吏，愿举国为内臣，比诸侯之列，给贡职如郡县，而得奉守先王之宗庙。恐惧不敢自陈，谨斩樊於期之头，及献燕督亢之地图，函封，燕王拜送于庭，使使以闻大王，唯大王命之。"秦王闻之，大喜，乃朝服，设九宾，见燕使者咸阳宫。荆轲奉樊於期头函，而秦舞阳奉地图柙，以次进。至陛，秦舞阳色变振恐，群臣怪之。荆轲顾笑舞阳，前谢曰："北蕃蛮夷之鄙人，未尝见天子，故振慑。

愿大王少假借之，使得毕使于前。"秦王谓轲曰："取舞阳所持地图。"轲既取图奏之，秦王发图，图穷而匕首见。因左手把秦王之袖，而右手持匕首揕之。未至身，秦王惊，自引而起，袖绝。拔剑，剑长，操其室。时惶急，剑坚，故不可立拔。荆轲逐秦王，秦王环柱而走。群臣皆愕，卒起不意，尽失其度。而秦法，群臣侍殿上者不得持尺寸之兵；诸郎中执兵皆陈殿下，非有诏召不得上。方急时，不及召下兵，以故荆轲乃逐秦王。而卒惶急，无以击轲，而以手共搏之。是时侍医夏无且以其所奉药囊提荆轲也。秦王方环柱走，卒惶急，不知所为，左右乃曰："王负剑！"负剑，遂拔以击荆轲，断其左股。荆轲废，乃引其匕首以擿秦王，不中，中桐柱。秦王复击轲，轲被八创。轲自知事不就，倚柱而笑，箕踞以骂曰："事所以不成者，以欲生劫之，必得约契以报太子也。"于是左右既前杀轲，秦王不怡者良久。①

以上是荆轲刺秦王一段。主体是刺客荆轲，秦舞阳是陪衬，秦王嬴政也是陪衬，其他都是背景。本段着力展示荆轲大义凛然，英勇无畏的英雄形象——即使刺秦失败，仍不失为悲壮的英雄。对刺秦的全过程一一加以展现，场景、对话、表情、动作等描写丝丝入扣，惊心动魄，其中笔触重点落在英雄荆轲的一举一动上，对重要人物秦王嬴政等仅用笔墨点缀而已。此段中值得一提的是陪衬人物秦舞阳。秦舞阳十三岁杀人，是燕赵之地有名的勇士，因此被荆轲选为助手。可是，徒有外在之勇的秦舞阳在森严的秦廷中吓得发抖，荆轲却谈笑自如，随机应变地为秦舞阳解围。谁是真正的大智大勇，一比就知道了。

突出主体，淡化陪衬，虚化背景，是《史记》故事中详略安排的技巧之一。

然后是接近性。此处所说的"接近"，主要是时间的接近，即越是接近当代（西汉武帝），所记越细。而对春秋、战国各国世家的叙事，一则年代久远，二则历史跨度太大，若详细记载，不仅笔力不逮，资料也不够齐全。所以，《陈涉世家》《萧相国世家》这些与当时距离较近的人和事的叙事很详细，《齐太公世家》《韩世家》《楚世家》《郑世家》等则很简略，尤其是关于一些常规

---

① 《史记·刺客列传》，第 2227～2228 页。

事态的记载，几乎是一笔带过。

> 定公元年，楚公子弃疾弑其君灵王而自立，为平王。欲行德诸侯。归灵王所侵郑地于郑。
>
> 四年，晋昭公卒，其六卿强，公室卑。子产谓韩宣子曰："为政必以德，毋忘所以立。"
>
> 六年，郑火，公欲禳之。子产曰："不如修德。"
>
> 八年，楚太子建来奔。十年，太子建与晋谋袭郑。郑杀建，建子胜奔吴。
>
> 十一年，定公如晋。晋与郑谋，诛周乱臣，入敬王于周。
>
> 十三年，定公卒，子献公虿立。献公十三年卒，子声公胜立。当是时，晋六卿强，侵夺郑，郑遂弱。
>
> 声公五年，郑相子产卒，郑人皆哭泣，悲之如亡亲戚。子产者，郑成公少子也。为人仁爱人，事君忠厚。孔子尝过郑，与子产如兄弟云。及闻子产死，孔子为泣曰："古之遗爱也！"
>
> 八年，晋范、中行氏反晋，告急于郑，郑救之。晋伐郑，败郑军于铁。
>
> 十四年，宋景公灭曹。二十年，齐田常弑其君简公，而常相于齐。二十二年，楚惠王灭陈。孔子卒。
>
> 三十六年，晋知伯伐郑，取九邑。
>
> 三十七年，声公卒，子哀公易立。哀公八年，郑人弑哀公而立声公弟丑，是为共公。共公三年，三晋灭知伯。三十一年，共公卒，子幽公已立。幽公元年，韩武子伐郑，杀幽公。郑人立幽公弟骀，是为繻公。
>
> 繻公十五年，韩景侯伐郑，取雍丘。郑城京。
>
> 十六年，郑伐韩，败韩兵于负黍。二十年，韩、赵、魏列为诸侯。二十三年，郑围韩之阳翟。
>
> 二十五年，郑君杀其相子阳。二十七年，子阳之党共弑繻公骀而立幽公弟乙为君，是为郑君。
>
> 郑君乙立二年，郑负黍反，复归韩。十一年，韩伐郑，取阳城。

二十一年，韩哀侯灭郑，并其国。①

以上记中原大国郑国由强至衰，由衰至灭亡的过程。郑国地处中原，曾经是军事和商贸强国，后因内乱，国力大减。著名贤相子产死后，郑国再也没有杰出的治国人才，日益衰弱，被周边国家晋、韩等不断蚕食，最终亡国。这段记载极简，基本以编年体记叙大事，人物、事件均不展开，类似的略写在春秋战国的诸侯世家中很常见。

突出最近发生的主要事件，淡化久远的非主要事件，是《史记》故事中详略安排的技巧之二。

时下流行一句话，叫"细节决定成败"。这话有一定道理，如果在大体基本相同的情况下进一步比拼，当然是细节决定成败。在讲故事和写作中，此言具有更重要的意义，甚至可以说，就是细节决定了一个故事的成败。俄国作家契诃夫说过，作品好像农村房檐下挂着的玉米串，缺乏细节的作品，就像没有玉米只剩下系玉米的那根光秃秃的绳子。细节是充实作品内容、刻画人物形象、增加作品情趣的关键一环，缺乏细节的作品，读起来淡乎寡味，讲起来枯燥干涩，那不是算作文学作品。《史记》非常注重人物细节的展示，这些细节在其中比比皆是，可信手拈来：

> 荆轲游于邯郸，鲁勾践与荆轲博，争道，鲁勾践怒而叱之，荆轲嘿而逃去，遂不复会。

> 鲁勾践已闻荆轲之刺秦王，私曰："嗟乎，惜哉其不讲于刺剑之术也！甚矣吾不知人也！曩者吾叱之，彼乃以我为非人也！"②

此两段记荆轲刺秦前后的一件小事。荆轲早年游邯郸时，与当地一个流氓恶霸鲁勾践狭路相逢。鲁勾践怒目而叱，荆轲转身而走，再也没见鲁一面。鲁勾践以为荆轲怕他。后来听到荆轲刺秦的消息，鲁惭愧道，唉！荆轲他不是怕

---

① 《史记·郑世家》，第 1597～1598 页。
② 《史记·刺客列传》，第 2222～2230 页。

我，他是看不起我啊！

> 二世二年七月，具斯五刑，论腰斩咸阳市。斯出狱，与其中子俱执，顾谓其中子曰："吾欲与若复牵黄犬俱出上蔡东门逐狡兔，岂可得乎！"遂父子相哭，而夷三族。①

这是李斯被处死时的一段细节。李斯被赵高诬陷谋反，论处腰斩之刑。行刑日，李斯对儿子说，想起我们一道出东门捕猎兔子的日子，再也没有了。父子痛哭流涕，夷灭三族。一句话，道出所谓荣华富贵不过是过眼烟云，李斯到死时总算是明白了。

> 布所幸姬疾，请就医，医家与中大夫贲赫对门，姬数如医家，贲赫自以为侍中，乃厚馈遗，从姬饮医家。姬侍王，从容语次，誉赫长者也。王怒曰："汝安从知之？"具说状。王疑其与乱。赫恐，称病。王愈怒，欲捕赫。赫言变事，乘传诣长安。布使人追，不及。赫至，上变，言布谋反有端，可先未发诛也。上读其书，语萧相国。相国曰："布不宜有此，恐仇怨妄诬之。请系赫，使人微验淮南王。"淮南王布见赫以罪亡，上变，固已疑其言国阴事；汉使又来，颇有所验，遂族赫家，发兵反。反书闻，上乃赦贲赫，以为将军。②

这是淮南王英布造反前的一段故事。英布造反是时势所迫，但导火线却是一件小事。英布的一名宠姬生病，到医家就医。中大夫贲赫住在医生家对门，出于礼节，到医生家看望那位宠姬。这女人回家后，在英布面前夸贲赫，说贲赫是一位仁厚长者。英布大怒问，你从何知之。宠姬说明与贲赫在医生家见过面。英布以此怀疑姬与贲赫私通，遂追捕贲赫。贲赫急了，向上密告英布谋反。英布有口难辩，索性真反。刘邦见到英布的反书，封贲赫为将军。

突出表现人物或事件的重要细节，是《史记》故事中详略安排的技巧之三。

---

① 《史记·李斯列传》，第 2250 页
② 《史记·黥布列传》，第 2284 页。

以上关于详略安排的技巧，一言以蔽之，就是明确叙事的主从关系，主要的人事详细表现，从属的人事或弱化、或淡化，避免喧宾夺主，形成多中心多重点，结果弄得一团糟，什么都说不清楚。譬如绘画，近树是重点表现对象，远山只是背景，那么，近树浓抹，远山轻描，如是，不仅突出了近树，还表现了画面的透视关系和景深关系，让人感到更真实、更具体。

9. 质朴淡雅的叙事

《史记》故事，有文风质朴，淡者屡深之妙。

西汉有两位姓"司马"的文豪，一是司马迁，一是司马相如。司马迁撰《史记》，司马相如写《子虚》《上林》等大赋。将两种文风一对比，不啻天地之别。前者质朴无华，不论叙事言情，还是状物写景，力求简明扼要，极少藻饰，更少使用夸张、铺排、堆砌、复沓等修辞手法。司马相如的汉大赋则完全两样，以铺张扬厉、夸饰华丽为主要特点，还喜欢使用各种生僻怪字，字典上都找不出来。用司马迁的话说，司马相如的文章"多虚辞滥说"。[①]

《史记》并非纯粹的文学作品，它同时是一部史书，因此，《史记》必须遵守从《左传》《国语》等史书传承的史家的文风，那就是质朴。此种文风，从前面所举的案例中一览无遗。当然，还可以通过更多的案例来说明，这些案例，如在司马相如笔下，不知会夸饰华丽到何等地步，但在《史记》中，依然是其一贯风格，质朴甚至平淡。

> 项羽已杀卿子冠军，威震楚国，名闻诸侯。乃遣当阳君、蒲将军将卒二万渡河，救钜鹿。战少利，陈余复请兵。项羽乃悉引兵渡河，皆沈船，破釜甑，烧庐舍，持三日粮，以示士卒必死，无一还心。于是至则围王离，与秦军遇，九战，绝其甬道，大破之，杀苏角，虏王离。涉閒不降楚，自烧杀。当是时，楚兵冠诸侯。诸侯军救钜鹿下者十余壁，莫敢纵兵。及楚击秦，诸将皆从壁上观。楚战士无不一以当十，楚兵呼声动天，诸侯军无不人人惴恐。[②]

---

① 《史记·司马相如列传》，第 2672 页。

② 《史记·项羽本纪》，第 261 页。

此段描写楚军巨鹿战役。楚军破釜沉舟，与秦军决一死战。楚军以一当十，战场上杀声震天，如此惊天动地的战争场面，《史记》只写事实，并无更多的夸张和藻饰。"诸将皆从壁上观""楚兵呼声动天"等，都是当时的战争场面，极为壮观也极为惨烈，然而，没用更多的形容词来修饰，没用更多的铺排展开表述，更没有作者的惊叹和抒情，有的只是客观的、平淡的叙事。

> 即帝位三年，东巡郡县，祠驺峄山，颂秦功业。于是征从齐鲁之儒生博士七十人，至乎泰山下。诸儒生或议曰："古者封禅为蒲车，恶伤山之土石草木；埽地而祭，席用菹秸，言其易遵也。"始皇闻此议各乖异，难施用，由此绌儒生。而遂除车道，上自泰山阳至巅，立石颂秦始皇帝德，明其得封也。从阴道下，禅于梁父。其礼颇采太祝之祀雍上帝所用，而封藏皆秘之，世不得而记也。始皇之上泰山，中阪遇暴风雨，休于大树下。诸儒生既绌，不得与用于封事之礼，闻始皇遇风雨，则讥之。①

以上是《封禅书》中的一段，记秦始皇到泰山和梁父山封禅的经过（祭泰山为"封"，祭梁父山为"禅"）。泰山为五岳之首，风景奇伟秀丽，如在司马相如笔下，一定会铺张扬厉，写出无数场景。而在《史记》中，只记载秦始皇中途遇到暴风雨，在一棵大树下休息，对本来可以大大形容一番的暴风雨并无过多描绘。《封禅书》是最容易陷入歌功颂德俗套的文章，但司马迁对此只字无涉。可以这样说，连《封禅书》都平淡了，《史记》中的所有文章也都平淡了。

司空图说："浓尽必枯，淡者屡深。"② 意思是，华章丽辞看起来很漂亮，但华彩之后很快会枯竭。平淡的事物，越看越有深意，所以，司空图更多地标举冲淡、自然、洗练、清奇的文风和诗风。正如世俗所言，真正的美女是不需要化妆的，唐代杨贵妃之姊虢国夫人之所以敢于素面朝天，就是因为对自己的美貌有充分的自信。

---

① 《史记·封禅书》，第 1269 页。
② 见司空图《二十四诗品》。

质朴平淡的表现手法看似简单，其实最难。宋代诗人梅圣俞说："作诗无古今，唯造平淡难。"[1] 难在可调用的修辞手段太少，只能凭作者厚实的写作基本功老老实实地写，如晋代的陶渊明。陶诗之所以流传久远，就因为平淡而味深的诗风。司马迁的《史记》与陶渊明的诗，有异曲同工之趣。

怎样才能获得质朴平淡的文风？苏东坡认为主要靠阅历，写得多了，年龄大了，作文自然就平淡："大凡为文，当使气象峥嵘，五色绚烂。渐老渐熟，乃造平淡。"[2] 然而，总不能等到老了才能写质朴平淡之文，不妨借鉴新闻笔法。美国新闻界认为：

优雅的写作是朴素的写作。优雅绝不是华丽好看，恰恰相反，朴实无华才是写作的最高境界。

陈词滥调是趣味性的大敌。在任何情况下，陈词滥调尤其是某些流行的、华丽的陈词滥调是高品位审美文学的大敌。韩愈当年反复强调"唯陈言之务去"，就是这个道理。司马迁的《史记》不跟风不随俗，很少陈词滥调，真的很了不起。

多用动词少用形容词。在这点上，《史记》与新闻有得一比，如前所言，《史记》中的动词及修饰动词的状语用得精准而富于情态，对人物及事件有很强的表现力。形容词确实用得少，这是文风质朴的明显特征之一。

避免夸张、拟人、铺排、堆砌等修辞手法。如前所言，《史记》中几乎不使用这类修辞手法。

以上，就是贴近质朴文风的有效途径。

10. 一气贯注的叙事

《史记》故事，有一气贯注，吞吐大荒之妙。

说到文风，自然要说到文气。唐宋八大家之首韩愈认为，文章语言的使用与文风的形成，不仅仅是一个技术问题，更是一个作家阅历、经验、性格、才情、教养、思想等各方面综合而成的素质问题，即"精神气质"。这种精神气质最终表现在文章中，形成"文气"。文气如水，水大则可承载所有事物；文

---

[1] 见梅尧臣《赠杜挺之》。

[2] 转引自郭绍虞《沧浪诗话校释》。

气盛，文章无不盛。韩愈在《答李翊书》中说："气，水也；言，浮物也。水大而物之浮者大小毕浮。气之与言犹是也，气盛则言之短长与声之高下者皆宜。"

最早提出养气的是孟子。孟子善辩，其言辩极有气势，此种气势由两方面构成：内在的逻辑性和外在的语势。孟子说："我善养吾浩然之气。"到了魏晋时期，魏文帝曹丕提出"文气说"："文以气为主，气之清浊有体，不可力强而致。"从那以后，"文气"一直是中国文艺美学中的一个重要概念，是评价文章成败的准则之一。

从"文气"角度观《史记》，则何如？

不言而喻，司马迁的《史记》，是史上文气最足，堪称最牛气、最大气、最贵气、最奇气的伟大作品之一。这种文气，从头至尾一气贯注于《史记》各篇之中，让《史记》成为浩浩荡荡的天际风云。如司空图所说："具备万物，横绝太空。荒荒油云，寥寥长风。"① 在这里，当然不可能逐一浏览《史记》一百三十篇，让我们管窥一篇：

> 昔在颛顼，命南正重以司天，北正黎以司地。唐虞之际，绍重黎之后，使复典之，至于夏商，故重黎氏世序天地。其在周，程伯休甫其后也。当周宣王时，失其守而为司马氏。司马氏世典周史。惠襄之间，司马氏去周适晋。晋中军随会奔秦，而司马氏入少梁。
>
> 自司马氏去周适晋，分散，或在卫，或在赵，或在秦。其在卫者，相中山。在赵者，以传剑论显，蒯聩其后也。在秦者名错，与张仪争论，于是惠王使错将伐蜀，遂拔，因而守之。错孙靳，事武安君白起。而少梁更名曰夏阳。靳与武安君坑赵长平军，还而与之俱赐死杜邮，葬于华池。靳孙昌，昌为秦主铁官，当始皇之时。蒯聩玄孙卬为武信君将而徇朝歌。诸侯之相王，王卬于殷。汉之伐楚，卬归汉，以其地为河内郡。昌生无泽，无泽为汉市长。无泽生喜，喜为五大夫，卒，皆葬高门。喜生谈，谈为太史公。②

---

① 见司空图《二十四诗品》。
② 《史记·太史公自序》，第2845～2846页。

此篇《太史公自序》是司马迁关于写《史记》的总体介绍。开篇从自己的家世说起，说司马氏一家从周宣王时起出任史官，曾在多个国家任职，在秦时为司马错。司马错曾与著名纵横家、秦相国张仪争论，认为应该西征。秦惠王派司马错西征伐蜀，获大胜占领西蜀。到了汉代，司马无泽生司马喜，司马喜生司马谈，司马谈即司马迁的父亲，任西汉太史令。一段简要叙事，看似平淡，其实挺牛气，先说自三皇五帝起，历史就非常重要，史官很了不起，而司马氏自周代起一直是史官。这种写法有点像屈原的《离骚》："帝高阳之苗裔兮，朕皇考曰伯庸；摄提贞于孟陬兮，惟庚寅吾以降。"有人说这是摆谱，没错，就是摆谱。问题是你得有谱可摆，像屈原，是高阳帝之后；像司马迁，是司马氏之后。一个无名氏之后，拿什么摆谱？《太史公自序》是司马迁的写作大纲，既是大纲，肯定是动笔之前就写了的，或者说写了一部分。仅瞧这一部分，就气冲牛斗。司马谈临终前将撰写《史记》的宏伟事业托付给司马迁，司马迁当仁不让，接过父亲手中的笔。木心给陈丹青等人讲文学史时，专门评了这一段。木心说：

中国专制帝王向来蔑视知识分子，可是中国少数几位最高的知识分子，非常看得起自己。

司马迁《史记》自序，直截了当"表态"——我真为他捏一把汗——他说："先人有言：'自周公卒五百岁而有孔子。孔子卒后至于今五百岁，有能绍明世，正《易传》，继《春秋》，本《诗》《书》《礼》《乐》之际？'意在斯乎！意在斯乎！小子何敢让焉。"

简直大声疾呼，可爱透顶，难得难得！这等气派才叫是真正的"难得糊涂"啊！我推想，司马迁是《史记》全部定稿才写下这篇中气十足的序言。

中国文化是阴性的，以阴柔达到阳刚——西方是直截了当的阳刚——这样子看看，司马迁是古人中最阳刚的，给中国文化史扬眉吐气。[①]

---

① 见木心《1989—1994文学回忆录》。

木心一连说到的"这等气派""中气十足""扬眉吐气"，就是洋溢在、充斥着、弥漫于《史记》中的"气"。木心推测，《太史公自序》是司马迁完成《史记》的全部书稿后才写下的，很有道理但不全对，如前所言，"自序"中有关于《史记》一百三十篇的规划，是写作大纲，这一部分应该在写作全书以前就已制定。然而，上述"先人有言"这段话应当是写完全书后才写，或者说，才敢写的。此时，《史记》的全部文稿已摊开在书案上，历时近二十年的伟大工程将告结束，历经磨难的司马迁才敢说出这番话：天意让我写这部《史记》，我就不谦让了吧！没有实实在在的《史记》文本摆在那里，谁敢讲这样的大话？因此，仅从《太史公自序》，就可看出《史记》吞吐大荒的雄浑之气，而且，这种气概从构思开始一直贯注到最后，真个是一气呵成。《太史公自序》最后是一句简而又简的短语，然而，那种斩钉截铁的了断，那种大功告成的欣慰，那种大气磅礴的总结，溢于言表：

凡百三十篇，五十二万六千五百字，为《太史公书》。

缘此，这句话不仅是《太史公自序》的结尾，而且是整部《史记》的结尾。不完成全部书稿，作者绝对写不出这句话。用今天写书的习惯说，"自序"也是"后记"，是司马迁近二十年辛勤写作的最后一句话，一句牛气冲天的话。而这种"气"，一打开《史记》，但凡稍微敏感的读者，马上就能呼吸到、感受到、体验到。难怪苏辙会说：

辙生好为文，思之至深。以为文者气之所形，然文不可以学而能，气可以养而致。孟子曰："我善养吾浩然之气。"今观其文章，宽厚宏博，充乎天地之间，称其气之小大。太史公行天下，周览四海名山大川，与燕、赵间豪俊交游，故其文疏荡，颇有奇气。此二子者，岂尝执笔学为如此之文哉？其气充乎其中而溢乎其貌，动乎其言而见乎其文，而不自知也。①

---

① 见苏辙《上枢密韩太尉书》。

是的，司马迁从未"执笔学为如此之文"，古代也没有专门的历史系和历史专业，司马迁从哪里获得如此壮实的底气，如此生猛的牛气，如此高雅的贵气，如此不同凡响的奇气？苏辙说得好："太史公行天下，周览四海名山大川，与燕、赵间豪俊交游，故其文疏荡，颇有奇气。"看来，文气的养成固然有诸多因素，然而，生活体验和见识是第一位的。如陆游所言："汝果欲学诗，工夫在诗外。"①

结语：《史记》的史学成就和文学成就

然而，古往今来，生活经历丰富，阅历见识多的人并不少见，为什么没有第二个人再写出像司马迁那样的《史记》？这是个问题。如果非回答不可的话，只能说一句"不太像话"的话：《史记》是一部"死人"写的书！笔者认为，这部书的作者司马迁在写作中途就"死了"，当是时，不是司马迁写《史记》，是《史记》写司马迁。是《史记》给予司马迁生存下去的意念，是《史记》在生死关头救了司马迁，是《史记》重新铸造了一个司马迁。如同浴火之后的凤凰，如同削肉还母、剔骨还父后由莲花构成人身的哪吒。死过一次而重新诞生的司马迁，早已将生死置之度外，将功名利禄置之度外，将一切人世俗念置之度外，所以他无私无畏、无牵无挂、无遮无碍，迸发出生命的全部光和热写下这部书。这种情况，恐怕再也没有第二个，而且，也不希望再出第二个，试忖，谁愿意以宫刑那样的痛苦和屈辱来换取一部书呢？司马迁认为，是天意让他写《史记》，可是，即使是天意，也不该那么残忍吧！李贺说："天若有情天亦老，渭城已远波声小。"②　是的，天若有情，天也会难受的，天也不愿意这样做，按理说，"天意"应该"怜幽草"③才对。所以，司马迁及其《史记》，真是"深幸有一，不望有二"的稀世之宝，这就是再也没有第二个像司马迁那样的作者，再也没有第二部像《史记》那样的史书的根本原因。对此，鲁迅一锤定音道：

> 恨为弄臣，寄心楮墨，感身世之戮辱，传畸人于千秋，虽背《春秋》

---

① 见陆游《剑南诗稿·示子遹》。
② 见李贺《金铜仙人辞汉歌》。
③ 原诗见李商隐"天意怜幽草，人间重晚晴"。

之义，固不失为史家之绝唱，无韵之《离骚》矣！①

这，就是对《史记》的史学成就和文学成就的最高评价。只有鲁迅，才说得出这样的评价；也只有鲁迅，才配做这样的评价！

————————

① 见鲁迅《汉文学史纲要》。

六、《史记》的疏舛

俗话说，金无足赤，人无完人。作品也一样，任何作品，不管它如何奇伟瑰丽，总有它的不足和缺憾。司马迁《史记》亦如此。

1. 考据不周之处

如前所言，早在《史记》成书之初，班固曾指出《史记》的疏漏和讹误："采经摭传，分散数家之事，甚多疏略，或有抵牾。"这话并非没有根据。尽管班固对《史记》历史观的批评是错误的，但他对《史记》在史料收集和叙事表述中提出的某些批评却是正确的。班固是一个史学家（史官），从专业考证角度看，《史记》确有若干叙事疏漏、考据不周之处。

金代的王若虚也注意到了这点，他说：

> 司马迁之法最疏，开卷令人不乐，然千古推尊，莫有攻其短者。惟东坡不甚好之，而陈无己、黄鲁直怪叹，以为异事。呜呼！吾亦以千古雷同者为不可晓也。安得如苏公者，与之语此哉！①

王若虚曾任国史馆编修、供奉翰林学士，在史学方面有相当造诣。他指出《史记》记事中的不少疏漏，提出辨惑多达十一卷。进而言之，他说苏轼也不太喜欢《史记》（东坡不甚好之）。苏轼是北宋大文豪、唐宋八大家之一，他的评价不容忽视，那么，苏轼对司马迁及《史记》到底有何批评？

---

① 见王若虚《滹南遗老集》卷三十四。

2. 苏轼为什么抨击《史记》

苏轼确实对《史记》有较严厉的批评，甚至给司马迁列了"两大罪状"。苏轼在被贬岭南期间写下《司马迁二大罪》等十三篇史学论文①，苏轼认为，班固所说的"先黄老而后六经"是司马迁的罪过之一，另一罪过是推举商鞅、桑弘羊之功。苏轼说：

> 所谓大罪二，则论商鞅、桑弘羊之功也。自汉以来，学者耻言商鞅、桑弘羊，而世主独甘心焉，皆阳讳其名而阴用其实，甚者则名实皆宗之，庶几其成功，此则司马迁之罪也。

苏轼认为，司马迁的主要"罪行"是推举战国以来游说之士如商鞅、桑弘羊等人的邪说诡论，以此迷惑人君。而国君取而用之，差点成功，这应该归罪于司马迁。对苏轼的这种批评，很多人不以为然，连他的老朋友黄庭坚等也颇为不解。显而易见，苏轼是站在儒家正统立场说这番话的，站在儒家正统立场，自然容不得商鞅、桑弘羊等法家改革派的主张及施政纲领。苏轼比较保守，反对过激的改革，从他对王安石变法的反对态度可见一斑。反对王安石变法，追溯到商鞅、桑弘羊头上，归罪到司马迁这里，这就是苏轼的逻辑思路。然而，如前所言，司马迁的《史记》不以儒学之是非为是非，这是司马迁的功劳而不是司马迁的罪过。故苏轼的批评（不仅是批评，而且是定罪）不能成立。至于他个人的喜好，他不喜欢《史记》，那是他个人的事。此外，苏轼还不同意司马迁关于《诗经》中《小雅》和《国风》的评价。司马迁认为："《国风》好色而不淫，《小雅》怨诽而不乱。"苏轼认为，司马迁论《诗经》，只看到"变风""变雅"（"特识变风变雅耳"），而未看到正统的《诗》。正统的《诗》是发乎情而止于忠孝，岂是变风变雅能够同日而语的。此种批评更为迂腐，更不足道。

---

① 见苏轼《东坡志林》。

3. 前后矛盾之处

撇开关于历史观、历史哲学方面的批评，王若虚关于《史记》的辨惑确有一定道理。如前所言，《史记》在记史叙事中确有疏漏，最明显的是前后叙述不一致，不少地方存在矛盾，仅从《史记》文本中就能发现。诸如春秋时陈厉王的记事有错漏；战国时苏秦、张仪的活动时间有误；苏秦并非"季子"（老三）而是老五（司马迁仅凭《战国策》中的错误记载将苏秦记为季子，说苏秦是苏代、苏厉之兄，错了，苏秦实为苏代、苏厉之弟，因为他是五弟兄中年龄最小的）；刘邦封为汉王后，到底是从哪条路入关的，《史记》在《高祖本纪》和《留侯世家》中记载的不一样，两篇有矛盾，等等。[①]

4. 语法错误之处

另外，从语文角度看，司马迁《史记》中也有一些病句或错别字。如，缺省主语，导致主从关系不明；缺省谓语，导致主语游离；缺省连词，导致连动关系不清；称谓不清，致使人物关系模糊；个别语词繁复，有叠床架屋之嫌；等等。[②]

上述批评，除苏轼的偏激之论不足道以外，其余从史学专业或语文专业角度提出的批评都有一定根据，也有一定道理。如前所言，《史记》成书后的一千多年里，出现了很多注家和辨家，找出《史记》这样那样的缺点和疏漏，不足为奇。相反，那么多专家在不同时期纠错补遗，查出的也就是上述这些问题，正好从另一角度说明《史记》在大体上的严谨。查出问题是好事，可供后人参考以免被误导。再说了，这些问题并非原则性的、根本性的大问题，所谓瑕不掩瑜，丝毫无损于《史记》的光辉。当然，这些批评再次提醒人们，尤其是作者：文章千古事，为文须用心。即便是太史公这样严谨的史学家，治史时仍然会出错；即便是《史记》这样彪炳千秋的鸿篇巨制，在行文表述中仍然存在问题，何况他人？北宋时，欧阳修与宋祁等一道修《新唐书》，撰写时小心翼翼，如临深渊，如履薄冰。其夫人不解道，你是当今文坛第一把手，又是当

---

① 详见韩兆琦《史记讲座第二十二讲》。
② 详见韩兆琦《史记讲座第二十二讲》。

朝大臣，何必这样小心，这样辛苦？难道你还怕别人批评你不成？欧阳修笑道，不畏前贤畏后生。诚然，后生可畏啊！

七、 司马迁的纯文学作品

除《史记》外，司马迁还有若干纯文学作品。鲁迅说："迁雄于文，而亦爱赋，颇喜纳之列传中。于《贾谊传》录其《吊屈原赋》及《鵩赋》，而《汉书》则载《治安策》，赋无一也。《司马相如传》上下篇，收赋尤多。自亦造赋，《汉志》云八篇，今仅传《士不遇赋》（笔者注：应为《悲士不遇赋》）一篇，明胡应麟以为伪作。"[1]

鲁迅认为，司马迁不但雄于文，也喜爱赋，所以，常将赋录入有关人物的列传中，如《屈原贾生列传》中的《吊屈原赋》，《司马相如列传》中的《子虚赋》《上林赋》等。至于司马迁本人，传说写了八篇赋，今仅有一篇传世，即《悲士不遇赋》：

悲士不遇赋

悲夫！士生之不辰，愧顾影而独存。恒克己而复礼，惧志行而无闻。谅才韪而世戾，将逮死而长勤。虽有形而不彰，徒有能而不陈。何穷达之易惑，信美恶之难分。时悠悠而荡荡，将遂屈而不伸。

使公于公者，彼我同兮；私于私者，自相悲兮。天道微哉，吁嗟阔兮；人理显然，相倾夺兮。好生恶死，才之鄙也；好贵夷贱，哲之乱也。炤炤洞达，胸中豁也；昏昏罔觉，内生毒也。

我之心矣，哲已能忖；我之言矣，哲已能选。没世无闻，古人惟耻；朝闻夕死，孰云其否！逆顺还周，乍没乍起。理不可据，智不可恃。无造福先，无触祸始。委之自然，终归一矣！[2]

---

① 见鲁迅《汉文学史纲要》。
② 见《全上古三代秦汉三国六朝文》。

　　明代文学家胡应麟认为这是一篇伪托之作,然则,《悲士不遇赋》中表达的情绪与诉求与司马迁的遭遇相当吻合,语言也清新流畅,不失为一篇具有真情实感的抒情小赋,在此聊备一说。

八、 难以接踵的 《史记》

1. 续写《史记》的失败

司马迁的《史记》止于汉武帝太初年间，然而，历史还在推进，往后的史书该怎样写？有《史记》这样标高的史著，一般鄙俗之作难乎为继。比如，扬雄、刘歆等都曾续写《史记》，但其史料不全，史笔不工，文笔欠佳，难以接踵司马迁的《史记》。班彪时任太史令，对这些续篇感到很不满意，遂"采其旧事，旁贯异闻"，为《史记》作《后传》六十五篇。班彪死后，年仅 22 岁的班固动手整理其父的遗稿，决心继承父业，完成这部续作。不料，着手撰写几年后，有人上书密告汉明帝，说班固"私撰国史"。班固被捕入狱，书稿也全部被查抄。班固之弟班超上书汉明帝，说明班固修《汉书》的目的是颂扬汉德，让后人了解历史以从中获取教训，并无毁谤朝廷之意。这位班超就是后来封"定远侯"的"投笔从戎"的英雄，其时在朝廷供职。汉明帝派人察看了班固的文稿，发现果如班超所言，歌功颂德者多，批评讥讽者少，由是以无罪开释班固，还给了班家一些钱财，让他继续写下去。不仅如此，汉明帝颇赏识班固的才能，召其为兰台令史，秩二千石，后转迁为郎。当时兰台令史傅毅是他的同事，二人皆以文闻名，班固与弟班超书曰："武仲以能属文，为兰台令史，下笔不能自休。"此言表面夸奖傅毅，说他能写文章，暗中又含贬义，说他下笔就刹不住车，这就是"文人相轻"典故的由来。

2. 断代史《汉书》的一波三折

班固"不教学诸子，诸子多不遵法度"，洛阳令种兢被班固的家奴醉骂，怀恨未忘。汉和帝永元四年（92 年），窦宪失势自杀，班固受牵连而被免官职，种兢利用窦宪事败之机，逮捕班固，加以重刑。班固死于狱中，时年61岁，其所著《汉书》的八"表"及"天文志"尚未完成。此时，中国历史上的女才子班昭上场了。班昭是班固的妹妹，字惠班，嫁曹世叔为妻。曹世叔去世得早，班昭守节。她讲究礼节法度，曾写下《女诫》，专门讲女人应该如何恪守妇道。班固写作《汉书》未竟，汉和帝下诏令班昭在东观藏书阁继承班固遗志完成《汉书》。和帝多次下诏让班昭进宫，命令皇后和贵人们以师礼待之，班昭因此号称"曹大家（音'姑'）"。每当各地或外国有贡献来的奇珍异宝，皇帝就让班昭写诗赋颂扬。可是，班昭在写作中途突然病故，《汉书》还是未完成，汉和帝命班昭的学生马融（同时是当时最有名的学者）继续写剩下的部分，马融最终完成《汉书》。

《汉书》共一百篇，八十余万字。到了唐代，颜师古认为《汉书》卷帙浩繁，便将篇幅较长者分为上、下卷或上、中、下卷，成为现行本《汉书》一百二十卷。《汉书》基本上沿袭了司马迁《史记》的体例，略有变动。共有纪十二篇，记载西汉帝王的事迹；表八篇，主要记载汉代的人物事迹等；志十篇，专述典章制度、天文、地理以及各种社会现象；传七十篇，主要记载各类人物的生平以及少数民族的历史等。不同的是，《史记》有"世家"，《汉书》没有；《史记》记载典章制度的部分叫作"书"，《汉书》改称"志"。《史记》贯通古今，不以朝代为限，是通史。《汉书》所记的是西汉一代的史实，是断代史。如是，断代为史始于班固，以后历朝的"正史"都沿袭了《汉书》的体裁，正如刘知几所说，"自尔迄今，无改斯道"。另外，《汉书》在文学方面也承袭了《史记》传统，在史家实录的基础上以平实冲淡的文笔讲述了许多生动的人物故事，如《霍光传》《苏武传》《外戚传》《朱买臣传》等。对"四夷"少数民族也继续给予关注，将《史记》中的《大宛列传》扩充为《西域传》，增补了西域几十个地区和邻国的史料。《汉书》与《史记》最大的不同在于前者恪守儒学正统，不敢越雷池一步。《史记》历史哲学、历史观中的质疑精神和批判态度，在《汉书》中几乎荡然无存。《汉书》神化西汉王权，其指导思想主要是论证王权的正统性及合法性。

3. 中国史家的治史方法

自《汉书》后，中国史家逐渐形成一套比较完整的史学传统，表现在治史的指导思想和具体方法上。

在治史的指导思想上主要有四点：其一，学兼天人，融汇古今；其二，以古为镜，经世致用；其三，秉笔直书，实录不隐；其四，德识为先，才学并茂。在史家的为人（史学人才选择）上，强调"史家四长"，即史才、史学、史识和史德。史才主要指写作能力和历史编纂能力；史学指一个史学工作者必须掌握编撰历史所需要的丰富史料和比较渊博的知识；史识指研究历史的观点、见解和胆识；史德指史学工作者在进行历史研究时应遵循的职业道德规范。

在治史的具体方法上也有四点：

其一，客观公正，前录后史。为了更好地实现这一点，自《汉书》以后确定，当朝人不修当朝史。当朝人只修志，即负责收集整理史料，为后朝人修史作充分准备。后朝人在前朝史料的基础上正式修史，是为"正史"。

其二，独立治史，有闻必录。史家按专业传统独立收集资料、独立修史，朝廷不得干扰、干预史家的各项治史工作。比如，唐贞观年间，褚遂良负责记录唐太宗李世民的言行，李世民欲索取过目，褚遂良以"不闻帝王躬自观史"为由加以拒绝。李世民问："朕有不善，卿必记之耶？"褚答曰："臣职当载笔，君举必记。"① 褚遂良为唐代著名书法家及史官，以刚直不阿闻名于世。褚遂良这番话，被称为史学家的"良心"之言。

其三，实名领衔，文责自负。修史体例以断代史为主，辅之以各类专门史、地方史、通史等，以此构成较为完整的史学体系。同时，在修史时以专人负责，以实名制实现文责自负。不管你的写作班子如何庞大，领衔人必须冠以实名。冠实名不是为了名利，首先是负责任，出了问题，拿冠名者是问。

其四，直面批评，有错必纠。史书不再专属于朝廷藏典，而是面向全社会公开发行，供世人阅读批评，读者提出不同意见，应虚心接纳，认真修订。道理很简单，一部庞大的断代史不可能一蹴而就，只能逐步完善。有时先出史稿，经世人提出意见后再修订为正史。

4. 二十四史一览

正因为中国史家有那么一整套史学传统和史学规范，中国才有一套整齐的

---

① 见《旧唐书·褚遂良传》。

《二十四史》问世，见表1：

表1 《二十四史》

序号、书名	朝代及作者	今本卷数
1 史记	西汉·司马迁	130
2 汉书	东汉·班固	100
3 后汉书	南朝·范晔	120
4 三国志	西晋·陈寿	65
5 晋书	唐·房玄龄	130
6 宋书	梁·沈约	100
7 南齐书	梁·萧子显	59
8 梁书	唐·姚思廉	56
9 陈书	唐·姚思廉	36
10 魏书	北齐·魏收	114
11 北齐书	唐·李百药	50
12 周书	唐·令狐德棻	50
13 隋书	唐·魏徵	85
14 南史	唐·李延寿	80
15 北史	唐·李延寿	100
16 旧唐书	后晋·刘昫	200
17 新唐书	宋·欧阳修、宋祁	225
18 旧五代史	宋·薛居正	150
19 新五代史	宋·欧阳修	74
20 宋史	元·脱脱	496
21 辽史	元·脱脱	116
22 金史	元·脱脱	135
23 元史	明·宋濂	210
24 明史	清·张廷玉	332

5. 文学自觉与文史分家

自《汉书》以后，中国文学以独立的态势迅猛发展。东汉末年，以《古诗十九首》为代表及挂名"苏李诗"的五言诗开一代先声。"它们在对日常时世、人事、节候、名利、享乐等咏叹中，直抒胸臆，深发感喟。在这种感叹抒发中，突出的是一种性命短促，人生无常的悲伤。"① 到三国魏时的三曹父子，"对酒当歌，人生几何"的喟叹进一步突出了人在天地间的地位，与"人"更为密切的"文"同时被提升到更为瞩目、更加光耀的时空之中。鲁迅说："曹丕的一个时代可说是文学的自觉时代，或如近代所说，是为艺术而艺术的一派。"② 因为"文学自觉"了，所以，文学不再是史学的附庸，文学与史学从此分道扬镳，这就是中国学术史上的"文史分家"。嗣后，史书不再进入文学史的收录范畴，史学对文学的影响渐渐式微，正如李贺所言："渭城已远波声小。"

尾声：龙门屹立 大河东去

往事越千年。黄河之水依然从天而来，奔流到海不复回。在黄河韩城段芝川镇的韩奕坡悬崖上，巍然屹立着一座雄伟的祠庙，那就是司马迁的祠堂和墓地，也称"太史祠"。两千多年前，司马迁出生在这里，尔后，司马迁回到了这里。这里是他的出发点，也是他的归宿地。可是，司马迁写完《史记》后，不知所终，怎么会有墓地呢？原来，晋永嘉四年（310 年），汉阳太守殷济因仰慕司马迁的为人，在此修建了司马迁的祠堂。建祠后，有祠无墓便成为殷太守的一大遗憾。为此，殷太守在后园为司马迁建了一个衣冠冢，这也是古人处理类似问题时的一种惯常做法。后来，元朝蒙古人入主中原，元世祖忽必烈敕命重建司马迁墓。据说。忽必烈在《史记》中看到自己民族的历史，大为感动，下令按蒙古族的习惯，为司马迁修筑一座类似蒙古包的圆形砖石墓。如今，青松翠柏掩映着司马迁的坟茔，象征司马迁的英灵永驻天地，万古长青。

登上九十九级台阶，抵山门，见牌坊。两座牌坊上分别书有"高山仰止"和"河山之阳"八个大字，让人想起"迁生龙门，耕牧河山之阳"的司马迁的少年时代；也让人想起"高山仰止，景行行止"的两千年来人们对司马迁的景仰。再往前行，是前文提到的唐代史家褚遂良手书的"梦碑"，然后是正殿及正殿中央司马迁的塑像。正殿的廊柱上有一副楹联：

---

① 见王瑶《中古文人生活·文人与药》，转引自李泽厚《美的历程》。
② 见鲁迅《魏晋风度及文章与药及酒之关系》。

刚直不阿留得正气凌霄汉；

幽而发愤著成信史照尘寰。

也许，这就是司马迁的墓志铭吧！类似的"墓志铭"还有很多，正殿周围是历代名人凭吊和歌颂司马迁的诗文。年年岁岁，岁岁年年，前来凭吊史圣司马迁的人们络绎不绝。

司马迁已然走远，但人间至今保留着他的祠庙和碑铭。其实，司马迁的纪念碑并非只在韩城，他真正的纪念碑在《史记》。如普希金所言："我用诗为自己修筑了一座非人工的纪念碑。"[①] 司马迁也一样，他用《史记》为自己修筑了一座非人工的纪念碑。这种纪念碑到处都是，遍及世界各地，而且，将长远地、永恒地存在下去，直至不可言说的未来！

参考文献

1. （西汉）司马迁. 史记 [M]. 北京：中华书局，2011.

2. 鲁迅. 鲁迅全集：9. 汉文学史纲要. [M]. 北京：人民文学出版社，1991.

3. 木心. 文学回忆录 [M]. 桂林：广西师范大学出版社，2013.

4. 韩兆琦. 史记讲座 [M]. 桂林：广西师范大学出版社，2008.

5. 韩兆琦. 史记精讲 [M]. 北京：中国青年出版社，2008.

6. 赵仲牧. 赵仲牧文集 [M]. 昆明：云南大学出版社，2013.

7. 李泽厚. 美学三书 [M]. 天津：天津社会科学院出版社，2003.

8. 刘大杰. 中国文学发展史 [M]. 上海：上海古籍出版社，1982.

9. 刘小川. 品中国文人 [M]. 上海：上海文艺出版社，2012.

10. 陈学勇. 关于传记作品文学性的通信 [J]. 书屋. 2014（3）：30 —33.

---

① 见《普希金诗选》。

《红楼梦》论稿

楔子： 初识曹雪芹

右翼宗学那棵亭亭如盖的大枣树下，两个年轻学子正窃窃私语。

"嗨，日前学堂新来了个舍夫①，此人似乎有些来历。"11岁的敦诚对哥哥敦敏（16岁）悄声说。

"是吗？我怎么没听说。姓甚名谁？"敦敏正翻阅一卷《白氏长庆集》，漫不经心地答道。

敦诚一把按下他手中的书卷说："就你，成天只晓得埋头读书，两耳不闻窗外事。告诉你，此人姓曹名霑，号雪芹。非但有来历，还挺有学问。"

这下，敦敏关注了："雪芹，曹雪芹，没听说啊！这倒奇了！一个舍夫，能有什么来历？能有多大学问？"

"人不可貌相，海水不可斗量。我见过这人，壮实的身板，面色稍黑，脑门倍儿宽倍儿亮，目光十分奇异。"敦诚连比带画地说。

"如何奇异？"

"我也说不上来，但见他平日里俯首低眉，目光深邃而游离，似乎总在想事，神不守舍的样子。"

敦敏笑道："你一个小屁孩懂什么？说出来一套一套的。"

敦诚恼了，一口驳道："你才不懂呢。告诉你，这种事只有小孩才懂。我问了几个小伙伴，他们跟我的感觉一模一样。跟你们这些大一点的说，全跟你一样：'一个舍夫，何足为奇'，都是不屑一顾的样子。"

敦敏忙道："哪里哪里，为兄并非不屑，改天带我去找他聊聊。"

---

① 舍夫：清代宗学堂里负责校舍管理和学生管理的教辅人员，曹雪芹曾在宗学堂任此职。因曹具有拔贡学历，后升任教习。

"此人轻易不跟别人说话，成天默默干庶务，连扫地抹桌子这些破事都干。"

"这些事自有校役去做，何必舍夫亲自动手？"

"谁说不是呢？可是，这位曹舍夫事必躬亲，只见他成天不吱声，忙出忙进的。"

"不吱声！"敦敏更奇了："不吱声怎么知道他有学问？"

"我也是听一朋友说的。这位曹雪芹平日里就一个闷葫芦，一喝酒就不同了，三杯下肚，妙语连珠。"

敦敏鼓掌道："性情中人啊，跟咱哥俩一个样。走，现在就去会他。"

敦诚悄悄拉了一下敦敏的衣袖："不用走，瞧，他来了。"

果然，在廊檐的阴影中，走出一个二十多岁的男子，中等身材，正握着一把长柄扫帚扫落叶呢。

二人相跟着走上前，敦敏合掌一揖道："曹教习，学生敦敏请安了！"

那人放下扫帚，合掌一揖道："不敢当，鄙人不过一舍夫而已，怎敢充当教习？二位前来，有何见教？"

是啊！冒冒失失地冲过来，说什么呢？二人面面相觑，一时反应不过来。愣了一下，还是做哥哥的敦敏机灵，从怀中掏出《白氏长庆集》说："听说曹教习学富五车，学生有一事求教。学生近日读白香山《宴散》诗，其颔联'笙歌归院落，灯火下楼台'。晏同叔谓'善言富贵'。陈师道却说：'非富贵语，看人富贵也。'更有人言，白居易不过'市井豪贾耳'。学生不解，何为'善言富贵'？请先生赐教。"

曹雪芹微微一笑，笑而不答。敦诚上前一把夺过他手中的扫帚说："此等小事自有校役去做，何须教习动手？您的工作是辅导学生。时辰不早，该用餐了，我哥俩请曹教习喝酒。一面喝酒，一面上课，如何？"

一听喝酒，曹雪芹笑意浓了，在衣襟上擦擦手说："也罢，承蒙二位看得起，咱就去喝一口。请——"

三人走出宗学堂，来到石虎胡同口一家小酒楼上坐下。敦诚伺候曹雪芹坐下，相互介绍间，敦敏已将酒菜点好。这酒店门面虽小，酒菜却不错，二斤灯盏牛肉冷片切得晶莹透亮，一大盘油炸花生米红香扑鼻，再加上一盘扬州狮子头和一锅青菜豆腐汤，几个主菜陆续上齐了，三人举杯祝酒。酒过三巡，曹雪芹脸色红润起来："适才敦敏兄弟的问题，看似品诗，其实大有学问。这'富贵'二字，世人成天向往、时时念叨。然而，又有几人真懂富贵？"

敦敏一听，果然开口不凡，忙说："就是就是。我弟兄二人那些同窗，几乎都是豪门子弟，成天炫富比贵。总是夸耀自家老爹那点权势，开口我爸是翰林，闭口他爹是提督。说什么跑官要官走门子的人在家门口络绎不绝，随便给个九品从八品，一个个乐得屁颠屁颠的，白花花的银子送了一包又一包。真个是日日笙歌、夜夜楼台。这算是富贵吗？"

曹雪芹不以为然地摇摇头说："晏同叔真的没说对，所谓'笙歌归院落，灯火下楼台'之句，的确不算'善言富贵'。真正善言富贵的是他儿子晏几道，晏几道那首《鹧鸪天》有句：'舞低杨柳楼心月，歌尽桃花扇底风。'这才叫'善言富贵'。"

敦敏道："此话怎讲？请教习详解。"

曹雪芹呷了一口酒说："欲善言富贵，必先知道何者为富贵。如不知富贵为何物，如何善言之。譬如喝酒，你不知道什么是好酒，如何品得出优劣？如何说得出好酒好在何处？何况，这富与贵本不是一回事，有富者未必有贵，有贵者未必有富。就说白香山吧，在院子里搭个台子唱几出戏，点上几盏灯火热闹热闹，这不过是土财主、暴发户的低档娱乐，怎么能叫富贵呢？"

"那什么，晏小山那句'舞低杨柳楼心月'……"

"那就不一样了，那是真懂富贵的人才说得出的话。句中'低'乃使动用法，使之'低'也。富贵人家的歌舞，让从杨柳树梢头照下的月光渐渐低了下去，说明什么？月亮升高了，夜已深而曼妙舞步仍在继续；这是一个夏夜，仕女们本来都摇着桃花扇，然而，婉转的歌声令她们全神贯注，手中的扇子不知不觉都停下来了，这就是'歌尽桃花扇底风'。不是真正的富贵人家，哪能有这般排场？"曹雪芹一顿又接道："其实，晏小山词中的此类句子很多，那种富贵人家的绮丽和奢华，溢于言表。"

敦诚似懂非懂地说："听曹教习这么一说，学生还是懂了一点，晏小山的词仅在字面上就婉丽得多，不像白香山那样直白。"

曹雪芹点头道："所以说，没见过真正的富贵，如何写得出真富贵？再说这吃菜吧，一个土老帽，一辈子没见过什么好菜，认定红烧肉是天下第一佳肴，二位说，跟这种人，谈什么美食。庄子说，对井蛙不可以说海，对夏虫不可以语冰，就是这个道理。"

敦敏接道："没错，说了也白说，听不懂呗。不过，学生还有一点不明白，按理说，晏同叔官至宰相，晏小山不过做到通判之类小官，何以做小官的倒比做大官的更懂富贵呢？"

曹雪芹愀然道："正因为晏几道他爹是大官，他才真懂富贵，因为他从小享尽了荣华富贵。后来家道中落了，晏几道只做过几任小官，可是，荣华富贵已经印在他的骨子里。晏殊不一样，晏殊是苦出来的，苦寒也印在他骨子里，缘此，官做得再大，也没有他儿子那点富贵心态，一不留神，苦寒的老底就露出来了。司空图说：'神存富贵，始轻黄金。'老子说：'大音希声，大象无形。'真正的富贵者不会到处显摆，暴发户才会到处炫耀，可是，越是炫耀，越是暴露出骨子里头的贫贱。"

"学生听出来了，其一，家世和少年时代的经历在很大程度上决定了一个人一生的见识；其二，精神上的富贵才是真正的富贵。学生的理解对吗？"敦敏大悟似的说。

"正是！"曹雪芹点头赞道。

敦诚接道："那么，真有富贵又如何呢？"

曹雪芹笑道："富贵如过眼烟云，富贵之后一无所有，是空。"

"这么说，荣华富贵并不实在，好像一个梦。"敦敏若有所思地自说自话。

曹雪芹拍案道："没错，孺子可教也！"

敦敏笑道："我兄弟二人愿拜先生为师，望曹教习不吝赐教。"

曹雪芹大笑："为师不敢当，为友则欣慰哉。我比二位大不了几岁，不必称什么老师，叫我曹兄便是。"

敦敏、敦诚两兄弟也大笑："既如此，我俩就不客气了。"二人洗盏更酌，满上一杯，说："曹兄请，干杯！"

一、《红楼梦》写作之谜

1. 敦氏兄弟的见证

以上是笔者对曹雪芹从南京到北京宗学堂任事时的一段现场特写，不言而喻，是在史料基础上加以合理想象的一段演绎。之所以不吝笔墨添加一点细节，是因为这些细节很重要，它展现了曹雪芹与敦敏、敦诚两兄弟结识的过程，其中特意拈出的"富贵"二字，是《红楼梦》的重要理念之一。据考，曹雪芹从 20 岁左右构思《红楼梦》，在宗学堂任职时，《红楼梦》（当时还没有正式确定名称，一般称《石头记》）的写作已在进行中，而且已经有一定数量的手稿。此时，他与敦敏、敦诚见面了，他们相见的第一面很重要，正是这相见恨晚的第一面，开启了曹雪芹与这两兄弟一生的友谊。敦敏、敦诚两兄弟自结识曹雪芹后，一直关注《红楼梦》的写作，直到曹雪芹去世。曹雪芹病逝时，《红楼梦》前 80 回已经完稿，后 40 回可能是因为草稿遗失，也有可能是他还没写完。敦敏、敦诚两兄弟与脂砚斋（相传为曹雪芹的红颜知己）不仅帮助曹雪芹誊抄手稿，脂砚斋还作了极其精彩的批注与点评，换言之，这三人是曹雪芹写作《红楼梦》的见证人。笔者认为，仅就这点而言，关于"《红楼梦》是否真是曹雪芹所写"这一疑论应该不攻自破、完全不能成立。①

---

① 据清代经史考据家周春《阅红楼梦随笔》考证，曹雪芹确实是《红楼梦》前八十回的唯一作者。详见《曹雪芹拥有〈红楼梦〉著作权的又一新证》，载《红楼梦学刊》，2014 年第 2 期。

2. 依然疑幕重重

可是，怀疑仍然存在，这种怀疑是正经八百地空穴来风。① 就是说，怀疑有一定的根据、有一定的来由。何以见得？不妨作一个比较。时下，某些倚老卖老之徒的"我的人生感悟""破解某某天机"之类的言论被炒得很热闹，但在笔者看来几乎全是胡言乱语，大多是一些假话、空话和套话，实在没有哪怕一点点的"感悟"。按理说，这伙人比曹雪芹活得长，几乎是曹雪芹岁数的两倍，他们的经历和见闻比曹雪芹多得多，大都经历了中国近百年（一般也有七八十年）风云变幻的社会历史。到最近几年，计算机和互联网所提供的海量信息、大数据和云计算更是曹雪芹辈不可想象的，而且，这伙人也是吃"学术"或"写作"这碗饭的，好歹也会写几个字。为什么这些人活了一辈子，几乎毫无感悟、更谈不上什么"破解"，而时值中年的曹雪芹竟能对人生、社会、宇宙具有极为深刻的感悟②并将其写进天书一样的《红楼梦》中？这就是问题。再把问题缩小一点，就说上文提到的"富贵"吧，在中国古代，谁能比皇帝更富贵，谁能比倒了台的皇帝更沧桑？是的，曹雪芹家道中落，曹家在曹頫时被查抄，斯时，曹雪芹才十三四岁。其后，家道稍有好转，曹頫一度出任内务府员外郎。乾隆五十三年（1788年），曹雪芹中举为贡生（拔贡）。就在这一年，康熙旧太子胤礽之子弘晳图谋政变，打算行刺乾隆，事败，被剥夺亲王爵位。曹家因与弘晳的关系密切而受到牵连，曹頫被革职，曹家从此彻底败落，从南京迁至北京，曹雪芹至宗学堂任事。这段时间，曹雪芹经历了家族的沧桑剧变，然而，如前所言，这种沧桑难道比得过皇家的沧桑？荣国府难道比得过紫禁城？大观园难道大得过颐和园？中国末代皇帝的遭遇世人有目共睹，这位曾经的"皇上"也写过自己的经历和感受③，可是，除场面和事件的精彩与独到之外，其中并没有更多的感悟，更谈不上什么破解。那么，生年不满半百的曹雪芹何以能写出看透中国社会乃至宇宙人生的巨著《红楼梦》呢？这个问题，

---

① 空穴来风，语出宋玉《风赋》："枳句来巢，空穴来风。"意谓事出有因，有根据。时下对该成语的使用完全错误，误用为"没有根据的""没有来由的"。这里按其原意使用。

② 《红楼梦》对中国社会历史乃至人生宇宙的感悟，通过《红楼梦》讲述的故事、《红楼梦》揭示的主题、《红楼梦》塑造的人物形象及《红楼梦》的艺术表现手法等方面展示出来，将在下文分而叙之。

③ 见爱新觉罗·溥仪《我的前半生》等著作。

是所谓"红学研究"很少关注并给予回答的问题。缘此,仅凭个人经历和家族沧桑来为曹雪芹写《红楼梦》提供依据,明显缺乏说服力。正因为如此,有人怀疑《红楼梦》并非曹雪芹所撰。

3. 《红楼梦》激活曹雪芹

如果《红楼梦》的作者不是曹雪芹,是谁呢?

笔者认为:不是曹雪芹又是曹雪芹。此话怎讲?这样说吧,《红楼梦》的作者,并非《红楼梦》写作之前的曹雪芹,是在思考和写作《红楼梦》的过程中、在《红楼梦》的创作中同时再生的作者曹雪芹。这是一种重要且普遍的生成现象,不独存在于文学创作活动中。在许多创作活动和创造性劳动中,创造主体与被创造的对象都互为对方存在的前提,都在创造过程中互相生成了对方。本书的上半部分曾说道,不知是司马迁写《史记》,还是《史记》写司马迁?在这里也一样,曹雪芹写《红楼梦》,《红楼梦》也在写曹雪芹。作为作者的曹雪芹,不再是一个混沌自然的曹雪芹,而是在艺术审美的创作过程中再生的自由的曹雪芹。这种再生,是从对人生的审视开始的——在北京西郊黄叶村的小溪岸柳、鸡声、茅舍的静谧中,曹雪芹细细研味了以往的人生历程,当年灯红酒绿的歌舞场,怎样变成了衰草枯杨的荒野坟地;当年朝笏满床的大厅,怎样变成了蛛网挂壁的陋室空堂;当年车水马龙的府第,怎样变成了门庭冷落车马稀的陋巷……这一切说明了什么?意味着什么?这是一个痛定思痛、长歌当哭的心路历程,不足为外人道,不可为外人知。如果要勾勒一下的话,李商隐的《锦瑟》为我们提供了一个借鉴。

"锦瑟无端五十弦,一弦一柱思华年。"仿佛弹奏着一张华美的琴瑟,一点一滴地回忆起已然逝去的美好年华。"庄生晓梦迷蝴蝶,望帝春心托杜鹃。"多么像一个梦啊,是庄生做梦变蝴蝶呢?还是蝴蝶做梦变庄生?恍兮惚兮,其中有象:一幅春心摇曳之象,一幅杜鹃啼血之象。"沧海月明珠有泪,蓝田日暖玉生烟。"多么美好的意象,正是盛世盛年光景,可是,海边的珍珠怎么像晶莹透亮的泪珠?而蓝田的美玉在日光照耀下生成一阵阵轻烟。"此情可待成追忆,只是当时已惘然。"这一切值得仔细回忆和认真思考,当时已经心有戚戚焉,似乎已经感到某种难以言说的怅然。在这番长时间的回顾和审视中,作者不知有多少回泪洒稿纸,不知有多少次气荡肠回?以至于不知何者为书?何者为我？不知是曹雪芹写贾宝玉，还是贾宝玉写曹雪芹？正是在这个物我两忘的过程中，曹雪芹成就了《红楼梦》，《红楼梦》也成就了曹雪芹，这是一个相互激活、相互造就的过程。这位浴火再生的曹雪芹，才是《红楼梦》真正的作者，缘此，他的感悟才格外深邃，他的破解才格外敏锐，由是，他才能写出天外传奇一般的《红楼梦》。

4. 为什么耄耋之徒毫无感悟

为什么若干耄耋之徒毫无感悟呢？笔者认为有以下几个原因。其一，他们没有经历过曹雪芹少年时代的繁华光景，思来想去都是些苦寒岁月。有朝一日熬到吃饱肚子且吃上红烧肉的时候，脑力已经枯竭。用马斯洛的理论来说，就是刚刚满足低层次的生理需求，人已经老去，再也来不及升华到思考和表现的高层次。其二，他们没有经历过曹雪芹那样从天堂到地狱的沧桑。要说吃苦，很多人比曹雪芹苦得多，只因没有对比，没有反差，辛苦一辈子也就变得麻木了。其三，他们不具备曹雪芹三代贵族家庭的文化熏陶和自幼积累的天赋才华。在艺术美学及其他很多领域，不得不承认的确有天才的存在。蓝田日光再暖，有玉才会生烟。日照一万年，土疙瘩还是土疙瘩。其四，他们没有曹雪芹那样痛定思痛、死去活来的审视和反思。苏格拉底说过，未经审视的人生是无价值的人生。很多人吃苦受罪并不少于曹雪芹，甚至有过之而无不及，然皆因"往事不堪回首"而放弃对人生的审视，包括说这句话的南唐后主李煜。如不然，论天才、论富贵、论沧桑，李煜哪点比曹雪芹差？可是，除了"恰似一江春水向东流"的哀愁外，他并无更多的感悟。其五，这种感悟必须在某种巨大的创作和发现中才得以完成。李后主拥有深厚的生活基础和极高的天赋，但他没有时间也没有条件从事像《红楼梦》这样的创作活动（被俘两年后即被杀），这大概是他未能产生更多更深感悟的原因。曹雪芹的感悟，是在《红楼梦》的写作过程中一点一点被激活的。所以，曹雪芹在创造《红楼梦》的同时，创造了一个新的自己。说到这点，木心有同样的见解：

> 《红楼梦》纯是虚构，而背景来自曹雪芹的记忆。我们童年少年的见闻，当时不理解，正好在不理解，囫囵接受了，记住了——艺术家有一种灵智的反刍功能，他凭记忆再度感受从前的印象。这种超时空的感受是艺

术家的无穷灵感。《红楼梦》即是如此产生的。①

5.《红楼梦》的写作过程

《红楼梦》写了十年，用作者的话说，是"披阅十载，增删五次"。在此十年间，曹雪芹多次搬迁。他刚到北京时，住在蒜市口的曹家祖屋，随即从蒜市口迁至西单刑部街，再从刑部街迁至崇文门外卧佛寺，其后搬到西郊峒峪村一带。乾隆二十年（1755年）迁至黄叶村，在这里潜心写作《红楼梦》，同时，靠出售字画及风筝（曹雪芹擅长扎风筝）度日，日子过得很艰难。一天，敦敏到黄叶村看望曹雪芹，两人想喝口酒，曹雪芹竟拿不出一点下酒菜，只得采摘一点瓜花下酒，敦敏有诗云"瓜花饮酒心头乐"以记其事。其间（约1759年），曹雪芹曾往南京一游，此游有两个目的：一是拜望两江总督尹继善，有应聘为总督幕府门客的打算；二是故地重游，看看少年时代生活过的地方。大约这两桩事都不尽如人意，曹雪芹回京后闷闷不乐，敦敏有诗道：

> 少陵昔赠曹将军，曾曰魏武之子孙。
>
> 君又无乃将军后，于今环堵蓬蒿屯。
>
> 扬州旧梦久已觉，且著临邛犊鼻裈。
>
> 爱君诗笔有奇气，直追昌谷披篱樊。
>
> 当时虎门数晨夕，西窗剪烛风雨昏。
>
> 接䍦倒著容君傲，高谈雄辩虱手扪。
>
> 感时思君不相见，蓟门落日松亭樽。
>
> 劝君莫谈食客铗，劝君莫叩富儿门。
>
> 残杯冷炙有德色，不如著书黄叶村。②

敦敏在诗中委婉地劝说曹雪芹，君是高贵门第之后，现在虽然贫穷潦倒，但你下笔有奇气。往昔荣华富贵的梦幻早已觉醒，何必再去富豪门下求一杯残羹，还是安心回黄叶村写你的书吧！曹雪芹听从敦敏的劝导，安心著书，在黄

---

① 见木心《文学回忆录》。

② 见《四松堂集》敦诚《寄怀曹雪芹（霑）》。

叶村写完《红楼梦》前 40 回，这时，曹雪芹四十岁左右。其后，曹雪芹迁至西直门外白家疃一带，继续《红楼梦》后半部分的写作。那时，北京西直门外仍是郊外，敦敏常去看望曹雪芹，他笔下的曹雪芹家依然是土屋数间、断壁残垣："有小溪阻路，隔岸望之，土屋四间，斜向西南，筑石为壁，断枝为椽，垣堵不齐，户牖不全，而院落整洁，编篱成锦，蔓植杞藤。"曹雪芹在此写完《红楼梦》80 回（也可能是 120 回①）。书写完了，曹雪芹的生命也到了尽头。乾隆二十七年（1762 年），曹雪芹幼子因出水痘感染不治而殇②，曹雪芹感伤过度，自己也病倒了。尽管他自己懂医术，但医不自医，再加上贫穷，请不起什么高明的医师，竟一病不起。次年（1763 年）除夕病逝，享年 49 岁。敦敏挽诗道："四十萧然太瘦生，晓风昨日拂铭旌"。

6.《红楼梦》的版本及续书

《红楼梦》尚在写作之际，因为脂砚斋等人的誊抄及点评，已有手稿在坊间流传。曹雪芹死后不久，以《石头记》为名的手抄本在坊间不胫而走，渐渐流传到市场上，颇得读者珍爱，很多人不惜重金以求，先睹为快："好事者每传抄一部，置庙市中，昂其值得数十金。"乾隆五十六年（1791 年），一位叫程伟元的书商全力收集了在市面上传了近 30 年而无全本、无定本的《红楼梦》稿本，在其友人高鹗的帮助下，对各种版本的手稿"截长补短，抄成全部"，用活字排版印刷出来。由是，《红楼梦》第一次以一百二十回的形式正式出版，是为程甲本。次年，在程甲本基础上又做了一番"广集核勘"的修订工作，重新排印出版，是为程乙本。因曹雪芹手稿的后四十回失散（或未写完），高鹗在校勘时续写了后四十回（也有人认为，高鹗手头有后四十回的残稿，在此基础上加工完善）。不少人对高鹗续写的后四十回颇多非议，斥之为"狗尾续貂"，如俞平伯说：

> 从高鹗以下，百余年来，续《红楼梦》的人如此之多，但都是失败
> 的。这必有一个原故，不是偶合的事情。自然，续书人底才情有限，不自

---

① 最后 40 回的书稿失散，现今出版的《红楼梦》中的后 40 回一般认为是高鹗续写的。
② 注：曹雪芹前妻于 1762 年病故，曹雪芹续娶后得幼子。

量力，妄去狗尾续貂，是件普遍而真确的事实，但除此以外，却还有根本的困难存在，不得全归于"续书人才短"这个假定。我以为凡书都不能续，不但《红楼梦》不能续，凡续书的人都失败，不但高鹗诸人失败而已。①

平心而论，众人的批评不无道理。高鹗，字兰墅，别号红楼外史，辽东铁岭人。他是一个平庸而谨小慎微的小吏，居官考核多次得到的评语是"操守谨，政事勤"之类，与曹雪芹的才情气质、经历见识不可同日而语。高鹗在失意困居的时候补写《红楼梦》，怎么可能产生曹雪芹那种吞吐河山、涵盖四野的气势？缘此，《红楼梦》后四十回笔力孱弱，收束草率，明眼人一读即知。如果按曹雪芹前八十回的思路和气势写下去，《红楼梦》的最后结局将是以贾家为代表的四大家族的彻底败亡和无情毁灭，用贾政本人的话说，是"一败涂地"。真有胆识续写《红楼梦》，得按曹雪芹这个既定方针写下去，怎么能中途转向，变成贾家振光、柳暗花明的结局呢？当然，话还得说回来，也不能说高鹗的续作完全失败，至少他大体上延续了《红楼梦》开篇即定的基调："落了片白茫茫大地真干净。"他让贾宝玉在功成名就之际毅然出走，跟随茫茫大士、渺渺真人当和尚去了。在这点上还是不错的，尽管"沐皇恩贾家延世泽"一回写得很假，但在最后一回，高鹗还是为《红楼梦》勾勒出一个大悲剧的结局。要不然，他可以接着兰桂齐芳、天恩浩荡的思路写下去。贾宝玉高中第七名举人，是要上金銮殿面试的，大可以再给他来个进士及第的状元、榜眼、探花之类，再来个钦点翰林。如是，《红楼梦》的最后一句是：从此，贾宝玉和薛宝钗过着幸福的生活。假如真这样写，能拿他怎么样？没准，《红楼梦》还会因此更加畅销，因为一般中国读者更喜欢大团圆的结局、更接受大团圆的结局。但高鹗没有这样写，所以，他的续作还算可以，如蒋和森所说："总的看来，补书基本上遵循曹雪芹的原旨，保持了全书的悲剧主题，使很多读者产生连成一体的印象。"②

高鹗真是《红楼梦》后四十回的作者吗？对于这个问题一直有争议。因为

---

① 俞平伯《红楼梦研究》。
② 蒋和森《红楼梦论稿·红楼梦引论》。

程伟元一再强调，他和高鹗所做的工作不过是对《石头记》进行增补删定，即将一些失散的手稿连缀成篇，至多是添加一些文字将故事完善起来。有好事者用电脑将前八十回与后四十回的用词造句手法进行统计比较，提出前后两部分实为同一作者的说法。有位余国藩先生认为，后四十回与前八十回"精神庶几近之，已经深得原著之三昧"①。缘此，有的出版社对《红楼梦》的作者做出新的认定，将原来的"曹雪芹、高鹗著"改为"（前八十回）曹雪芹著，（后四十回）无名氏续，程伟元、高鹗整理，中国艺术研究院红楼梦研究所校注"②。如是，算是有了一个各方面都能接受的方式，该版本的《红楼梦》也成为迄今为止比较权威的《红楼梦》文本。

---

① 转引自《红楼梦学刊》2014 年第 2 期。
② 《红楼梦》，人民文学出版社 2008 年版。本书中所引《红楼梦》原文均照此版本，以下不一一标注。

二、《红楼梦》故事梗概新编

按"文本自足"（self-referentiality）的理论，文本具有自身的系统性、指向性及自足性，任何对文本的阐释，首先得立足文本本身，其次是文本之外的旁征博引，最后才是文本之外的加工和联想。如果立足于从程甲本至人民文学出版社 2008 年版的《红楼梦》文本，读者能从中观赏到什么样的内容，领略到什么样的意旨，感悟到什么样的哲理，破解出什么样的天机，品尝到什么样的情趣呢？

1. 时空模糊的障眼法

头绪纷繁，从何说起？还是先对《红楼梦》故事梗概来一番梳理吧。

从前——说到《红楼梦》故事发生的时间，不得不使用这个最原始的时间概念"从前"，因为作者并未交代故事发生的具体时间。不像《三国演义》发生在三国，《水浒传》发生在北宋，就连神魔小说《西游记》的主体故事的时间也可确定为唐代。唯独《红楼梦》，这个最具人间烟火气息的故事，却不知其发生在何朝何代。曹雪芹是清乾隆时期人，红楼故事中的很多情节确乎是清康、雍、乾时期若干重大事件的投影，然而，故事中的男人并未留辫子，从衣着到发型全是汉式。或为唐，或为宋，或为明，不过，从故事涉及的人或事而言，以明朝为背景的可能性最大，毕竟，明代是与清代最接近的汉族统治时代，而且，文中提到的"近人"——倪云林、唐伯虎、祝枝山等确实是明朝人。

在某处——说到《红楼梦》故事发生的地点，也只能用这种大而化之的表述，因为作者并未交代故事发生的地点。据贾雨村说，宁、荣二府的老宅在石头城，就是南京。那么，宁、荣二府的新宅在哪里呢？就风物气候而言，故事极有可能发生在北京。后世红学研究者甚至认为大观园就在北京的恭王府，可是，原作中并未明确说明地点，读者也只能意会而已。

此种故意模糊了时空背景的写法，是一种障眼法，意在表明故事的虚构性质，与作者反复强调的"假语村言"互为表里。清代是一个文字狱盛行的时代，红楼故事的若干情节与清康、雍、乾时期的重大事件有联系，曹雪芹使用模糊时空背景的障眼法（古书称之为"烟云模糊法"），可以免遭文字狱的迫害。但亦可作另一种理解，即作者有意跳出某一时代某一地区的局限，让故事反映中国社会更加深刻、广泛的社会历史背景及其内涵，正所谓"年年岁岁花相似""处处无家处处家"。既如此，又何必去考证红楼故事的具体时间和具体地点呢？

2. 中国版的"豪门恩怨"

从表层看，《红楼梦》是一个中国版的"豪门恩怨"或"贵族之家"的故事。这些豪门贵族就是以贾家为代表的所谓"四大家族"，即贾家、史家、王家和薛家。用应天府小吏提供的"护官符"说，是"贾不假，白玉为堂金作马；阿房宫，三百里，住不下金陵一个史；东海缺少白玉床，龙王请来金陵王；丰年好大雪，珍珠如土金如铁"。这是用夸张的笔法形容四大家族的大富大贵。其实，小说集中表现的只有一家，就是故事主人公贾宝玉所在的贾家，其余三家仅以背景形式穿插出现在故事的不同时段中。

说起这个贾家，还真有些来历。这是由开国元勋宁国公和荣国公开创的大家族，虽不像三国时代袁绍家那样"四世三公，门生故吏遍天下"，却也差不太多了——贾家是三世高官，门生故吏遍京华。故事中出现的主要角色有：宁国府贾敬（文字辈）之子贾珍（玉字辈），他承袭了宁国公的爵位，为三品威烈将军，娶尤氏为妻。贾珍之子叫贾蓉（草字辈），其父出一千二百两银子为他买了个官职，为五品龙禁尉，娶秦可卿为妻（未得官之前娶的，五品龙禁尉是在秦可卿死时买到的）。秦可卿是红楼故事中最神秘的人物，其养父秦业是工部的一个小吏，据说秦可卿是从养生堂中抱养的孤儿，可是，秦可卿那种天生丽质和雍容华贵，绝非普通人家出身。况且，一个小吏领养的孤儿能嫁到宁国府贾家吗？在讲究门当户对的时代绝无可能，所以，这秦可卿并非等闲之辈，上述所言只是表面文章。深层故事《刘心武揭秘〈红楼梦〉》中有所破解①，其说有一定道理，大意如下：秦可卿原型的真实身份是清康熙皇帝次子、被废太子胤礽的女儿。她在太子第二次被废时趁乱被偷移出太子府，一直藏匿在与被废太子关系密切的贾家宁国府中。对外则说她是工部营缮郎秦业的养女，是从养生堂领养的孤儿。一晃十几年过去了，渐渐长大成人的秦可卿被"嫁"到贾府与贾蓉为妻，其实她从未离开过宁国府。所谓嫁与贾蓉为妻也是假的，实际上，秦可卿是贾珍的情人，与贾蓉只是名分上的夫妻关系，这是贾府公开的秘密。缘此，喝醉了酒的焦大才会公然骂道："爬灰的爬灰，养小叔子的养小叔子。"这点，在《红楼梦》文本中已显现端倪。说《红楼梦》故事涉及清康、雍、乾时期的重大政治斗争，就是指这些情节。然而，曹雪芹的《红楼梦》是不是刻意表现宫闱秘事而以贾宝玉的故事作为掩护呢？否！应该这样说，围绕着秦可卿的宫闱秘事不过是红楼主线故事的背景之一，曹雪芹通过它来展示人生、描写人生，而不是把人生浓缩为宫廷政治斗争。某些津津乐道于"揭秘"的人一味沉迷于当时社会上层政治斗争的那点破事，忽视了红楼主线故事所包含的更为广泛的价值和更为深沉的审美理念，无疑是本末倒置。

3. 其实只是一个大家族②

在《红楼梦》中，宁国府的故事不多，重点在荣国府。荣国公的长子叫贾代善（代字辈），娶金陵史家的小姐为妻，是为贾母。史家是保龄侯尚书令史公之后，贾母亦称史太君，贾母的侄孙女叫史湘云，在《红楼梦》中有一番故事。贾代善有两个儿子，长子为贾赦，次子为贾政（文字辈）。按清律，只有一个儿子可以世袭官位，如是，贾赦袭了爵位。大哥世袭了爵位，贾政只能以科甲出身。后因皇上体恤功臣，额外赐贾政一个官职——工部主事，后来升迁为工部员外郎。再后来又升迁为工部郎中，仅次于工部尚书和工部侍郎。这样，贾政不仅是体制中人，而且在体制中混得有模有样。然而，他的儿子贾宝玉就没有那么好的运气了，宝玉既不能世袭（像贾蓉、贾琏那样），也不可能再得到皇上的青睐赐他一个官职（像他爹那样）。他若想进入体制、出人头地，

---

① 详见刘心武《刘心武揭秘〈红楼梦〉》。

② 当代一些红学研究者认为《红楼梦》写了贾、王、史、薛四大家族，但笔者认为其实书中集中表现的只有一家即贾家，其余三家皆是背景，而且，贾家中重点写的是贾政一家。

只有一条路可走，那就是科举，即"以科甲出身"。贾宝玉不同凡响的抗争之路也正是在这个背景下展开的。

再说说荣国府贾家其他家庭成员，贾赦的老婆是邢夫人，邢夫人并非原配，是填房。贾政娶王家小姐为妻，是为王夫人，王夫人是都太尉统制县伯王公之后，是王子腾的妹妹，王子腾曾任九省统制。薛姨妈是王夫人的妹妹，嫁到薛家，故称"薛姨妈"，是故事中女主人公之一薛宝钗的母亲。薛家是紫薇舍人薛公之后，职务是内府帑银行商。薛宝钗的哥哥薛蟠继承其父之业，从事政府银行业，专管政府采购。说到这，不妨说一个小插曲：一天早朝，皇上问一大臣用何早餐，该大臣说，吃了四个荷包蛋。皇帝叹道，一两银子一个的鸡蛋你敢吃四个，你比朕还富有啊！大臣一听愣住了，市面上的鸡蛋不过一个铜板一个（或几个），怎么可能是一两银子一个呢？可见皇上受蒙蔽之深，完全不了解行情。正是在这种情况下，官商勾结，大赚朝廷的钱，归根结底是赚百姓的血汗钱。就这样整，能不富得流油吗？难怪这薛家是"珍珠如土金如铁"。

回到贾府，西府贾赦的儿子叫贾琏，有人称他为"琏二爷"，可见他上面还有一个哥哥，只是未出场而已。贾琏娶王家小姐、王夫人的侄女王熙凤为妻，她就是故事中的重要人物"凤姐"。西府贾政有三个儿子，长子贾珠（玉字辈）因病早逝，在故事中出场的只有他的遗孀李纨和儿子贾兰（繁体为"蘭"，草字辈）。次子贾宝玉是故事的男主人公，人称"宝二爷"，整个《红楼梦》的故事就是围绕他展开的。三子贾环是贾政与姨太太赵姨娘所生。贾政还有两个女儿，长女贾元春，被选入东宫做女官，后来做了皇妃。次女贾探春，为赵姨娘所生。与探春一起入住大观园的还有贾迎春和贾惜春，迎春是贾赦的女儿，惜春是贾珍的妹妹，只因贾母心疼孙女们，让她们都搬进大观园中居住。

最后得说一下故事的女主人公林黛玉。黛玉的母亲是贾母的女儿，贾赦、贾政的妹妹，嫁给扬州林如海为妻。林如海夫妇曾有一个三岁的儿子，不幸夭折。所幸还有一个女儿，即林黛玉，夫妻俩对女儿格外珍爱，将她当儿子来养，从小教她读书识字。贾雨村是林黛玉的家庭教师，护送黛玉到荣国府的就是这个贾雨村。贾雨村通过贾府的门路，谋到应天府知府的职位，后升迁至大司马，因为贪污受贿徇私枉法，又被革职，成了平头百姓。因为贾雨村历经了贾府由盛而衰的整个过程，《红楼梦》最后由这位贾雨村来作总结，这就是最后一回"甄士隐详说太虚情 贾雨村归结红楼梦"。

再说林黛玉，林黛玉特别聪明清秀，天赋极高，小小年纪便熟读诗书。黛玉六岁时，母亲不幸病故，林如海不得不将她送到外婆贾母和舅舅贾政家代为照看。《红楼梦》的主线故事便随着林黛玉的出场开始了，小说开篇所叙的神话传说、贾府家世、贾雨村与冷子兴的对话等等，不过是序幕而已。

4. 人生若只如初见

林黛玉的出场也带出了贾宝玉的出场，《红楼梦》男女主人公的出场是一次电光火石般的碰撞，是一次震撼心灵的会面。出现在贾宝玉面前的林黛玉，是一个清纯美丽，仿佛闪耀着圣洁光辉的小女神，难怪他要惊呼，天上掉下个林妹妹。出现在林黛玉眼中的贾宝玉，是一个"面若中秋之月，色如春晓之花，鬓若刀裁，眉如墨画，面如桃瓣，目若秋波。虽怒时而若笑，即瞋视而有情"的美少年。而两人共同的感觉是似曾相识。林黛玉心下想："好生奇怪，倒像在那里见过一般，何等眼熟到如此！"贾宝玉干脆说："这个妹妹我曾见过的。"这不是一般意义上的熟悉感，是来自心灵深处和精神气质层面的认同感。用库利"镜中我"理论来阐释——对方好像一面镜子，双方都在这面镜子中照见了自己、发现了自己。就在这温馨而欢快的氛围中，贾宝玉那种与生俱来的叛逆性格和批判精神露出冰山之一角。这一情节是取字和问玉。宝玉笑道："我送妹妹一妙字，莫若'颦颦'二字极妙。"探春便问何出。宝玉道：《古今人物通考》上说，'西方有石名黛，可代画眉之墨。'况这林妹妹眉尖若蹙，用取这两个字，岂不两妙！"探春笑道："只恐又是你的杜撰。"宝玉笑道："除《四书》外，杜撰的太多，偏只我是杜撰不成？"宝玉又问黛玉："可也有玉没有？"黛玉说："我没有那个，想来那玉是一件罕物，岂能人人有的。"宝玉听了，登时发作起痴狂病来，摘下那玉，就狠命摔去，骂道："什么罕物，连人之高低不择，还说'通灵'不'通灵'呢，我也不要这劳什子了！"此举看似一个少年的莽撞之举，其实是宝玉本真性格的显现，前者表现出对他者的怀疑和批判——"他们"能杜撰，为什么我不能杜撰？后者表现出对自己的怀疑和批判：都说那"通灵宝玉"是我的命根子，可我就是不要它，在我眼中，它不过是个劳什子而已。贾母急得搂了宝玉道："孽障，你生气，要打骂人容易，何苦摔那命根子！"宝玉满面泪痕泣道："家里姐姐妹妹都没有，单我有，我说没趣。如今来了个神仙似的妹妹也没有，可知这不是个好东西。"在这里，贾母那一声"孽障"叫得好，贾宝玉就是一个"孽障"，一个现存社会制度的孽障，一个既定历史传统的孽障，一个主流意识形态的孽障，从这个角度入手，便可切入《红楼梦》的深层故事——"一个孽障的故事"。《红楼梦》最初的书名叫《石头记》，这块石头本是女娲补天后遗漏下的神奇之材，是一块打不碎、砸不烂、烧不化的顽石，它又坚又硬，屹立于天地之间。它流落人间一遭，走过了自己的路。这条路，是一条怀疑与探求之路、一条反叛与抗争之路，一条自由与审美之路。走在这条路上的贾宝玉，向世人充分展示了他的性格与命运，他的悲欢与浮沉，他的存在与虚无，在"红楼"这个舞台上，上演了一出"悲金悼玉的红楼梦"。让我们沿着这条主线，勾勒出红楼故事的主要轮廓。

5. 金玉良缘与木石良缘

继林黛玉之后，贾宝玉生命中第二位重要女性出场了，这就是薛宝钗。薛宝钗进京的目的是考宫廷女官，即陪伴公主、郡主读书的陪读女郎，希望日后升个才人、赞善那样的女官，像贾元春那样。薛姨妈是王夫人的亲妹妹，薛宝钗自然住进了荣国府，贾宝玉和薛宝钗见面了。薛宝钗"品格端方，容貌丰美，人多谓黛玉所不及"。因年龄稍长于贾宝玉，故宝玉呼之为"宝姐姐"。薛宝钗为人随和，很会做人，即使跟那些小丫鬟也能玩在一起，"故比黛玉大得下人之心"。这样一位丰腴美丽且颇具亲和力的宝姐姐，为贾宝玉的情感世界开启了另一个窗口，贾宝玉喜欢接近这个窗口。就贾宝玉而言，这是自然而然、浑然不觉的。可是，敏感的林黛玉对此很不高兴，宝黛二人青梅竹马的友情开始出现裂痕。更令林黛玉不安的是，这薛宝钗居然有一个金锁，上錾八个字"不离不弃，芳龄永继"，与贾宝玉的通灵宝玉正好相应（贾宝玉"通灵宝玉"上刻的八个字是"莫失莫忘，仙寿恒昌"），所谓"金玉良缘"之说由此而来。爱情与婚姻是人生舞台上的一出大戏，在《红楼梦》中，贾宝玉与林黛玉、薛宝钗的爱情故事占了很大分量，通过它，最大限度地展示了贾宝玉的性格和命运。

6. 贾府的神秘人物

其后，秦可卿出场了。一日，东府（宁国府）梅花盛开，贾珍之妻尤氏请贾母一行人赏花喝酒，贾宝玉随行到了东府。午后，宝玉倦怠，随秦可卿到她的卧室小憩。当时有个嬷嬷说："那有个叔叔往侄儿房里睡觉的理？"被秦可卿笑骂一番。贾宝玉对秦可卿的卧室很好奇，刚到房门，便有一股细细的香气袭人而来，"宝玉觉得眼饧骨软，连说'好香'"。秦可卿的卧室是一处充满色情暗示的暧昧香巢。笔者认为，小说在这里以梦幻的笔法，含蓄地描写秦可卿引诱贾宝玉发生他生命中的第一次性关系，如果说，林黛玉让贾宝玉有了爱的觉醒，那么，秦可卿则让贾宝玉有了性的觉醒。换言之，是秦可卿让贾宝玉变成一个真正意义上的男人。表现这一情节的第五回"游幻境指迷十二钗　饮仙醪曲演红楼梦"是整个《红楼梦》小说中最重要的一回。除表现贾宝玉的性觉醒外，这一回还通过贾宝玉翻阅《金陵十二钗正册》《金陵十二钗副册》等情节，暗示了《红楼梦》中所有重要女性的生平和结局，是《红楼梦》全书的纲领性文本。如前所言，这一回的笔法扑朔迷离、含蓄隐晦，非仔细研读不能深解其中之味。其后不久，秦可卿突然在天香楼自缢身亡，贾宝玉闻讯大惊，"只觉心中似戳了一刀的不忍，哇的一声，直喷出一口血来"。这种心灵上的重创，让贾宝玉领略到生命脆弱、世事无常的一面，进而上升到对荣华富贵、权势地位的深度怀疑。在紧跟着的第六回《贾宝玉初试云雨情　刘姥姥一进荣国府》中，作者再次使用障眼法，有意将"再试"说成"初试"，刻意将宝玉与秦可卿的"云雨"模糊化。至此之后，再没有专门写过贾宝玉的"云雨"之事。这倒不是说"云雨"是什么坏事，并非像中国古代那些封建卫道士、伪君子所说的那样是"万恶之首"，恰恰相反，"云雨"是对男女性事的最含蓄也是最优美的描写。此说来自古老的《易经》，"《易经》第六十三卦，该卦由上坎下离组成，坎卦代表'水'、'云'和'女'，离卦代表'火'、'光'和'男'。两卦上下相重，阴阳交错，表示水火相会，男女相交。本来，天高地垂，无由接近，但通过云和雨可以把它们连为一体。同理，男女有别，各成一体，但通过性爱可以把他们结合为一。所以，'云雨'一词便成为男女交媾的代称"①。《红楼梦》后面的情节也有稍及性事的，那是写别的人。对贾宝玉着重写情。拿《红楼梦》与《金瓶梅》一比就知道了，前者着意写情，后者刻意写性。虽然两书在写作技巧上较为接近，但着眼点不同。道学家将《红楼梦》也归为"淫书"之列，实在是做贼心虚之举。

---

① 郑思礼《中国性文化：一个千年不解之结》。

秦可卿的突然死亡引得东府一片混乱。贾蓉倒显得没事一样，公公贾珍反而悲伤过度，不能理事，其妻尤氏能力有限，也不能料理规模庞大的丧事，只得请王熙凤出面帮忙。王熙凤正好施展她的治家本领，精神抖擞地将一场庞大的丧事办得井井有条。出殡当日，京城各路官员大都前来祭拜，连北静王等四位王爷都出动了。北静王专门召见了贾宝玉，对宝玉很是赏识，对贾政道："令郎真乃龙驹凤雏……将来'雏凤清于老凤声'，未可量也。"北静王当场取出皇上所赐念珠一串，赠予宝玉作见面礼。宝玉后将念珠转赠黛玉，原有几分夸耀的意思，哪知黛玉朝旁边一扔说："什么臭男人拿过的，我不要他。"可见黛玉的清高孤傲远在贾宝玉之上，连封建统治的最高统治者——皇帝，在她眼中也不过是个"臭男人"而已。

7. 榴花开处照宫闱

秦可卿是东府潜在的政治资源，秦可卿之死，意味着东府的政治前景不妙。与此相反，西府贾政家的政治前景却突然看好，贾元春晋封为凤藻宫尚书，加封贤德妃，贾政喜气洋洋地进宫谢恩。有人认为，贾元春在秦可卿死亡之际突获晋升是有缘由的，原来，向当朝皇上告发秦可卿的正是这位贾元春。从很早开始，她就对东府那位神秘的秦可卿有怀疑，入东宫任赞善之后，她了解到若干宫廷内幕，方知秦可卿就是当年神秘失踪的郡主。为了自保也是保住其家人，她向当权者告发了这件事，得到当权者的赏识，很快得到晋级提拔。贾元春在"金陵十二钗"正册中的判词是"二十年来辨是非，榴花开处照宫闱"说的就是这件事。[①] 贾元春的晋升让西府贾政家迅速蹿红，由此走向大富大贵的巅峰。为了元春回家省亲，贾府兴建了大观园，才有后来发生在大观园中的一系列故事。

为了修建大观园和接待元春省亲，贾府耗费了大量钱财，用赵嬷嬷的话说，是"银子都花得淌海水似的"。以贾政一个工部员外郎的薪俸，在维持日常庞大开销的前提下，还要拿出大量银子建大观园，还得包括内廷太监夏公公之流时不时来打抽丰[②]，再加之层层转包工程的贪污，再多的收入也是入不敷

---

① 详见刘心武《刘心武揭秘〈红楼梦〉》。
② 打抽丰：占便宜。《红楼梦》第三十九回"村姥姥是信口开合 情哥哥偏寻根究底"："忽见上回来打抽丰的那刘姥姥和板儿又来了。"

出。贾家如何应对呢？只有加大对佃农的剥削，比如黑山村的乌庄头来交租，交得再多，贾珍还是不满意。加紧盘剥还不够，还要贪污受贿、徇私枉法，王熙凤等还发放高利贷，如此等等，才得以保证封建豪门贵族骄奢淫逸的生活。这正是曹家当年三次接驾的缩影。

8. 禁书的诱惑与启迪

贾元春驾临大观园时，贾母、贾政等人皆着朝服、以臣的身份叩拜。贾宝玉、林黛玉等没有官职，得等到元春发话后方能进入拜见。元春省亲后，下令将宝玉及众妹妹移入大观园内读书。宝玉住了怡红院，黛玉住了潇湘馆，薛宝钗住了蘅芜苑，贾迎春住了缀锦楼，贾探春住了秋爽斋，贾惜春住了蓼风轩，李纨住了稻香村。宝玉进了大观园后，既能成天和众姐妹待在一处，又可逃避贾政的日常督促，心满意足，十分快意。

谁知静中生烦恼，过于安静优渥的日子使宝玉渐生无聊感。宝玉的贴身小厮茗烟到外头书坊买来若干禁书，《会真记》《飞燕传》《武则天传》等，密与宝玉，让他高兴万分，成天偷读禁书。一日，林黛玉见他读书如此专注，顿生怀疑，因为宝玉读书从来不用功的。问他读什么书，宝玉慌忙答道："不过是《中庸》《大学》。"黛玉说："你又在我跟前弄鬼，趁早儿给我瞧。"宝玉遂将《会真记》递与黛玉。黛玉越看越爱，自觉词藻警人，余香满口。宝玉说："妹妹，你说好不好？"黛玉笑道："果然有趣。"林黛玉与贾宝玉在精神上的高度共鸣，很大程度上来自两人的审美情趣完全一致。《会真记》之类的禁书，给予他们追求爱情自由，反抗封建道德伦理的精神力量。林黛玉与薛宝钗、史湘云、花袭人等不同，从不鼓励宝玉认真读那些科举考试用的四书五经，从不规劝他走所谓"仕途经济"的道路。一日，贾雨村登门拜访，贾政唤宝玉出去会客，宝玉十分不情愿。史湘云说："还是这个情性不改。如今大了，你就不愿读书去考举人进士的，也该常常的会会这些为官做宰的人们，谈谈讲讲些仕途经济的学问，也好将来应酬世务，日后也有个朋友。没见你成年家只在我们队里搅些什么！"宝玉听了道："姑娘请别的姊妹屋里坐坐，我这里仔细污了你知经济学问的。"袭人道："云姑娘快别说这话。上回也是宝姑娘也说过一回，他也不管人脸上过的去过不去，他就咳了一声，拿起脚来走了。这里宝姑娘的话也没说完，见他走了，登时羞的脸通红，说又不是，不说又不是。幸而是宝姑娘，那要是林姑娘，不知又闹到怎么样，哭的怎么样呢。"宝玉道："林姑娘从来说过这些混账话不曾？若她也说过这些混账话，我早和他生分了。"这时，林黛玉正巧来到，听见史湘云说仕途经济一事，又听宝玉说："林妹妹不说这样混账话，若说这话，我也和他生分了。"林黛玉听了这话，不觉又喜又惊，又悲又叹。所喜者，果然自己眼力不错，素日认他是个知己，果然是个知己。所惊者，他在人前一片私心称扬于我，其亲热厚密，竟不避嫌疑。自此，黛玉对宝玉有了另一番心事，然而，眼下的黛玉寄人篱下，纵有千般心思，却只是万般无奈。每念及自己的身世及前途，只能独自伤感，暗暗垂泪。贾宝玉哪能体谅像黛玉这样敏感的女孩的心思，常常惹她生气。两人好一阵闹一阵，一般人都闹不清他俩吵些什么，只有宝玉的贴身丫鬟袭人看得出端倪。

9. 叛逆的代价

不几天，一件晴天霹雳般的突发事件让贾宝玉走到了生死关头。一日，贾宝玉去看望母亲王夫人，王夫人房中的丫鬟金钏对他说了几句玩笑话，被王夫人打了一顿。金钏气不过，投井自杀了。宝玉听说后极为伤感，神不守舍。就在这时，忠顺王府的长史登门拜访，说贾宝玉私交忠顺王爷最宠爱的戏子琪官蒋玉菡，因此前来责问蒋玉菡的下落。宝玉只得据实说蒋玉菡在城东紫檀堡买了房舍，可能住在那里。贾政一听怒火攻心，在当时，戏子是低人一等（或几等）的，像宝玉这样的贵胄公子怎能结交戏子呢？正在火头上，贾环又密告金钏投井之事，诬陷贾宝玉逼淫母婢金钏未遂，导致金钏投井自杀。贾政一听，不问青红皂白，命令家丁将宝玉找来，捆起来就是一顿暴打。众小厮下手不敢太重，贾政亲自动手痛打，打得宝玉皮开肉绽，奄奄一息。众人上前为宝玉求饶。贾政说："你们问问他干的勾当可饶不可饶！素日皆是你们这些人把他酿坏了，到这步田地还来解劝。明日酿到他弑君杀父，你们才不劝不成！"

王夫人闻讯前来求饶，贾政说："倒休提这话。我养了这不肖的孽障，已不孝；教训他一番，又有众人护持；不如趁今日一发勒死了，以绝将来之患！"说着，真要拿绳索勒死贾宝玉。贾政是宝玉的亲爹，如今这样发狠要弄死儿子，并非装模作样。常言道知子莫若父，贾政是深深意识到这个儿子的叛逆性和危险性，为了保全这个家族，不惜打杀自己的亲生骨肉。在这紧要关头，老太太贾母来了，颤巍巍一阵哭骂，吓得贾政跪地不起。这贾政是个孝子，在贾母面前只是唯唯诺诺地赔笑道："母亲也不必伤感，皆是作儿的一时性起，从此以后再不打他了。"贾母对着王夫人指桑骂槐地说："你也不必哭了。如今宝玉年纪小，你疼他，他将来长大成人，为官作宰的，也未必想着你是他母亲了。"贾政听说，忙叩头哭道："母亲如此说，贾政无立足之地。"贾母冷笑道："你分明使我无立足之地！"贾政只得苦苦叩头请罪。

贾母命将宝玉送到自己房中，好生调养，众人皆来探望。宝玉自思："我不过捱了几下打，他们一个个就有这些怜惜悲感之态露出，令人可玩可观，可怜可敬。假若我一时竟遭殃横死，他们还不知是何等悲感呢！既是他们这样，我便一时死了，得他们如此，一生事业纵然尽付东流，亦无足叹惜……"随后黛玉前来看望，见宝玉被打如此，伤心欲绝，说："你从此可都改了罢！"宝玉听说，便长叹一声，道："你放心，别说这样话。就便为这些人死了，也是情愿的！"至此，显现出贾宝玉性格的发展与成熟，其叛逆精神和反抗意识已从自然走向自觉，其后将从自觉走向自由。用屈原的话说，前者是"虽九死其犹未悔"；后者是"吾将上下而求索"。

宝玉的伤势一日好似一日，贾母心中自是欢喜。因怕贾政又叫他，遂命人将贾政的亲随小厮头儿唤来，吩咐他"以后倘有会人待客诸样的事，你老爷要叫宝玉，你不用上来传话，就回他说，我说了：一则打重了，得着实将养几个月才走得，二则他的星宿不利，祭了星不见外人，过了八月才许出二门。"那小厮头儿听了，领命而去。贾母又命李嬷嬷、袭人等来，将此话说与宝玉，使他放心。那宝玉本就懒得与士大夫诸男人接谈，又最厌峨冠礼服贺吊往还等事，今日得了这句话，越发得了意，不但将亲戚朋友一概杜绝了，而且连家庭中晨昏定省亦发都随他的便了，日日只在园中游卧，不过每日一清早到贾母、王夫人处走走就回来了，却每每甘心为诸丫鬟充役，竟也得十分闲消日月。或如宝钗辈有时见机劝导，反生起气来，只说"好好的一个清净洁白女儿，也学的钓名沽誉，入了国贼禄鬼之流"。一怒之下，将除四书外的别的儒学之书全焚了。众人见他如此疯癫，也都不向他说这些正经话了。独有林黛玉自幼不说劝他去立身扬名等语，所以深敬黛玉。①

---

① 《红楼梦》（第三十六回），北京：人民文学出版社，2008年版，第473页。本书《红楼梦》原文皆参考此版本，以下仅标注章回数和页码。

10. 探究死生之谜

如此安静地"宅"着，让宝玉有时间思考一些更深层次的问题，比如生死。一日，宝玉与袭人说到忠臣良将之死，袭人说："忠臣良将，出于不得已他才死。"宝玉大笑道："可知那些死的都是沽名，并不知大义。比如我此时若果有造化，该死于此时的。趁你们在，我就死了。再能够你们哭我的眼泪流成大河，把我的尸首漂起来，送到那鸦雀不到的幽僻之处，随风化了，自此再不要托生为人，就是我死的得时了。"此一节看似不经意，其实大有深意。王羲之在《兰亭集序》中说："死生亦大矣，固知一死生为虚诞，齐彭殇为妄作。"可是，什么样的死才不为虚诞、才不是妄作呢？王羲之没有回答，孔夫子也没有回答，只说："未知生，焉知死。"中国历代小说中打打杀杀、生生死死的场面很多，却很少将生死作为一个问题来探究。《红楼梦》通过贾宝玉的言谈，多次说到生死问题，这就体现出思想的深度。《红楼梦》的思考能上升到哲学层面，很大程度上凭借了这些"闲笔"。毛宗岗归纳的叙事方法十二条中有一条曰"笙箫夹鼓，琴瑟间钟"。就是说，在叙事中，"忙笔"和"闲笔"是交替进行的。缘此，在梳理红楼故事时，不可忽略了这些闲笔。

在这段悠闲的日子里，贾宝玉一会参加众姐妹的"海棠诗社"，一会去寻找刘姥姥信口胡诌的"茗玉小姐祠堂"，一会去参加贾母举行的酒宴，成天忙得很，众人送他两个绰号：一是"无事忙"，二是"富贵闲人"，恰如其分地说明了他在大观园中的身份。

11. 品茶的奥妙

一日，宝玉随贾母等到栊翠庵品茶，送走贾母及刘姥姥一行后，妙玉单独将黛玉、宝钗和宝玉请入耳房，亲自烹水沏茶请三人喝"体己茶"。妙玉吩咐将刘姥姥用过的茶杯扔了，宝玉会意，知道她嫌脏不要了。这时，妙玉替宝钗、黛玉二人用珍奇茶杯斟了好茶，却将自己平时吃茶用的绿玉斗拿来斟与宝玉。一个小细节，透露出妙玉对宝玉的暗恋。众所周知，即便是一个大大咧咧的女孩，也不会轻易将自己的杯子拿给别人尤其是一个男人使用，何况是妙玉。两个关于杯子的细节描写，巧妙地刻画出妙玉深层的潜意识。宝玉说："他两个就用那样古玩奇珍，我就是个俗器了。"妙玉冷笑道："这是俗器？不是我说狂话，只怕你家里未必找得出这么一个'俗器'来呢！"宝玉忙道："俗话说'随乡入乡'，到了你这里，自然把那金玉珠宝一概贬为俗器了。"妙玉这才转嗔为喜。可在表面上，妙玉是要面子的，她对宝玉说："你这遭吃的茶是托他两个福，独你来了，我是不给你吃的。"临别时，宝玉戏言："我们这些俗人走后，叫几个小厮来打水洗地如何？"妙玉认真了，说："这更好了，只是你吩咐他们，抬了水只搁在山门外的墙根下，别进门来。"从此类小事上，看出妙玉的高洁非同一般。这一段也是闲笔，有道是"寻常之处见本色"，妙玉的清高孤傲更在林黛玉之上。正如宝玉对她的评价："他为人孤僻，不合时宜，万人不入他目。"可是，谁都不看在眼里的妙玉，偏偏对宝玉情有独钟。这种情谊，仅仅是男女之间在精神层面的相互欣赏，一种审美意义上的爱慕之情，与贾宝玉和林黛玉、史湘云、薛宝钗之间的情爱关系形成参照。在《红楼梦》"太虚幻境"中出现了四位仙姑，即痴梦仙姑、钟情大士、引愁金女和度恨菩提。第一位影射林黛玉，第二位影射史湘云，第三位影射薛宝钗，第四位影射妙玉。这四位美女，都与贾宝玉有过"恋情"，对贾宝玉影响至深。秦可卿和袭人虽与宝玉有过云雨之情，但其重在物质层面，在精神层面对宝玉影响不大，故未列入四大仙姑之列。

12. 祸起萧墙

　　好景不长，看似平静的大观园很快又起波澜，起因是一个叫"傻大姐"的丫鬟拾到一个绣春囊。那日，傻大姐在园内掏促织，忽在山石背后得了一个五彩绣春囊，其华丽精致，固是可爱，但上面绣的并非花鸟等物，一面是两个人赤条条地盘踞相抱，一面是几个字。这痴丫头原不认得是春意，便心下盘算："敢是两个妖精打架？不然必是两口子相打。"左右猜解不来，正要拿去与贾母看，是以笑嘻嘻地一壁看，一壁走。迎面碰见邢夫人，邢夫人说："这痴丫头，又得了个什么狗不识儿这么欢喜？拿来我瞧瞧。"傻大姐笑道："太太真个说的巧，真个是狗不识呢。太太请瞧一瞧。"说着，便送过去。邢夫人接来一看，吓得连忙死紧攥住，忙问："你是哪里得的？"傻大姐道："我掏促织儿在山石上拣的。"邢夫人道："快休告诉一人。这不是好东西，连你也要打死。皆因你素日是傻子，以后再别提起了。"这傻大姐听了，反吓得黄了脸，说："再不敢了。"磕了个头，呆呆而去。①

　　这一下不得了，由邢夫人、王夫人牵头，命王熙凤率领一班婆子搜检大观园。连宝玉住的怡红院，黛玉住的潇湘馆都不能幸免，袭人等众丫鬟只得任由这班婆子翻箱倒柜。抄到贾探春住的秋爽斋，探春就不那么好惹了，探春怒道："你们别忙，自然连你们抄的日子有呢！你们今日早起不曾议论甄家，自己家里好好的抄家，果然今日真抄了。咱们也渐渐的来了。可知这样大族人家，若从外头杀来，一时是杀不死的，这是古人曾说的'百足之虫，死而不僵'，必须先从家里自杀自灭起来，才能一败涂地！"王善保家的欺探春是庶出，便要趁势作脸献好，因越众向前拉起探春的衣襟，故意一掀，嘻嘻笑道："连姑娘身上我都翻了，果然没有什么。"凤姐见她这样，忙说："妈妈走罢，别疯疯颠颠的。"一语未了，只听"拍"的一声，王善保家的脸上早着了探春一巴掌。探春怒指着王善保家的问："你是什么东西，敢来拉扯我的衣裳！我不过看着太太的面上，你又有年纪，叫你一声妈妈，你就狗仗人势，天天作耗，专管生事。如今越发了不得了。"说着，便亲自解衣卸裙，拉着凤姐儿细细地翻，说："省得叫奴才来翻我身上。"凤姐、平儿等忙与探春束裙整袂，口内喝着王善保家的说："妈妈吃两口酒就疯疯颠颠起来。前儿把太太也冲撞了。快出去，不要提起了。"又劝探春休得生气。探春冷笑道："我但凡有气性，早一头碰死了！不然岂许奴才来我身上翻贼赃了。"②

　　抄到最后，竟在贾迎春的丫鬟司棋的箱子里查到证据，原来，那绣春囊是司棋的情人潘又安送给她的定情物。司棋是王善保家的外孙女，王善保家的只得自己掌嘴。结果，司棋被赶出大观园（后触墙自尽），出门时碰到宝玉。宝玉不知内情，正想问个明白。周瑞家的一伙婆子推推搡搡地把司棋推出园门，宝玉看着那班女人的背影说："奇怪，奇怪，怎么这些人只一嫁了汉子，染了男人的气味，就这样混账起来，比男人更可杀了！"守园门的婆子听了，也不禁好笑起来，因问道："这样说，凡女儿个个是好的了，女人个个是坏的了？"宝玉点头道："不错，不错！"此处，专门将"女儿"和"女人"作了一番区别，这也是贾宝玉性格中别有深意的一处。在宝玉眼中，天地灵气独钟于"女

---

　　① 《红楼梦》（第七十三回），第 1011 页。

　　② 《红楼梦》（第七十四回），第 1030~1031 页。

儿"，即今天所说的"女孩"，其他所有人都污浊不堪，出了嫁的女人也一样。这种审美理念与多数中国传统小说完全对立，尤其与《水浒传》中对女性的描述对立。与《红楼梦》同时代的小说中，唯有《聊斋志异》的女性观与《红楼梦》有些相似。

13. 屡与无常觌面

司棋被赶走了，事情还没有完。王夫人和王熙凤趁势策划在大观园内进行一次整肃。只因日前王善保家的对王夫人说："太太不知道，一个宝玉屋里的晴雯，那丫头仗着他生的模样儿比别人标致些，又生了一张巧嘴，天天打扮的像个西施的样子，在人跟前能说惯道，掐尖要强。一句话不投机，他就立起两个骚眼睛来骂人，妖妖趫趫，大不成个体统。"王夫人听了这话，猛然触动往事，便问凤姐道："上次我们跟了老太太进园逛去，有一个水蛇腰，削肩膀，眉眼又有些像你林妹妹的，正在那里骂小丫头。我的心里很看不上那个轻狂样子……后来要问是谁，又偏忘了。今日对了坎儿，这丫头想必就是他了。"凤姐道："若论这些丫头们，共总比起来，都没晴雯生得好。论举止言语，他原有些轻薄。"王夫人道："宝玉房里常见我的只有袭人麝月，这两个笨笨的倒好。若有这个，他自不敢来见我的。我一生最嫌这样的人，况且又出来这个事。好好的宝玉，倘或叫这蹄子勾引坏了，那还了得。"于是，王夫人带着凤姐等人亲临怡红院。其时，晴雯正生病躺在炕上，别有一番病快快的娇媚模样。王夫人一见还了得，立即命人将晴雯架出屋子，赶回家去，将芳官等四个女孩也一并赶走，理由是她们曾经做过戏子，只留下秋纹、麝月等几个"笨笨的"伺候宝玉。

宝玉听说王夫人前往自家住处查检，自觉没有什么违禁之物，并不在意。待听说晴雯等已被逐出，方才急了，立即赶往晴雯住处探望。晴雯住在园外她姑舅哥哥家中，独自一人躺在炕上。见宝玉来探望自己，又惊又喜，又悲又痛，忙一把死攥住他的手，哽咽了半日，方说出半句话来："我只当不得见你了。"宝玉流泪问道："你有什么说的，趁着没人告诉我。"晴雯呜咽道："有什么可说的！不过挨一刻是一刻，挨一日是一日。我已知横竖不过三五日的光景，就好回去了。只是一件，我死也不甘心的：我虽生的比别人略好些，并没有私情密意勾引你怎样，如何一口死咬定了我是个狐狸精！我太不服。今日既已担了虚名，而且临死，不是我说一句后悔的话，早知如此，我当日也另有个道理。不料痴心傻意，只说大家横竖是在一处。不想平空里生出这一节话来，有冤无处诉。"说毕又哭。正说间，晴雯嫂子灯姑娘笑嘻嘻掀帘进来，道："好呀，你两个的话，我已都听见了。"这灯姑娘向来以放荡出名，她淫笑着对宝玉说："你一个作主子的，跑到下人房里作什么？看我年轻又俊，敢是来调戏我么？"宝玉听说，吓得忙赔笑央道："好姐姐，快别大声。他服侍我一场，我私自来瞧瞧他。"灯姑娘便一手拉了宝玉进里间来，笑道："你不叫嚷也容易，只是依我一件事。"说着，便坐在炕沿上，却紧紧地将宝玉搂入怀中。宝玉如何见过这个，心内早突突地跳起来了，急得满面红涨，又羞又怕，只说："好姐姐，别闹。"灯姑娘乜斜醉眼，笑道："呸！成日家听见你风月场中惯作工夫的，怎么今日就反讪起来。"宝玉红了脸，笑道："姐姐放手，有话咱们好说。外头有老妈妈，听见了是什么意思。"灯姑娘笑道："我早进来了，却叫婆子去园门等着呢。我等什么似的，今儿等着了你。虽然闻名，不如见面，空长了一个好模样儿，竟是没药性的炮仗，只好装幌子罢了，倒比我还发讪怕羞。可知人的嘴一概听不得的。就比如方才我们姑娘下来，我也料定你们素日偷鸡盗狗的。我进来一会在窗下细听，屋内只你二人，若有偷鸡盗狗的事，岂有不谈及于此，谁知你两个竟还是各不相扰，可知天下委屈事也不少。如今我反后悔错怪了你们，既然如此，你但放心。以后你只管来，我也不罗唣你。"宝玉听说，才放下心来，方起身整衣央道："好姐姐，你千万照看他两天。我如今去了。"说毕出来，又告诉晴雯。二人自是依依不舍。晴雯知宝玉难行，遂用被子蒙头，总不理他，宝玉方出来。[①]

晴雯患的是肺病，经此一激，顿时高烧不退，于次日黎明时离开人世。宝玉再往探看，却已是人去屋空。一个小丫头说，晴雯姐本是芙蓉花神，现在上天照管她的芙蓉花去了。小丫头原是为了安慰宝玉现编的说辞，宝玉信以为真，赶忙写下一篇《芙蓉女儿诔》，前序后歌。又备了四样晴雯所喜之物，于是夜月下，命那小丫头捧至芙蓉花前祭拜。宝玉诵读祭文，声泪俱下。刚读完，忽听见花影中有人声，倒唬了一跳。走出来细看，不是别人，却是林黛玉。黛玉道："我一直听呢，好新奇的祭文！可与曹娥碑并传的了。正是'红

---

① 《红楼梦》（第七十七回），第1085～1087页。

绡帐里，公子多情，黄土垄中，女儿薄命。'"晴雯之死，是继秦可卿之后贾宝玉再次近距离地感受死亡，所谓"红颜薄命"的阴影再次掠过他的心头。为什么美好的事物总是瞬息即逝，而丑恶的现象却总是根深蒂固，这是贾宝玉所不解的，也是贾宝玉所叹息的。

14. 追问生命的意义

经查检大观园一番风波，加之悲晴雯、痛司棋、忆芳官，贾宝玉心情迷乱，一病不起，数日不曾出门。待病刚好转一点，忽听得迎春要嫁人了，嫁给一个叫孙绍祖的。那孙绍祖好色好赌好酒，早已是声名狼藉，贾迎春万般不情愿，在王夫人面前哭道："我不信我的命就这么不好！从小儿没了娘，幸而过婶子这边过了几年心净日子，如今偏又是这么个结果！"王夫人也为之伤感，流下泪来。可是，谁也拗不过贾赦，迎春只得含泪离家。宝玉得知迎春已走，放声大哭。黛玉见宝玉这个光景，倒吓了一跳，问："是怎么了？和谁怄气了？"问了几声。宝玉低着头，伏在桌子上，呜呜咽咽，哭的说不出话来。黛玉便在椅子上怔怔地瞅着他，一会子问道："到底是别人和你怄了气了，还是我得罪了你呢？"宝玉摇手道："都不是，都不是。"黛玉道："那么着为什么这么伤起心来？"宝玉道："我只想着咱们大家越早些死的越好，活着真真没有趣儿！"黛玉听了这话，更觉惊讶，道："这是什么话，你真正发了疯了不成！"宝玉道："也并不是我发疯，我告诉你你也不能不伤心。我想人到了长大的时候，为什么要出嫁？还记得咱们初结海棠社的时候，大家吟诗做东道，那时候何等热闹。如今宝姐姐家去了（宝钗此时因事离开大观园），连香菱也不能过来，二姐姐又出了门子了，几个知心知意的人都不在一处，弄得这样光景。你瞧瞧，园中光景，已经大变了。若再过几年，又不知怎么样了，故此越想不由人不心里难受起来。"短短数日内，贾宝玉目睹大观园的变故，方知所谓"青春华年"不过是一场梦，这种梦经不起岁月的风吹雨打，"流水落花春去也"。由是感到人生的虚无与渺茫——"活着真真没趣儿"。至此，贾宝玉的怀疑和思考上升到人生意义层面——人活在这个世界上，到底为了什么？眼前发生的一系列悲伤事件，令宝玉感受到人生的荒诞与谬误。如加缪说：人生而荒谬，解脱这种荒谬的途径有三条。一是立即自杀，宝玉已经想到这点，所以说："我只想着咱们大家越早些死的越好"；如果不自杀，又该怎么办呢？加缪提出后两条路：第二条是寻找人生意义，第三条是创造人生意义。这后两条，正是贾宝玉将要思考和实践的。林黛玉生性聪敏，对宝玉的话深有同感，只能深深叹气。

日子就这样淡淡地打发着，可该发生的事还是要发生。一日，小厮传话说："老爷叫二爷说话。"宝玉忙整理了衣服，来至贾政书房中。贾政道："你近来作些什么功课？虽有几篇字，也算不得什么。我看你近来的光景，越发比头几年散荡了，况且每每听见你推病不肯念书。如今可大好了，我还听见你天天在园子里和姊妹们玩玩笑笑，甚至和那些丫头们混闹，把自己的正经事，总丢在脑袋后头。比如应试科举，到底以文章为主，你这上头倒没有一点儿工夫。我可嘱咐你：自今日起，再不许做诗做对的了，单要习学八股文章。限你一年，若毫无长进，你也不用念书了，我也不愿有你这样的儿子了。"遂叫李贵来，说："明儿一早，传焙茗跟了宝玉去收拾应念的书籍，一齐拿过来我看看，我亲自送他到家学里去。"喝命宝玉："去罢！明日起早来见我。"宝玉听了，半日竟无一言可答，回到怡红院来。

第二天一早，贾政亲自送宝玉到了家学堂，嘱咐老师贾代儒严加管教。宝玉扫了一眼久违的课堂，秦钟不在了（已死），只是添了几个模样粗俗的小学生，越发感到凄凉。好不容易挨到放学，立即跑到潇湘馆。黛玉问起读书之事，宝玉说："还提什么念书，我最厌这些道学话。更可笑的是八股文章，拿他诓功名混饭吃也罢了，还要说代圣贤立言。好些的，不过拿些经书凑搭凑搭还罢了，更有一种可笑的，肚子里原没有什么，东拉西扯，弄得牛鬼蛇神，还自以为博奥，这哪里是阐发圣贤的道理。目下老爷口口声声叫我学这个，我又不敢违拗，你这会子还提念书呢。"黛玉道："我们女孩儿家虽然不要这个，但小时跟着雨村先生念书，也曾看过。内中也有近情近理的，也有清微淡远的。那时候虽不大懂，也觉得好，不可一概抹倒。"宝玉听到这里，觉得不甚入耳，只在鼻子眼里哼了一声。

次日一早，前往学堂讲习功课，贾代儒往前揭了一篇，指给宝玉。宝玉看是"吾未见好德如好色者也"，宝玉觉得这一章却有些刺心，便赔笑道："这句话没有什么讲头。"代儒道："胡说！譬如考场中出了这个题目，也说没有做头么？"宝玉不得已，讲道："是圣人看见人不肯好德，见了色便好得了不得。德乃天理，色是人欲，人哪里肯把天理好的像人欲似的。孔子虽是叹息的话，又是望人回转来的意思。并且见得人好德的好得终是浮浅，直要像好色一样的好起来，那才是真好呢。"代儒道："这也讲的罢了。我有句话问你：你既懂得圣人的话，为什么正犯着这两件毛病？我虽不在家中，你们老爷也不曾告诉我，其实你的毛病我却尽知的。做一个人，怎么不望长进？自古道：'成人不自在，自在不成人。'你好生记着我的话。"宝玉答应了，尽管不情愿，也只得天天按着指定的功课做去。所谓功课，就是考科举用的八股文，宝玉对其深恶痛绝。何以？因为他深知以四书五经为基础的科考八股文不过是欺世盗名的工具，比如当天讲的这一章"吾未见好德如好色者"，这是事实，也是人性，可是，偏偏要违背人性，讲一套虚伪的自欺欺人的道理，宝玉最反感的就是这一点。贾宝玉对封建伦理道德和社会体制的反抗就是从这里开始的，一直发展到对整套封建制度的反抗。

15. 婚姻陷阱

贾母也关心宝玉的学习，一日将贾政唤来，叮嘱道："小孩子家慢慢的教导他，正如人家说的，胖子也不是一口儿吃的。"贾政听了这话，忙赔笑道："老太太说的是。"贾母又道："提起宝玉，我还有一件事和你商量。如今他也大了，你们也该留神看一个好孩子给他定下。这也是他终身的大事。"贾政道："老太太吩咐的很是。"按儒家说法，"修身齐家治国平天下"，随着宝玉渐渐长大，要想让他在仕途经济上有所发展，就要先"齐家"，于是成亲之事被提上日程。老太太一发话，全家上下开始张罗。一会说，宝玉已经定亲，是外头某大家闺秀；一会说，老太太说了，要亲上作亲，凭谁来说亲，横竖不中用的。林黛玉听了这些消息，时而绝望病倒，时而转忧为喜，以为"亲上加亲"说的就是自己。贾母那边也注意到了。一日，贾母对王夫人等说："我正要告诉你们，宝玉和林丫头是从小儿在一处的，我只说小孩子们，怕什么？以后时常听得林丫头忽然病，忽然好，都为有些知觉了。所以我想他们若尽着搁在一块儿，毕竟不成体统。"王夫人听了，便呆了一呆，只得答应道："林姑娘是个有心计儿的。至于宝玉，呆头呆脑，不避嫌疑是有的，看起外面，却还都是个小孩儿形象。此时若忽然把那一个分出园外，不是倒露了什么痕迹么。古来说的：'男大须婚，女大须嫁'，老太太想，倒是赶着把他们的事办了罢。"贾母皱了一皱眉说道："我的心里不把林丫头配他，况且林丫头这样虚弱，恐不是有寿的，只有宝丫头最妥。"王夫人道："不但老太太这么想，我们也是这样。但林姑娘也得给她说了人家儿才好，不然女孩儿家长大了，哪个没有点心事？"贾母道："自然先给宝玉娶了亲，然后给林丫头说人家，再没有先是外人后是自己的。况且林丫头年纪到底比宝玉小两岁。依你们这样说，倒是宝玉定亲的话不许叫她知道便罢了。"凤姐便吩咐众丫头们道："你们听见了，宝二爷定亲的话，不许混吵嚷。若有多嘴的，防着她的皮。"瞧，贾宝玉的婚事，贾母等人早已心中有数，所谓"亲上作亲"，指的是薛宝钗，并非林黛玉。贾母并不是不疼爱自己的外孙女，而是为宝玉"计深远"。林黛玉不过是一个无依无靠的孤儿，哪比得上薛家的殷实家底。连黛玉的脾气和她的身体状况都考虑进去了，然而，唯独不考虑当事人的想法和意愿。贾宝玉结婚，他本人却完全不知情。林黛玉更不知道瞒着她策划的这一切。当事的三人中，唯有薛宝钗知道内情。薛姨妈在贾母授意的当天晚间，将老太太及王夫人的意思告知宝钗，问她意下如何。宝钗仿佛早已知道这个结果一般，只说由母亲定夺就行。薛姨妈说想听听她自己的意见，宝钗反而很不高兴地说："女儿在家从父，如今父亲不在了，还有哥哥。目下哥哥坐牢不在家，当然听母亲的，何须多问。"薛姨妈知道她心下是愿意的，也就放下心来，次日亲到贾母处回禀。

其实，薛宝钗是经过一番权衡的，以她现有的接触范围及家庭背景看，宝玉是最佳人选。此前，她曾有过考虑，也用了一些心计。在婚姻问题上，林黛玉奉行的是浪漫原则，薛宝钗奉行的是现实原则，前者是"谈恋爱"，后者是"过日子"。这个问题，是人类永恒的问题。《红楼梦》之前的中国小说，很少认真讨论这个问题，要么是嫁鸡随鸡，嫁狗随狗；要么是金榜题名，奉旨成婚。面对爱情婚姻中的种种缺陷和问题，总是找出许多自欺欺人的说法来加以搪塞。《红楼梦》不是这样，爱情婚姻是《红楼梦》的主题之一，《红楼梦》的思想价值，在很大程度上与此有关。

不久，贾府碰上一喜一忧之事。所喜者，贾政晋升为工部郎中，相当于如今的副部级，在工部执掌大印，各种求包工程之人、跑官要官之人不绝于门，贾家趁机发财；所忧者，贾元春不幸染病，病势渐渐沉重，御医束手无策，最终撒手人寰。其实，贾元春死得蹊跷。按刘心武之说，元春是被秦可卿的仇家报复杀害的，仇家就是原旧太子一派的冯紫英等人。贾府上下为丧事又忙乱一阵。偏在这个时候，贾宝玉的"通灵宝玉"丢失了，宝玉像失了魂魄一样，每日里只是呆呆的，问医吃药毫无效果，贾老太太等只得使用一个古老的办法——冲喜，就是尽快给宝玉办喜事，希望通过喜事让宝玉好起来，没准宝钗的金锁会将宝玉的"通灵宝玉"给召回来呢。

16. 瞒天过海调包计

袭人听到此事，忙到老太太处将她平时的担心说给王夫人，袭人知道，宝玉深爱的是黛玉，如果知道定亲的是宝钗，可能会出大问题。其时，贾母正在那里和凤姐儿商议，见王夫人进来，便问道："袭人丫头说什么？这么鬼鬼祟祟的。"王夫人趁问，便将宝玉的心事细细回明贾母。贾母听了，半日没言语。王夫人和凤姐也都不再说了。只见贾母叹道："别的事都好说。林丫头倒没有什么，若宝玉真是这样，这可叫人作了难了。"只见凤姐想了一想，因说道："难倒不难，我倒想了个主意，不知姑妈肯不肯。"王夫人道："你有主意只管说给老太太听，大家娘儿们商量着办罢了。"凤姐道："依我想，这件事只有一个调包儿的法子。"贾母道："怎么调包儿？"凤姐道："如今不管宝兄弟明白不明白，大家吵嚷起来，说是老爷做主，将林姑娘配了他了。瞧他的神情儿怎么样。要是他全不管，这个包儿也就不用调了。若是他有些喜欢的意思，这事却要大费周折呢。"王夫人道："就算他喜欢了，你能怎么样办法呢？"凤姐走到王夫人耳边，如此这般地说了一遍。王夫人点了点头儿，笑了一笑，说道："也罢了。"贾母便问道："你娘儿两个捣鬼，到底告诉我是怎么着呀？"凤姐恐贾母不懂，泄露了机关，便也向她耳边轻轻地告诉了一遍。贾母果真一时不懂，凤姐笑着又说了几句。贾母笑道："这么着也好，可就只忒苦了宝丫头了。倘或吵嚷出来，林丫头又怎么样呢？"凤姐道："这个话原只说给宝玉听，外头一概不许提起，有谁知道呢。"

王熙凤的掉包计并不复杂，就是偷梁换柱，或如兵法说的"明修栈道，暗度陈仓"。表面上说让宝玉与林黛玉成亲，将宝黛二人都瞒个严严实实，到成亲当晚把林黛玉换成薛宝钗就行了，到时候木已成舟，谅宝黛二人也没有办法。未承想，这次又是傻大姐泄露了天机。一日，黛玉心下烦闷，在园内僻静处散步。见一个丫头在那里哭，知道她是贾母屋里的，因问："你叫什么？怎么哭了？"那丫头道："我叫傻大姐儿，珍珠姐姐打我，所以哭了。"黛玉笑了一笑，又问："你姐姐为什么打你？你说错了什么话了？"那丫头道："为什么呢，就是为我们宝二爷娶宝姑娘的事情。"黛玉听了这一句，如同一个疾雷，心头乱跳，略定了定神，便叫了这丫头"你跟了我这里来。"那丫头跟着黛玉到那畸角儿上葬桃花的去处，那里背静。黛玉因问道："宝二爷娶宝姑娘，他为什么打你呢？"傻大姐道："我们老太太和太太二奶奶商量了，因为我们老爷要起身，说就赶着往姨太太商量把宝姑娘娶过来罢。头一宗，给宝二爷冲什么喜，第二宗——"说到这里，又瞅着黛玉笑了一笑，才说道："赶着办了，还要给林姑娘说婆婆家呢。"黛玉已经听呆了。这丫头只管说道："我又不知道他们怎么商量的，不叫人吵嚷，怕宝姑娘听见害臊。我白和宝二爷屋里的袭人姐姐说了一句：'咱们明儿更热闹了，又是宝姑娘，又是宝二奶奶，这可怎么叫呢！'林姑娘，你说我这话害着珍珠姐姐什么了吗，他走过来就打了我一个嘴巴，说我混说，不遵上头的话，要撵出我去。"说着，又哭起来。那黛玉此时心里竟是油儿酱儿糖儿醋儿倒在一处的一般，甜苦酸咸，竟说不上什么味儿来了。停了一会儿，颤巍巍地说道："你别混说。你再混说，叫人听见又要打你了。你去罢。"说着，自己移身要回潇湘馆去。那身子竟有千百斤重的，两只脚却像踩着棉花一般，早已软了。歪歪倒倒地走到潇湘馆门口，紫鹃上前搀扶，黛玉说了句："阿弥陀佛，可算到家了！"一句话没说完，黛玉身子往前一栽，哇的一声，一口血直吐出来。

17. 谁绞杀了青春与生命

贾母听说黛玉病了，急来探望，听紫鹃说了情况，很不高兴地说："孩子们从小儿在一处儿玩，好些是有的。如今大了懂得人事，就该要分别些，才是做女孩儿的本分，我才心里疼她。若是她心里有别的想头，成了什么人了呢！我可是白疼了她了。咱们这种人家，别的事自然没有的，这心病也是断断有不得的。林丫头若不是这个病呢，我凭着花多少钱都使得。若是这个病，不但治不好，我也没心肠了。"这番话显得异常狠心、异常绝情，仿佛不是那位心疼外孙女的外祖母说的。难怪蒋和森认为，直接绞杀宝黛爱情的人，正是贾母、王夫人这类人物，而不是荣国府中表面上最专横、最残暴的统治者。林黛玉和贾宝玉的爱情和生命，恰是在这样一种"关心""爱护"的"不得已"的形式下被绞杀的。①

次日，凤姐吃了早饭来到怡红院，要试试宝玉，走进里间说道："宝兄弟大喜，老爷已择了吉日要给你娶亲了。你喜欢不喜欢？"宝玉听了，只管瞅着凤姐笑，微微地点点头。凤姐笑道："给你娶林妹妹过来好不好？"宝玉却大笑起来。凤姐看着，也猜不透他是明白还是糊涂，因又问道："老爷说你好了才给你娶林妹妹呢，若还是这么傻，便不给你娶了。"宝玉忽然正色道："我不傻，你才傻呢。"说着，便站起来说："我去瞧瞧林妹妹，叫他放心。"凤姐忙扶住了，说："林妹妹早知道了。他如今要做新媳妇了，自然害羞，不肯见你的。"宝玉道："娶过来他到底是见我不见？"凤姐又好笑，又着忙，心里想："袭人的话不差。提了林妹妹，虽说仍旧说些疯话，却觉得明白些。若真明白了，将来不是林妹妹，打破了这个灯虎儿，那饥荒才难打呢。"便忍笑说道："你好好儿的便见你，若是疯疯颠颠的，他就不见你了。"宝玉说："我有一个心，前儿已交给林妹妹了。他要过来，横竖给我带来，还放在我肚子里头。"凤姐听着竟是疯话，便出来看着贾母笑。贾母听了，又是笑，又是疼，便说道："我早听见了。如今且不用理他，叫袭人好好的安慰他。咱们走罢。"

一群人策划着当晚宝玉成亲之事。紫鹃见林黛玉病势越发严重，园子里的人都为宝玉的婚事忙着，喊天天不应，叫地地不灵。情急中，忽想到一个人，就是李纨。李纨是孀居，宝玉的喜事她是要回避的，于是忙到稻香村求助于李纨。李纨急忙赶往潇湘馆，见黛玉已不能言语。李纨轻轻叫了两声，黛玉却还微微地开眼，似有知识之状，但只眼皮嘴唇微有动意，口内尚有出入之息，却要一句话一点泪也没有了。李纨忙唤紫鹃道："傻丫头，这是什么时候，且只顾哭你的！林姑娘的衣衾还不拿出来给他换上，还等多早晚呢。难道他个女孩儿家，你还叫他赤身露体精着来光着去吗！"紫鹃听了这句话，一发止不住痛哭起来。蒋和森说，强烈的爱情冲击着林黛玉，使她难免有时失去清醒的冷静，甚至完全分不清希望与现实之间的距离。正当她感到"安心"的时候，凤姐的"奇谋"已经布置就绪了。封建势力几乎是在她毫无准备的时候，给了她最沉重的一击！而林黛玉，确实不堪这一击，她倒下了。②

① 详见蒋和森《林黛玉论》。
② 详见蒋和森《林黛玉论》。

这边忙着办后事，那边忙着办喜事。入夜，一台大轿从大门进来，家里喜乐迎出去，十二对宫灯，排着进来，倒也新鲜雅致。傧相请了新人出轿。宝玉见新人蒙着盖头，喜娘披着红，扶着新人。下首扶新人的是雪雁。宝玉看见雪雁，犹想："因何紫鹃不来，倒是她呢？"又想道："是了，雪雁原是她南边家里带来的，紫鹃是我们家的，自然不必带来。"因此见了雪雁竟如见了黛玉一般欢喜。傧相赞礼拜了天地。请出贾母受了四拜，后请贾政夫妇登堂，行礼毕，送入洞房。还有坐床撒帐等事，俱是按金陵旧例。贾政原为贾母作主，不敢违拗，不信冲喜之说。哪知今日宝玉居然像个好人一般，贾政见了，倒也欢喜。那新人坐了床便要揭起盖头的，凤姐早已防备，故请贾母、王夫人等进去照应。宝玉此时到底有些傻气，便走到新人跟前说道："妹妹身上好了？好些天不见了，盖着这劳什子做什么！"欲待要揭去，反把贾母急出一身冷汗来。宝玉又转念一想道："林妹妹是爱生气的，不可造次。"又歇了一歇，仍是按捺不住，只得上前揭了。喜娘接去盖头，雪雁走开，莺儿等上来伺候。宝玉睁眼一看，好像宝钗，心里不信，自己一手持灯，一手擦眼，一看，可不是宝钗吗！只见她盛妆艳服，丰肩软体，鬓低鬟軃，眼瞤息微，真是荷粉露垂，杏花烟润了。宝玉发了一回怔，又见莺儿立在旁边，不见了雪雁。宝玉此时心无主意，自己反以为是梦中了，呆呆地只管站着。众人接过灯去，扶了宝玉仍旧坐下，见他两眼直视，半语全无。贾母恐他病发，亲自扶他上床。凤姐、尤氏请了宝钗进入里间床上坐下，宝钗此时自然是低头不语。宝玉定了一会神，见贾母、王夫人坐在那边，便轻轻地叫袭人道："我是在那里呢？这不是做梦么？"袭人道："你今日好日子，什么梦不梦的混说。老爷可在外头呢。"宝玉悄悄地拿手指着道："坐在那里这一位美人儿是谁？"袭人捂了自己的嘴，笑得说不出话来，歇了半日才说道："是新娶的二奶奶。"众人也都回过头去，忍不住地笑。宝玉又道："好糊涂，你说二奶奶到底是谁？"袭人道："宝姑娘。"宝玉道："林姑娘呢？"袭人道："老爷作主娶的是宝姑娘，怎么混说起林姑娘来。"宝玉道："我才刚看见林姑娘了么，还有雪雁呢，怎么说没有。你们这都是做什么顽呢？"凤姐便走上来轻轻地说道："宝姑娘在屋里坐着呢。别混说，回头得罪了他，老太太不依的。"宝玉听了，这会子糊涂更利害了。本来原有昏聩的病，加以今夜神出鬼没，更叫他不得主意，便也不顾别的了，口口声声只要找林妹妹去。贾母等上前安慰，无奈他只是不懂。又有宝钗在内，又不好明说。知宝玉旧病复发，只得满屋里点起安息香来，定住他的神魂，扶他睡下。众人鸦雀无声，停了片时，宝玉便昏沉睡去。贾母等才得略略放心，只好坐以待旦，叫凤姐去请宝钗安歇。宝钗置若罔闻，也便和衣在内暂歇。①《红楼梦》中三次讲到一副对联："假作真时真亦假，无为有处有还无。"随处可见的弄虚作假的把戏，真能把人搞蒙。你看这贾宝玉，被人扎扎实实地骗了一回，最终怀疑的却是他自己。戈培尔说，谎言重复千遍就是真理。的确，当骗子坚定不移的时候，受骗上当者反而动摇起来。中国历代的封建专制统治也是如此，正如老子所言："圣人不仁，以百姓为刍狗。"

与此同时，潇湘馆那边的林黛玉已走到生命的尽头。黛玉从昏迷中醒来，拉住紫鹃的手说："妹妹，我这里并没亲人。我的身子是干净的，你好歹叫他们送我回去。"说到这里，又闭了眼不言语了。那手却渐渐紧了，喘成一处，只是出气大入气小，已经促急得很了。可巧探春来了。紫鹃见了，忙悄悄地说道："三姑娘，瞧瞧林姑娘罢。"说着，泪如雨下。探春过来，摸了摸黛玉的手，已经凉了，连目光也都散了。李纨赶忙进来。三个人才见了，不及说话，猛听黛玉直声叫道："宝玉，宝玉，你好……"说到"好"字，便浑身冷汗，不作声了。紫鹃急忙扶住，那汗愈出，身子便渐渐地冷了。探春、李纨叫人乱着拢头穿衣，只见黛玉两眼一翻，呜呼，香魂一缕随风散，愁绪三更入梦遥！当时黛玉气绝，正是宝玉娶宝钗的这个时辰。紫鹃等都大哭起来。李纨、探春想他素日的可疼，今日更加可怜，也便伤心痛哭。因潇湘馆离新房子甚远，所以那边并没听见。一时大家痛哭了一阵，只听得远远一阵音乐之声，侧耳一听，却又没有了。探春、李纨走出院外再听时，唯有竹梢风动，月影移墙，好不凄凉清冷！② 蒋和森说："《红楼梦》第九十八回，是不寻常的一回。两个世纪以来，不知多少读者的感情，都要在这里突然像一道水流跌入万丈深崖似的激荡、回旋起来。在这一回里，书中主人公林黛玉最终熄灭了她生命的火焰！这时，人们仿佛特别感到这个少女生命的价值，以及她活着是多么符合人们的心愿！然而，死神的手掌，却是这么不可抗拒地、不容怀疑地要扼住这个少女的呼吸。在这一无情的真实面前，人们的心情沉重了，泪水游动在眼眶

---

① 《红楼梦》（第九十七回），第 1343~1345 页。
② 《红楼梦》（第九十八回），第 1351 页。

的边缘。"①

潇湘馆发生的这一切，宝玉并不知道。

> 见诸人散后，房中只有袭人，因唤袭人至跟前，拉着手哭道："我问你，宝姐姐怎么来的？我记得老爷给我娶了林妹妹过来，怎么被宝姐姐赶了去了？他为什么霸占住在这里？我要说呢，又恐怕得罪得他。你们听见林妹妹哭得怎么样了？"袭人不敢明说，只得说道："林姑娘病着呢。"宝玉又道："我瞧瞧他去。"说着，要起来。岂知连日饮食不进，身子那能动转，便哭道："我要死了！我有一句心里的话，只求你回明老太太：横竖林妹妹也是要死的，我如今也不能保。两处两个病人都要死的，死了越发难张罗。不如腾一处空房子，趁早将我同林妹妹两个抬在那里，活着也好一处医治服侍，死了也好一处停放。你依我这话，不枉了几年的情分。"袭人听了这些话，便哭的哽嗓气噎。宝钗恰好同了莺儿过来，也听见了，便说道："你放着病不保养，何苦说这些不吉利的话……太太更是不必说了，一生的心血精神，抚养了你这一个儿子，若是半途死了，太太将来怎么样呢。我虽是命薄，也不至于此。据此三件看来，你便要死，那天也不容你死，所以你是不得死的。只管安稳着，养个四五天后，风邪散了，太和正气一足，自然这些邪病都没有了。"宝玉听了，竟是无言可答，半晌方才嘻嘻的笑道："你是好些时不和我说话了，这会子说这些大道理的话给谁听？"宝钗听了这话，便又说道："实告诉你说罢，那两日你不知人事的时候，林妹妹已经亡故了。"宝玉忽然坐起来，大声诧异道："果真死了吗？"宝钗道："果真死了。岂有红口白舌咒人死的呢。老太太、太太知道你姐妹和睦，你听见他死了自然你也要死，所以不肯告诉你。"宝玉听了，不禁放声大哭，倒在床上。②

18. 存在因死亡而充分敞开

第二日，宝玉定要往潇湘馆祭拜，宝钗想，势必要让他了却了这桩心事才

---

① 见蒋和森《林黛玉论》。
② 《红楼梦》（第九十八回），第1348~1349页。

行。贾母等只得叫人抬了竹椅子过来，扶宝玉坐上。贾母王夫人即便先行。到了潇湘馆内，一见黛玉灵柩，贾母已哭得泪干气绝。凤姐等再三劝住。王夫人也哭了一场。宝玉一到，想起未病之先来到这里，今日屋在人亡，不禁号啕大哭。想起从前何等亲密，今日死别，怎不更加伤感。众人原恐宝玉病后过哀，都来解劝，宝玉已经哭得死去活来，其余随来的，如宝钗，俱极痛哭。独是宝玉必要叫紫鹃来见，问明姑娘临死有何话说。紫鹃本来深恨宝玉，见如此，心里已回过来些，又见贾母王夫人都在这里，不敢洒落宝玉，便将林姑娘怎么复病，怎么烧毁帕子，焚化诗稿，并将临死说的话，一一地都告诉了。宝玉又哭得气噎喉干。探春趁便又将黛玉临终嘱咐带柩回南的话也说了一遍。贾母王夫人又哭起来。多亏凤姐能言劝慰，略略止些，便请贾母等回去。宝玉哪里肯舍，无奈贾母逼着，只得勉强回房。黛玉之死，是贾宝玉遭遇到的最痛切、最贴近的死亡和毁灭。某种程度上，是贾宝玉自身的死亡和毁灭。海德格尔说："存在因死亡而充分敞开。"不知死，焉知生？整个《红楼梦》，正是通过一连串的死亡和毁灭，迫使人们思考生命的价值和存在的意义。

　　其后的日子里，宝玉貌似安静了，可是，全无往日那种灵性，成天呆呆的。一天，听到袭人和宝钗那里说探春出嫁之事，宝玉大叫一声，哭倒在炕上。唬得宝钗袭人都来扶起说："怎么了？"宝玉早哭得说不出来，定了一会子神，说道："这日子过不得了！我姊妹们都一个一个的散了！林妹妹是成了仙去了。大姐姐呢已经死了，这也罢了，没天天在一块。二姐姐呢，碰着了一个混账不堪的东西。三妹妹又要远嫁，总不得见的了。史妹妹又不知要到那里去（史湘云准备出嫁）。薛妹妹（宝琴）是有了人家的。这些姐姐妹妹，难道一个都不留在家里，单留我做什么！"袭人忙又拿话解劝。宝钗摆着手说："你不用劝他，让我来问他。"因问着宝玉道："据你的心里，要这些姐妹都在家里陪到你老了，都不要为终身的事吗？若说别人，或者还有别的想头。你自己的姐姐妹妹，不用说没有远嫁的，就是有，老爷作主，你有什么法儿！打量天下独是你一个人爱姐姐妹妹呢，若是都像你，就连我也不能陪你了。大凡人念书，原为的是明理，怎么你益发糊涂了。这么说起来，我同袭姑娘各自一边儿去，让你把姐姐妹妹们都邀了来守着你。"宝玉听了，两只手拉住宝钗袭人道："我也知道。为什么散得这么早呢？等我化了灰的时候再散也不迟。"袭人掩着他的嘴道："又胡说。"宝玉慢慢地听她两个人说话都有道理，只是心上不知道怎么才好，只得强说道："我却明白，但只是心里闹的慌。"宝钗也不理他，暗叫袭人快把定心丸给他吃了，慢慢地开导他。在此前，书中多次提到宝玉的一个性格特点，就是喜聚不喜散，爱热闹，怕冷清，可是也多次提到"千里搭长棚，没有个不散的筵席"。书中前半段写聚，姐妹们一个个从四面八方来了；后半段写散，姐妹们嫁的嫁，走的走，死的死。贾宝玉从聚散离合中感受人生冷暖，世态炎凉，正所谓"喜荣华正好，恨无常又到，眼睁睁，把万事全抛"。

19. 祸从天降

宝玉成亲后，贾政到外地任职。京里忽传出消息，说贾政被参了。贾琏忙到吏部打听，不到半日回来便说："才到吏部打听，果然二叔被参。题本上去，亏得皇上的恩典，没有交部，便下旨意，说是失察属员，重征粮米，苛虐百姓，本应革职，姑念其初膺外任，不谙吏治，被属员蒙蔽，着降三级，加恩仍以工部员外上行走，并令即日回京。"不久，贾政果然从外任调回京师，仍在工部任职。可是，麻烦事还没完。一日，贾政正在那里设宴请酒，忽见赖大急忙走上荣禧堂来回贾政道："有锦衣府堂官赵老爷带领好几位司官说来拜望。奴才要取职名来回，赵老爷说：'我们至好，不用的。'一面就下车来走进来了。请老爷同爷们快接去。"贾政听了，心想："这赵老爷并无来往，怎么也来？"正寻思间，二门上家人又报进来说："赵老爷已进二门了。"贾政等抢步接去，只见赵堂官满脸笑容，并不说什么，一径走上厅来。后面跟着五六位司官，也有认得的，也有不认得的，但是总不答话。贾政等心里不得主意，只得跟了上来让坐。众亲友也有认得赵堂官的，见他仰着脸不大理人，只拉着贾政的手，笑着说了几句寒温的话。众人看见来头不好，也有躲进里间屋里的，也有垂手侍立的。贾政正要带笑叙话，只见家人慌张报道："西平王爷到了。"贾政慌忙去接，已见王爷进来。赵堂官抢上去请了安，便说："王爷已到，随来各位老爷就该带领府役把守前后门。"众官应了出去。贾政等知事不好，连忙跪接。西平郡王用两手扶起，说："无事不敢轻造，有奉旨交办事件，要赦老接旨。想有亲友在此未便，且请众位府上亲友各散，独留本宅的人听候。"贾赦贾政一干人唬得面如土色，满身发颤。不多一会，只见进来无数番役，各门把守。本宅上下人等，一步不能乱走。赵堂官便转过一副脸来回王爷道："请王爷宣旨意，就好动手。"这些番役却撩衣勒臂，专等旨意。西平王道："小王

奉旨带领锦衣府赵全来查看贾赦家产。"贾赦等听见，俯伏在地。王爷便站在
上头说："有旨意：'贾赦交通外官，依势凌弱，辜负朕恩，有忝祖德，着革去
世职。钦此。'"赵堂官一迭声叫："拿下贾赦，其余皆看守。"维时贾赦、贾
政、贾琏、贾珍、贾蓉、贾蔷、贾芝、贾兰俱在，惟宝玉推说有病，在贾母那
边，贾环本来不大见人的，所以就将现在几人看住。赵堂官即叫他的人："传
齐司员，带同番役，分头按房抄查登帐。"这一言不打紧，唬得贾政上下人等
面面相觑，喜得番役家人摩拳擦掌，就要往各处动手。西平王道："闻得赦老
与政老同房各爨的，理应遵旨查看贾赦的家资，其余且按房封锁，我们复旨去
再候定夺。"赵堂官站起来说："回王爷：贾赦贾政并未分家，闻得他侄儿贾琏
现在承总管家，不能不尽行查抄。"一言未了，老赵家奴番役已经拉着本宅家
人领路，分头查抄去了。

　　有顷，锦衣司官跪禀说："在内查出御用衣裙并多少禁用之物，不敢擅动，
回来请示王爷。"赵全说："好个重利盘剥！很该全抄！请王爷就此坐下，叫奴
才去全抄来再候定夺罢。"正说着，只见王府长史来禀说："守门军传进来说，
主上特命北静王到这里宣旨，请爷接去。"只见北静王已到大厅，就向外站着，
说："有旨意，锦衣府赵全听宣。"说："奉旨意：'着锦衣官惟提贾赦质审，余
交西平王遵旨查办。钦此。'"西平王领了，好不喜欢，便与北静王坐下，着赵
堂官提取贾赦回衙。里头那些查抄的人听得北静王到，俱一齐出来，及闻赵堂
官走了，大家没趣，只得侍立听候。北静王便挑选两个诚实司官并十来个老年
番役，余者一概逐出。二门内，贾母那边女眷也摆家宴，正说到高兴，只听见
邢夫人那边的人一直声地嚷进来说："老太太，太太，不……不好了！多多少
少的穿靴戴帽的强……强盗来了，翻箱倒笼的来拿东西。"贾母等听着发呆。
又见平儿披头散发拉着巧姐哭啼啼地来说："不好了，我正与姐儿吃饭，只见
来旺被人拴着进来说：'姑娘快快传进去，请太太们回避，外面王爷就进来查
抄家产。'"贾母没有听完，便吓得涕泪交流，连话也说不出来。又听见一迭声
嚷说："叫里面女眷们回避，王爷进来了！"贾政眼看着东西两府乱成一片，是
心里刀绞似的，连连叹道："完了，完了！不料我们一败涂地如此！"①

　　此一段描写正应了贾探春日前的话，不用着急，有人来查抄你们的。锦衣

---

　　① 《红楼梦》（第一〇五回），第 1420～1428 页。

卫是明朝的特务机构，类似纳粹的盖世太保全是些心毒手狠的角色，如不是北静王及时赶来安抚，锦衣卫的赵全一准将贾家东西两府翻个底朝天。抄家不仅仅是查抄家产，重要的是搜寻证据，更重要的是侮辱人格，让被抄者从此颜面扫地。正如贾政所叹，贾府的"一败涂地"，正是从被抄家开始的。

贾政正悲切间，被贾母唤入，说想给贾珍贾蓉备点盘缠（父子二人将被发配边疆）。

> （贾政）道："若老太太不问，儿子也不敢说。如今老太太既问到这里，现在琏儿也在这里。昨日儿子已查了，旧库的银子早已虚空，不但用尽，外头还有亏空。现今大哥这件事若不花银托人，虽说主上宽恩，只怕他们爷儿两个也不大好。就是这项银子尚无打算。东省的地亩早已寅年吃了卯年的租儿了，一时也算不转来，只好尽所有的蒙圣恩没有动的衣服首饰折变了给大哥、珍儿作盘费罢了……"贾母听了，又急得眼泪直淌，说道："怎么着，咱们家到了这样田地了么！我虽没有经过，我想起我家向日比这里还强十倍，也是摆了几年虚架子，没有出这样事已经塌下来了，不消一二年就完了……"贾政道："若是这两个世俸不动，外头还有些挪移。如今无可指称，谁肯接济。"说着，也泪流满面，"想起亲戚来，用过我们的如今都穷了，没有用过我们的又不肯照应了。昨日儿子也没有细查，只看家下的人丁册子，别说上头的钱一无所出，那底下的人也养不起许多。"贾母正在忧虑，只见贾赦、贾珍、贾蓉一齐进来给贾母请安。贾母看这般光景，一只手拉着贾赦，一只手拉着贾珍，便大哭起来。他两人脸上羞惭，都跪在地下哭着说道："儿孙们不长进，将祖上功勋丢了，又累老太太伤心，儿孙们是死无葬身之地的了！"满屋中人看这光景，又一齐大哭起来。①

在这种情况下，大观园已不能维持，贾政奏请将大观园入宫，内廷不收，只得锁起来，渐渐成为一个荒园。这一切，正应了《红楼梦》开篇时跛足道人对《好了歌》的解注："陋室空堂，当年笏满床，衰草枯杨，曾为歌舞场。蛛

---

① 《红楼梦》（第一〇七回），第1441～1442页。

丝儿结满雕梁，绿纱今又糊在蓬窗上。说什么脂正浓，粉正香，如何两鬓又成霜？昨日黄土陇头送白骨，今宵红灯帐底卧鸳鸯。金满箱，银满箱，展眼乞丐人皆谤。正叹他人命不长，那知自己归来丧！训有方，保不定日后作强梁。择膏粱，谁承望流落在烟花巷！因嫌纱帽小，致使锁枷扛，昨怜破袄寒，今嫌紫蟒长：乱烘烘你方唱罢我登场，反认他乡是故乡。甚荒唐，到头来都是为他人作嫁衣裳！"[①]

贾母本来已上年纪，经查抄一番折腾，一病不起，全家人都在病榻前守候。贾母一一交代了宝玉、贾兰等人，又瞧了一瞧宝钗，叹了口气，只见贾母脸上红光满面，贾政知是回光返照，急忙进上参汤，贾母的牙关已经紧了，合了一回眼，又睁着满屋里瞧了一瞧。王夫人宝钗上去轻轻扶着，邢夫人凤姐等便忙穿衣，婆子们已将床安设停当，铺了被褥，听见贾母喉间略一响动，脸变笑容，竟是去了，享年八十三岁。贾母的贴身丫鬟鸳鸯见贾母已去，随即自缢身亡。史湘云已经出嫁，原要奔回来为贾母送葬的，只因夫婿病势沉重（史湘云出嫁是为给其夫冲喜），分不开身，只得暗暗垂泪。王熙凤带病承办贾母的丧事，原想办得风光一些，可使尽浑身解数也拿不出一点银子，急得团团转，反倒将自己的病拖重了。

20. 树倒猢狲散

妙玉仍住铁槛寺，因大观园荒芜了，引得一伙贼人入园打劫。虽有包勇守护，毕竟人单力薄，结果，妙玉被贼人劫走，不知所终。宝玉闻讯长叹道："当日园中何等热闹，自从二姐姐出阁以来，死的死，嫁的嫁，我想她一尘不染是保得住的了，岂知风波顿起，比林妹妹死得更奇（妙玉获救未死，宝玉不知，故有此言）！"由此一而二，二而三，追思起来，想到《庄子》上的话，人生在世，虚无缥缈，难免风流云散，不禁大哭起来。正伤心间，王夫人打发人来说："琏二奶奶咽了气了，请二爷二奶奶就过去。"宝玉听了，掌不住跺脚要哭。宝钗虽也悲戚，恐宝玉伤心，便说："有在这里哭的，不如到那边哭去。"于是两人一直到凤姐那里，只见好些人围着哭呢。宝钗走到跟前，见凤姐已经停床，便大放悲声。宝玉也拉着贾琏的手大哭起来。贾琏此时手足无措，叫人

---

① 《红楼梦》（第一回），第18页。

传了赖大来，叫他办理丧事。

这边王熙凤的丧事正在料理，那边传来消息，说惜春打定主意要出家。此时，贾珍已发配边地，尤氏做不了主，只得听任惜春铰了头发，出家为尼。紫鹃听说此事，一心要随惜春出家，众人劝慰，紫鹃哪里听得进去，以死相逼，最后，只得由她随惜春出家去了。王熙凤是《红楼梦》中的女强人，精明能干，心狠手辣，人称"凤辣子"。可是，颓势之下，无力回天，反倒把自家的命给送了。如《聪明累》所言："机关算尽太聪明，反误了卿卿性命。"惜春是《红楼梦》中最与世无争的女孩，冷眼旁观家中发生的一切，小小年纪便将这世事看破，难怪她要出家。如《虚花悟》所言："将那三春看破，桃红柳绿待如何？把这韶华打灭，觅那清淡天和……闻说道，西方宝树唤婆娑，上结着长生果。"从此以后，贾惜春、紫鹃将与青灯古佛结伴一生。后来，贾宝玉步贾惜春的后尘，也出家了。

宝玉眼见得这许多变故，病势愈发沉重起来，医师无招，吩咐准备后事。恰在此时，一个和尚冲进府来，手拿着那块"通灵宝玉"在宝玉耳边叫道："宝玉，宝玉，你的宝玉回来了。"宝玉把眼一睁，问道："在哪里呢？"那和尚把玉递到他手里。宝玉先紧紧地攥着，后来慢慢地得过手来，放在自己眼前细细地一看，说："哎呀，久违了！"贾琏走过来一看，果见是通灵宝玉回来了。不一会，宝玉便嚷饿了，喝了一碗粥，还说要吃饭。婆子们果然取了饭来，王夫人还不敢给他吃。宝玉说："不妨的，我已经好了。"便趴着吃了一碗，渐渐地神气果然好过来了。

21. 奇僻的念头

贾政见宝玉身体好转过来，便想趁此丁忧之时将贾母和林黛玉的灵柩送回南边去，也算了却一桩心事。贾政便告诉王夫人，叫她管了家，自己便择日长行，准备动身往南方去。临行时嘱咐贾琏道："今年是大比的年头。环儿是有服的（因赵姨娘去世），不能入场，兰儿是孙子，服满了也可以考的，务必叫宝玉同着侄儿考去。能够中一个举人，也好赎一赎咱们的罪名。"贾琏等唯唯应命。贾政发引下船，带了林之孝等往金陵方向去了。宝玉因贾政命他赴考，王夫人便不时催逼查考起他的功课来。宝钗袭人时常劝勉，自不必说。哪知宝玉病后精神日长，念头一发奇僻了，竟换了一种，居然认真准备功课，打算应考。有人认为，贾宝玉对科考深恶痛绝，怎么会去参加考试呢？其实，对此不可一概而论。反对科考，不等于不可以参加科考。参加科考并且高中举人甚至状元、榜眼什么的，再回过头来否定它，那才叫英雄好汉。贾宝玉正是这样干的，不就是个科举考试吗？有什么了不起，大爷我考给你们看。后来一考，居然高中第七名。可是，宝玉并未因此津津乐道，像历代举人进士那样"春风得意马蹄疾，一日看尽长安花"。恰恰相反，出考场后他不见了，就此失踪，遁入空门了，这才是对科举制度最大的否定。就像诺贝尔文学奖，多少文人艳羡不已，果真得了此奖，岂止津津乐道，简直头晕眼花，不知道自己姓啥了。可是，中国的鲁迅从来看不起这诺贝尔奖。鲁迅的否定还不够有力，最绝的是法国的萨特，得知自己获奖后，公开声明拒绝接受。表面理由是拒绝任何来自政府的奖项（其实诺贝尔奖并不是政府奖），真实理由是一句最高傲的话："他们不配奖赏我。"这才是最绝的否定。难怪，刘东写信给一位看不起高考并拒绝参加高考的女孩说，他完全认同这位女孩，但劝她认真准备、务必去考并要考好、考高分。待圆满答完所有考卷后，走出考场将笔一扔，说声"这种臭考题，也配考我？"这才叫英雄。① 贾宝玉不正是这样做的吗？此是后话。

却说贾政一路挂念科考之事，发信回家叮嘱，李纨因向贾兰道："哥儿瞧见了？场期近了，你爷爷惦记的什么似的。你快拿了去给二叔叔瞧去罢。"有个李婶娘道："他们爷儿两个又没进过学，怎么能下场呢？"王夫人道："他爷爷做粮道的起身时，给他们爷儿两个援了例监了。（按科考规则，必须是监生才有资格考举人，贾宝玉等人已援例是监生，可以参加本年考试。）"李婶娘点头。贾兰拿着贾政的书信来找宝玉。把书子呈给宝玉瞧。宝玉接在手中看了，点头不语，默默如有所思。贾兰便问："叔叔看见爷爷后头写的叫咱们好生念书了？叔叔这一程子只怕总没作文章吧？"宝玉笑道："我也要作几篇熟一熟手，好去诓这个功名。"贾兰道："叔叔既这样，就拟几个题目，我跟着叔叔作作，也好进去混场，别到那时交了白卷子惹人笑话。"宝玉胸有成竹地说："何至如此。"

---

① 详见刘东《浮世绘》。

22. 不祥的惜别

过了几天便是场期，别人只盼望他爷儿两个作了好文章便可以高中了，只有宝钗见宝玉的文章虽好，只是那有意无意之间，却别有一种冷静的光景（薛宝钗明察秋毫，看出问题了）。到了进场的日子，宝玉贾兰换了半新不旧的衣服，欣然过来见了王夫人。王夫人嘱咐道："你们爷儿两个都是初次下场，但是你们活了这么大，并不曾离开我一天。就是不在我眼前，也是丫鬟媳妇们围着，何曾自己孤身睡过一夜。今日各自进去，孤孤凄凄，举目无亲，须要自己保重。早些作完了文章出来，找着家人早些回来，也叫你母亲媳妇们放心。"贾兰听一句答应一句。只见宝玉一声不哼，待王夫人说完了，走过来给王夫人跪下，满眼流泪，磕了三个头，说道："母亲生我一世，我也无可答报，只有这一入场用心作了文章，好好的中个举人出来，那时太太喜欢喜欢，便是儿子一辈的事也完了，一辈子的不好也都遮过去了。"王夫人听了，更觉伤心起来，便道："你有这个心自然是好的，可惜你老太太不能见你的面了！"一面说，一面拉他起来。那宝玉只管跪着不肯起来，便说道："老太太见与不见，总是知道的，喜欢的，既能知道了，喜欢了，便不见也和见了的一样。只不过隔了形质，并非隔了神气啊。"李纨见王夫人和他如此，一则怕勾起宝玉的病来，二则也觉得光景不大吉祥（李纨也觉得不对了），连忙过来说道："太太，这是大喜的事，为什么这样伤心？况且宝兄弟近来很知好歹，很孝顺，又肯用功，只要带了侄儿进去好好地作文章，早早的回来。"一面叫人搀起宝玉来。宝玉却转过身来给李纨作了个揖，说："嫂子放心。我们爷儿两个都是必中的。日后兰哥还有大出息，大嫂子还要戴凤冠穿霞帔呢。"李纨笑道："但愿应了叔叔的话，也不枉——"说到这里，恐怕又惹起王夫人的伤心来，连忙咽住了。宝玉笑道："只要有了个好儿子能够接续祖基，就是大哥哥不能见，也算他的后事完了。"此时宝钗听得早已呆了，这些话不但宝玉，便是王夫人李纨所说，句句都是不祥之兆，却又不敢认真，只得忍泪无言。宝玉走到宝钗跟前，深深作了一个揖。众人见他行事古怪，也摸不着是怎么样，又不敢笑他。只见宝钗的眼泪直流下来，众人更是纳闷。又听宝玉说道："姐姐，我要走了，你好生跟着太太听我的喜信儿罢。"宝钗道："是时候了，你不必说这些唠叨话了。"宝玉道："你倒催的我紧，我自己也知道该走了。"说着仰面大笑道："走了，走了！不用胡闹了，完了事了！"独有王夫人和宝钗娘儿两个倒像是生离死别的一般，那眼泪也不知从哪里来的，直流下来，几乎失声哭出。但见宝玉嘻天哈地，大有疯傻之状，遂从此出门走了（一走了之）。正如《红楼梦》开篇那位跛足道人所言："世上万般，'好'便是'了'，'了'便是'好'。若不了，便不好；若要好，须是了。"贾宝玉最后是"好"了，不仅身体恢复了，精神似乎也到正轨上来。然而，这正是"了"的先声。

23. 金榜题名时

眼看到了出场的时候，王夫人只盼着宝玉贾兰回来。等到晌午，不见回来，王夫人李纨宝钗着忙，打发人去到下处打听。去了一起，又无消息，连去的人也不来了。回来又打发一起人去，又不见回来。三个人心里如热油熬煎，等到傍晚贾兰进来。众人喜欢问道："宝二叔呢？"贾兰也不及请安，便哭道："二叔丢了。"袭人哭着骂贾兰道："糊涂东西，你同二叔在一处，怎么他就丢了？"贾兰道："我和二叔在下处，是一处吃一处睡。进了场，相离也不远，刻刻在一处的。今儿一早，二叔的卷子早完了，还等我呢。我们两个人一起去交了卷子，一同出来，在龙门口一挤，回头就不见了。叫李贵等分头找去，我也带了人各处号里都找遍了，也没有，我所以这时候才回来。"王夫人是哭得一句话也说不出来，宝钗心里已知八九，袭人只是痛哭不已。

过了几天，外头几个家人进来到二门口报喜。几个小丫头乱跑进来，也不及告诉大丫头了，进了屋子便说："太太奶奶们大喜。"王夫人打量着是宝玉找着了，便欢喜地站起身来说："在哪里找着的，快叫他进来。"家人道："是中了第七名举人。"婚后回家探亲的探春问："第七名中的是谁？"家人回："是宝二爷。"正说着，外头又嚷道："兰哥儿也中了。"那家人赶忙出去接了报单回禀，见贾兰中了一百三十名。李纨心下喜欢，因王夫人不见了宝玉，不敢喜形于色。独有宝钗心下悲苦，又不好掉泪。众人道喜，说"宝玉既有中的命，自然再不会丢的。况天下那有迷失了的举人"。王夫人等想来不错，略有笑容。只见焙茗乱嚷说："我们二爷中了举人，是丢不了的了。"众人问道："怎见得呢？"焙茗道："一举成名天下闻，如今二爷走到哪里，哪里就知道的。谁敢不送来！"众人都说："这小子虽是没规矩，这句话是不错的。"惜春在一旁冷冷地说："这样大的人了，哪里有走失的。只怕他破世情，入了空门，这就难找着他了。"这句话又招得王夫人等又大哭起来。

略过数日，贾兰又进来报喜道："太太们大喜了。甄老伯在朝内听见有旨意，说是大老爷的罪名免了，珍大爷不但免了罪，仍袭了宁国三等世职。荣国世职仍是赦老爷袭了。俟丁忧服满，政老爷仍升工部郎中。所抄家产，全行赏还。二叔的文章，皇上看了甚喜，问知是元妃兄弟，北静王还奏说人品亦好。皇上传旨召见，众大臣奏称据伊侄贾兰回称，出场时迷失，现在各处寻访，皇上降旨着五营各衙门用心寻访。这旨意一下，请太太们放心，有皇上这样圣恩，再没有找不着了。"这一节"沐皇恩贾家延世泽"是整个《红楼梦》中最虚假的一节，也是被世人诟病最多的一节。那位高鹗，也可能是某位无名氏，既不遵循中国的社会现实来写，也不按曹雪芹早已设计好的提纲来写，生拉活扯地来上这么一段，让贾家起死回生，延续豪门世族的生活。中国古话早就说道："君子之泽，五世而斩。"而作为贾家原型的曹家，实实在在是一败涂地的，哪来的什么"沐皇恩延世泽"之说？所幸，书中没有完全照大团圆的喜剧写下去，总算在最后保留了《红楼梦》的悲剧结局。

24. 父子永别日

再说贾政扶贾母灵柩，贾蓉送了秦氏凤姐鸳鸯的棺木到了金陵，先安葬了。贾蓉自送黛玉的灵柩去苏州安葬。贾政一日接到家书，一行一行地看到宝玉贾兰得中，心里自是喜欢。后来看到宝玉走失，复又烦恼，只得赶忙回来。在道儿上又闻得有恩赦的旨意，又接家书，果然赦罪复职，更是喜欢，便日夜趱行。一日，行到陵驿地方，那天乍寒下雪，泊在一个清静去处。贾政打发众人上岸投帖辞谢朋友，总说即刻开船，都不敢劳动。船中只留一个小厮伺候，自己在船中写家书，写到宝玉的事，便停笔。抬头忽见船头上微微的雪影里面有一个人，光着头，赤着脚，身上披着一领大红猩猩毡的斗篷，向贾政倒身下拜。贾政尚未认清，急忙出船，欲待扶住问他是谁。那人已拜了四拜，站起来打了个问讯。贾政才要还揖，迎面一看，不是别人，正是宝玉。贾政吃一大惊，忙问道："可是宝玉么？"那人只不言语，似喜似悲。贾政又问道："你若是宝玉，如何这样打扮，跑到这里？"宝玉未及回言，只见船头上来了两人，一僧一道，夹住宝玉说道："俗缘已毕，还不快走。"说着，三个人飘然登岸而去。贾政不顾地滑，急忙来赶。见那三人在前，哪里赶得上。只听见他们三人口中不知是哪个作歌曰："我所居兮，青埂之峰。我所游兮，鸿蒙太空。谁与我游兮，吾谁与从。渺渺茫茫兮，归彼大荒。"贾政一面听着，一面赶去，转过一小坡，倏然不见。贾政已赶得心虚气喘，惊疑不定，回过头来，见自己的小厮也是随后赶来。贾政问道："你看见方才那三个人么？"小厮道："看见的。奴才为老爷追赶，故也赶来。后来只见老爷，不见那三个人了。"贾政还欲前走，只见旷野，并无一人。

贾政知是古怪，只得回来。贾政对众随从叹道："你们不知道，这是我亲眼见的，并非鬼怪。况听得歌声大有玄妙。那宝玉生下时衔了玉来，便也古怪，我早知是不祥之兆，为的是老太太疼爱，所以养育到今。便是那和尚道士，我也见了三次：头一次是那僧道来说玉的好处。第二次便是宝玉病重，他来了将那玉持诵了一番，宝玉便好了。第三次和尚送那玉来坐在前厅，我一转眼就不见了。我心里便有些诧异，只道宝玉果真有造化，有高僧仙道来护佑他。岂知宝玉是下凡历劫的，竟哄了老太太十九年（算一下，从林黛玉出场到贾宝玉出走，红楼故事充其量不过十来年）！如今叫我才明白。"众人道："宝二爷果然是下凡的和尚，就不该中举人了。怎么中了才去？"贾政道："你们哪里知道，大凡天上星宿，山中老僧，洞里的精灵，他自有一种性情。你看宝玉何尝肯念书，他若略一经心，无有不能的。他那一种脾气也是各别另样的。"说着，不觉泪下沾衣。举头望窗外，但见大雪纷纷，涵盖四野，近水沉寂，远山潜形，眼前只有一片白茫茫的大地。这就是贾宝玉故事的结局，也是整个《红楼梦》的结局。

25. 后来的故事

其实，这只是部分结局，按曹雪芹原本的设计，贾家及史、王、薛四大家族的最终结局很惨，简而言之，全如贾政所言——"一败涂地"。正像曹家最后的结局那样：当官的被革职到底，再无翻盘的一天。所有家产被查抄没收，穷到家徒四壁。家人死的死，散的散，坐牢的坐牢，杀头的杀头。按此思路，《红楼梦》后来的故事大约是这样的：

贾政、贾赦等贾家男人在查抄之后尽皆获罪入狱。贾赦贾政平生何曾受过这种苦楚。汉太尉周勃言："吾尝将百万军，然安知狱吏之贵乎！"周勃是见过世面的人，在狱中被狱吏训斥时吓得发抖。贾政贾赦就不用说了，成天担惊受怕，长吁短叹，忧劳成疾，死于狱中。贾珍、贾蓉父子被发配后根本不可能回来，后来皆在边地入籍做了当地居民，好歹做点边贸生意什么的。贾宝玉坐牢后尽日面壁参禅，渐悟顿悟且彻悟，对世事人生宇宙有了更透彻的理解。薛宝钗带着她与宝玉生的儿子艰难度日，衣食无着只得改嫁。史湘云的丈夫已死，她作为罪家女眷被卖到妓院，整日里以泪洗面。

妙玉被劫后，历经一番死去活来的生死劫难，长话短说是这样一番经历：却原来，打劫大观园并劫走妙玉的，是落草在燕山的一伙强梁。这伙人对贾府的动态极了解，因为他们新近入伙一名军师，就是常在贾府走动且与贾宝玉很熟的柳湘莲。这伙人早已探得贾家的富贵，对"贾不假，白玉为堂金作马"的段子记得倍儿清。打听得贾府败落，急欲捞上一把。

柳湘莲念旧情，坚决反对打劫贾府，但拗不过众人一致的意见，只得随大流，但他本人拒绝出马。这伙人突袭大观园后，发现没有多少油水，加之包勇等家丁奋力抵抗，只打劫了栊翠庵等地便仓促而走。此行的最大收获就是劫持了美尼妙玉，可是，如何处置妙玉却成了难题。一则妙玉宁死不屈，到头来谁也拿不到手；二则柳湘莲暗中保护并晓以利害，言妙玉乃佛门中人，强逼之不祥。这伙人本是一些山民，没多少文化，听柳湘莲如此说，便决定放妙玉回家。在柳湘莲的安排下，妙玉回到京都一处清净的尼姑庵继续修行。妙玉经此劫难，无意在京都久留，一心要回岭南她师傅所在之地。无奈一桩心事未了，只得暂留京都等待机会。什么心事呢？就是要解救贾宝玉和史湘云，用她的话说，是"俗缘未了"。正巧，北静王的母亲要请尼姑做法事，妙玉遂进入北静王府。妙玉深得北静王母亲的敬爱，亦听说北静王看重宝玉，就向其母诉说了自家的心事。北静王母亲一口承诺，命北静王速救宝玉出狱，同时拿出银子让妙玉前往妓馆赎史湘云。北静王知道贾宝玉并无大罪过，即使有罪，也是其父兄的事，宝玉不过是家属而已，当下应承下来。在北静王的干预下，狱方很快为贾宝玉办了个保释手续，宝玉得以出狱。妙玉女扮男装，远远地看到宝玉出狱，但见他形容憔悴，已不是当年大观园中的模样，不由泪下沾衣。随后又看到史湘云从良，已寻了妥当的地方住下，方才谢过北静王之母，决然南下。在整个解救过程中，妙玉事必躬亲，但绝不与宝玉湘云当面接触。何以？她怕宝玉和湘云为人情债而不安，她认为，救此二人更多的是为了自己心安。做完这两件事，妙玉认为自己俗缘已了，就此飘然南下，不知所终。贾宝玉和史湘云始终不知道是妙玉救了自己，一直以为是北静王的恩典，可是，若不是妙玉出头力争，北静王也是多一事不如少一事，未必会为一个败落了的贾家罪属出力呢。

出狱后的贾宝玉万念俱灰，出家做了和尚，史湘云再嫁个村汉。可是，佛门并不像想象的那样清静。贾宝玉出家后，看不惯寺院方丈利欲熏心、趋炎附势的做派，愤而还俗，隐居京都附近的山村做了一个村民。他在村中开了一家私塾，坐馆教附近几个村子的孩子，日子也能过得去。众村民对老师非常敬重，经常邀宝玉到自家农舍里喝点浊酒。酒酣耳热之际，难免会说起青少年时代的往事。众人莫名惊诧，谁也不相信眼前这位穷教师曾经大富大贵的经历，七嘴八舌地说："你是在做梦吧！"时间一长，宝玉自己也困惑了，仿佛那曾经的大红大紫真的只是一场梦。

史湘云虽未与宝玉成为一家人，但同在一村，终身与其相伴，从红颜知己到白发知己。只有她相信宝玉说的那些都是真的。一日，湘云对宝玉说："二哥哥，你跟那些村民说个什么，犯得着吗？与其对那些人说道，不如找个时间静静地把它写下来。那个贾雨村你还记得吗？"宝玉说："以前他常来咱家走动，自然是记得的，怎么啦？"湘云说："他犯事后进去了，逢大赦又出来了，目下混在京都。听说他抬着咱们家的那些事，尤其是你的事到处讲，自称《贾语村言》，闹得满世界尽知。我是这么想的，与其让外人在那里说道，倒不如你把它写出来，日后也有个见证。"宝玉一听，诧道："这个贾雨村也真是的，别人家的事，他抬着讲什么？实属无聊。"湘云说："起先我也这样认为，后来仔细想想，你别说，咱家那些事还真有些情趣，也算是一段故事吧，也算是《喻世明言》《警世通言》和《醒世恒言》呢，你是该写出来的。"宝玉说："我现在心如止水，再勾起那些旧事，只怕又要难受了。还是算了吧，贾雨村愿意讲，由他讲去。清者自清，浊者自浊，何必与这种人较真？"湘云说："理虽是这个理，可是我到底意不平。咱家自己的事，自家不说，反倒让外人成天地说道。又不是自己不会讲，二哥哥你真要讲起来，不比那贾雨村强一万倍吗？再说了，写下来就算拿到黛玉姐姐坟前烧了，也是值得的。告慰黛玉姐在天之灵，难道不是通天的大事吗？你以前为晴雯写过祭文？咋没想到为黛玉姐姐也写一篇呢？"

26. 翰墨千秋

提到黛玉，宝玉脸色刷地白了。林黛玉是他数年的心病，一直哽噎在心中，不知如何消解。听湘云这一说，还真是一种解脱的办法。宝玉沉吟半晌，点头道："云妹妹言之有理，为了林妹妹，赴汤蹈火又何足道哉？"于是宝玉重操笔墨纸砚，原想撰写一篇祭文附带一个小传。哪知一发而不可收，写着写着，往事一件件浮上心头，历历在目，宛如昨日。不觉间越写越长，越写越细，俨然鸿篇巨制矣！湘云一得空便过来帮忙，或誉稿，或批注。写到高兴处，二人欣然自喜；写到伤心处，不禁抱头痛哭。

十年过去了，写下稿本两大箱，洋洋洒洒一百多万字（现行《红楼梦》版本为87.9万字）。另有一二挚友也来相助，翻阅已完的稿本，连连叹道："千古奇文！千古至文！"（若按这个思路写，倒是比较接近贾宝玉的原型曹雪芹，而史湘云的原型，不言而喻就是脂砚斋，一二挚友的原型自然是敦敏、敦诚两兄弟。）

十年间还有其他变故，宝玉的其他姐妹——贾迎春死于孙绍祖的折磨，惜春和紫鹃继续当尼姑，贾探春和李纨的处境相对稍好，袭人嫁给了蒋玉菡，日子过得也还行。王熙凤的女儿巧姐在刘姥姥的帮助下逃出勾栏，后来嫁与板儿为妻，养鸡喂猪，生儿育女。刘姥姥康健高寿，常跟巧姐说起她当年进大观园的故事，把巧姐听得入神入迷，仿佛在听别人家的故事。

其他一些出过场的男人怎样呢？薛蟠因伤人性命被问斩，宝钗和薛蝌到刑场为他收殓了尸身。贾雨村如前所言："因嫌纱帽小，致使锁枷扛。"坐了几年大牢，因逢大赦得以出狱，继续做他的文人。因他经历了贾府前前后后的事，与贾宝玉也是极熟悉的，一有机会便抬着宝玉和贾府的故事到处讲，竟因此而得名，满世界都知道有个富于传奇色彩的《贾雨村言》，他索性以此为业，直至终老。

贾琏、贾环皆获刑期不等。贾琏出狱后一筹莫展，因无一技之长，又没有贾雨村那种脱口秀的本事，最后流落街头，靠捡垃圾度日。所幸城市垃圾日益增多，拾荒者甚众，居然也成为一种职业，倒也不至于冻饿。

贾环在狱中就疯了，成天说金钏要来索命，青天白日地见鬼。每到一间牢房，就说"这里有毒，不能住了！"听见天花板上有响动，明明是猫跳，他偏说有刺客。狱方赶紧打发他出狱，可是无处打发，其母赵姨娘已死，贾家的亲朋一听是贾环，没有不摇头的。监狱方面强行将其赶出牢门，他就坐在监狱大门口。有来探监的看他可怜，赏他一点吃喝，他有吃就吃，没吃的就饿着。一夜突降大雪，狱卒开门一看，贾环被埋在雪地里。以手触鼻，哪里还有一丝气息，遂用草席一裹，就地掩埋了。

贾兰考取举人后又中了进士，混得一官半职，总算给他母亲李纨一个安定的生活，但因贾家的牵连，终不能获得提拔重用。贾兰不免要发点牢骚，李纨总是开导他说："孩子，你熟读诗书，还记得诸葛亮在《（前）出师表》中说的话吗：'苟全性命于乱世，不求闻达于诸侯。'诸葛亮尚且这样说话，咱娘俩还能说什么呢？知足吧孩子，穷也好富也好，冷也好热也好，活着就好，活着就好！"

另有个在上文中未提到的柳湘莲，其实也是一个人物，据说他"日后做强梁"，具体下场不得而知。

27. 太湖波分木叶下

林黛玉被安葬在她的故乡苏州太湖东山，墓草青青，绿荫森森。墓旁的树林是当年下葬时贾蓉命人栽下的，已然亭亭如盖矣！一年清明，雨后初晴，一行人挑着两个大箱子前来祭扫，为首的中年男女看似两兄妹，另有一个挑夫随行。一行人洒扫跪拜毕，打开箱子，将一页页稿本撕开焚烧，一如当年林黛玉焚烧诗稿。正烧间，突然来了两名男子，紧拽住中年男子的手说："宝玉哥，不能烧了，不能烧了。你的心，黛玉姐姐已经领了。你看那天上，彩虹当空而现，那不就是黛玉姐吗？"被唤作宝玉的中年男子举头一看，果然有彩虹当空，如彩练飞舞，不禁涕泪滂沱。被唤作湘云的中年女子哭了又笑了，对着林黛玉的墓地轻轻呼唤道："黛玉姐，你若有灵，给我们一个回应。"言未竟，一阵山风扑面而来，漫山树叶沙沙作响，如东山之魂，如太湖之波，如喜如歌，如泣如诉，舞长空之霞蔚，摇青山之草木。

或许，要添了上述这些内容，才是《红楼梦》故事完整的结局。很遗憾，现行《红楼梦》文本中并未包括上述这些内容，仿佛在全书的后四分之一处便中断了似的。这后四分之一的章回，是不是在林黛玉原型的坟前被焚烧了呢？不得而知。后人读《红楼梦》，普遍感到结尾收得草率，于是骂高鹗（或无名氏）"狗尾续貂"，殊不知编书人自有他的苦楚。原稿找不到了，只得续写，但续写者的功力怎能跟原作者相比，只得草草收束。所幸，还有原作的《收尾·飞鸟各投林》作为参照，还是用它来作为《红楼梦》的收尾吧：

> 为官的，家业凋零；富贵的，金银散尽；有恩的，死里逃生；无情的，分明报应；欠命的，命已还；欠泪的，泪已尽。冤冤相报实非轻，分离聚合皆前定。欲知命短问前生，老来富贵也真侥幸。看破的，遁入空门；痴迷的，枉送了性命。好一似食尽鸟投林，落了片白茫茫大地真干净！①

---

① 《红楼梦》（第五回），第86页。

三、《红楼梦》 再现的中国社会

马克思在《资本论》中说:"观念不过是被移植于人类头脑中并在人类头脑中被改造过的物质现象而已。"① 马克思还说:"不是人们的意识决定人们的存在,相反,是人们的社会存在决定人们的意识。"② 根据马克思的这一经典理论,在分析小说作品思想观念的时候,首先要看产生这部作品的社会存在,正是这种存在决定了作品的思想意识,换言之,作品的思想意识,不过是某种社会存在的反映而已。那么,《红楼梦》反映的是一种什么样的社会存在呢?

《红楼梦》反映的是一轴多侧面的诡异怪诞的社会图卷,不可能——展开,只能通过走马观花式的巡礼,从中梳理出一个菜单式的提纲。

1. 停滞不前的"太平盛世"

《红楼梦》展现了一幅"太平盛世"的停滞时代的社会生活图景。

《红楼梦》反映的时代是和平年代。《红楼梦》中以东平王、南安王、西宁王和北静王四位王爷的名称,暗寓"东南西北"的"平安宁静"。内无军阀混战和农民起义,外无八国联军入侵和日本倭寇捣乱,既无大旱大涝的天灾,也无大奸大雄的人祸,不说是"太平盛世"吧,至少是承平治世。所以,没有《三国演义》中的军阀混战天下大乱;没有《水浒传》中的官逼民反民不聊生;《西游记》中的大闹天宫是不可能的,皇帝的宝座坐得很稳,也没有那么多妖精魔头一心想吃唐僧肉;没有《世说新语》中那些惊心动魄的杀戮;没有《二十年目睹之怪现状》中的官场腐败贪污受贿跑官卖官等场面;甚至连《儒林外

---

① 见马克思《资本论》第一卷,德文版第二版序言。
② 见《马克思选集》第一卷,第269页。

史》中的科场舞弊和下流文人都不多见;至于《东周列国志》中的征战杀伐分茅裂土等,更是连影儿都没有。此种社会图景,多少有点"沧海月明"的味道了。按理说,生活在这样的时代,上上下下的日子都应该好过些,统治者可以省点心,老百姓应该"真高兴",但实际上不然,日子依然难过,恰是"沧海月明珠有泪",诚如林黛玉所言:"一年三百六十日,风刀霜剑严相逼。"比较明确的是,这"刀剑"并非来自外国侵略者。无时无处不在的"风刀霜剑"杀死了许多人,非正常死亡的阴影笼罩着"太平盛世"的国民,甭说老百姓高兴不起来,统治者也高兴不起来。在贾府那些欢歌笑语的背后,包含着多少眼泪和叹息。正所谓"此夜红楼,天上人间一样愁"①。

2. 醉生梦死的没落社会

《红楼梦》展现了一个小康经济中解决温饱问题之后的昏沉梦境。

《红楼梦》中关于社会经济和生产力、生产关系的描述不多,薛宝钗等人时常挂在嘴上的"仕途经济"并非现代意义上的"经济",而是经营打算之意。直接涉及经济状况的描述是乌庄头交租、凤姐发放月钱、贾政说库钱亏空、贾琏说寅吃卯粮之类。间接涉及经济状况的是建盖大观园、秦可卿出殡、刘姥姥进大观园等。用王熙凤身边赵嬷嬷的话讲,是"把银子都花的淌海水似的",凭贾政一个工部员外郎的俸禄,就算是有点田产和外快吧,能够维持如此庞大的日常开销,足以表明社会经济状况良好,社会整体经济运行达到小康水平应该没有问题。而且,通货膨胀不厉害,币制稳定,市场繁荣,农桑和买卖正常运作。用所谓"政治经济学"的理论,说明社会生产关系基本适应生产力的发展。至于生产工具改革及新兴科学技术等,在《红楼梦》中全无提及。值得注意的是,在与《红楼梦》同时代的西方,产业革命正在爆发,生产力突飞猛进,生产关系正面临重大调整,这些,在《红楼梦》中踪影全无。换言之,古老的中国仍生活在农耕文明中,闭关锁国,因循守旧,丝毫未意识到一个强大的文明形态已在地平线上升起,一种新型的生产力和生产关系正以摧枯拉朽的态势日益逼近,当时中国社会上上下下依旧昏昏沉沉,宛如梦中,正所谓"今

---

① (清)纳兰性德《饮水词·减字木兰花(晚妆欲罢)》。

宵便有随风梦，知在红楼第几层？"①

3. 你死我活的窝里斗

《红楼梦》展现了一种专制政治和儒学理论联手打造的异常沉闷而又充斥着你死我活斗争的社会生态环境。

影影绰绰出现在《红楼梦》中的"国君""皇上"，是封建政体的最高统治者和集中代表，一切权力掌握在这位皇上手中。查抄宁荣二府是他的旨意，赦免宁荣二府也是他的旨意，总之他说了算，正所谓"普天之下，莫非王土；率土之滨，莫非王臣"。这是在国家层面。在作为"社会的细胞"的家庭层面，每个家庭也有一个"家君"，这就是男性户主，在荣国府是贾政，对宝玉而言是"父亲"。按照"君君臣臣父父子子"的规定，"君叫臣死，臣不得不死；父叫子亡，子不得不亡"。如此自上而下的权力控制，构成一个庞大的金字塔式的社会政治体制。用金观涛的话说，这是一种"超稳定"的社会结构②，既然超稳定，任何变革都难以进行，所以，这是一个"大停滞"的时代，也是一个"异常沉闷的时代"③。然而，生存竞争却并不因为这种"停滞"和"沉闷"而变得消停，恰恰相反，想在这种超稳定社会结构中赢得任何转机和发展，每个人都不得不使出浑身解数，都得"费尽移山心力"。因为缺乏社会发展及个人发展的有效途径，所有人都不得不按照朝廷提供的通道"向上爬"，比如，男人的科举考试，从下层文人贾雨村到贵族公子贾宝玉都得往这条路上走，管你情愿不情愿。对女性而言更惨，除少数贵族女性外，几乎一切向上发展的通道都被关闭了。林黛玉即便有超凡绝伦的文才，也不能参加科举考试以谋得一个"科甲出身"；王熙凤即便有举重若轻的治家本领，也不可能走上社会一展风姿。而像小红那样的小丫头，连给宝玉递杯茶水的机会都没有，好容易有机会给贾宝玉递杯茶水，马上被秋纹一顿臭骂："你也拿镜子照照，配递茶递水不配！"而秋纹，在王夫人眼中，只是个"笨笨"的丫头。她笨吗？一点也不笨，在涉及生存竞争的时候，她寸步不让、寸土必争。僧多粥少，狼多肉少，为能分到一杯羹或一块肉，众人相互倾轧、相互陷害、告密谄媚、溜须拍马，人人

---

① （清）纳兰性德《饮水诗集·别意》。
② 见金观涛《在历史的表象背后》。
③ 见蒋和森《贾宝玉论》。

害我，我害人人。正如探春所说："一个个不像乌眼鸡似的，恨不得你吃了我，我吃了你。"于是，当时整个社会充满了"你死我活的斗争"。而且，斗争的手段极有限，光明正大的手段几乎都行不通。比如贾雨村初到应天府时想秉公判案，可是，门子马上递上一张护官符，一看傻眼了，惹不起，只能徇私枉法。正道走不通，只能走歪门邪道，卑鄙就成了卑鄙者的通行证。这就是《红楼梦》中反映和展现的社会生态。正所谓"小楼昨夜又东风，故国不堪回首月明中"。①

4. 腐败堕落遍天下

《红楼梦》展现了以上流社会（贵族之家）为代表的腐败堕落和骄奢淫逸的日常生活画面。

《红楼梦》虽是一轴反映中国社会生活的长卷，但如贾宝玉所言："弱水三千，我只取一瓢饮。"这"一瓢水"，就是以贾府为代表的上流社会，《红楼梦》集中反映的是这个社会层面。当时中国社会生态的食物链上，这是处于顶端的社会阶层。社会资源被这个阶层所垄断，社会上升渠道对这个阶层敞开，优质的自然环境也被这个阶层所霸占，于是乎，权力、地位、荣耀、名声、享乐、闲暇等人所共欲的目标，在这个阶层几乎都成了现实。如是，这一阶层内部的生存竞争是否会有所缓和？否，你死我活的斗争同样激烈，有一定权力的要争得更大的权力，有很高地位的要争取更高的地位，做了郎中的想做尚书，当了尚书的想当宰相；做了王子的想成太子，做了太子的想当皇上。宫廷斗争、家庭斗争的惨烈程度比中下层社会有过之而无不及，正所谓"高处不胜寒"。在内部争斗日益强化的同时，这个阶层的外部竞争力，尤其是正能量竞争力却日益弱化，因为不劳而获的一切正在腐蚀着这个阶层。"权力导致腐败，绝对权力导致绝对腐败。"所以，当时执掌了中国社会权力的上流社会，无一例外地以惊人的速度从腐败走向毁灭。如冷子兴所言："如今生齿日繁，事务日盛，主仆上下，安富尊荣者尽多，运筹谋画者无一，其日用排场费用，又不能将就省俭，如今外面的架子虽未甚倒，内囊却也尽上来了。这还是小事。更有一件大事：谁知这样钟鸣鼎食之家，翰墨诗书之族，如今的儿孙，竟一代不如一代

---

① 见李煜《虞美人·春花秋月何时了》。

了!"缘此,所谓上流社会,只是在势能上占据上流,在动能上却走向下流,他们正在进行的是新一轮的自我否定,"其兴也勃,其亡也忽"。这就是历史的辩证法。在这个不可挽回的颓势中,这个阶层只能以骄奢淫逸的生活来填充其空虚无聊的岁月。在贾府中,三日一小宴,五日一大宴,似乎只有在"对酒当歌"的宴乐中,才能消解人生的苦闷和无聊。贾宝玉多少还有点生存压力,因为他还得读书准备科考,贾珍、贾蓉、贾赦、贾琏等已经世袭官位或准备世袭的男人,成天无所事事,除了吃喝就是嫖赌;贾母、王夫人、邢夫人、凤姐等女人,除了吃喝就是搬弄是非。男男女女,不知如何打发那漫长的白昼时光,不知如何度过那痛苦的失眠夜晚,空虚、无聊、惆怅成为这个阶层最普遍的心态和情绪,这就是当时中国上流社会的日常生活图景。正所谓"威赫赫爵禄高登,昏惨惨黄泉路近"。

5.《红楼梦》镜像里的中国

以上,就是《红楼梦》反映的中国社会生活的图卷。《红楼梦》的指导思想是来自《易经》的朴素理念——实事求是,即按照生活的本来面目反映生活。反映在这一图卷中的一系列画面是一种"显象",即显示存在物的现象。这种显象既是表象的,又是本质的。如萨特在《存在与虚无》卷首所言:"近代思想把存在物还原为一系列显露存在物的显象,这是一个很大的进步。这样做的目的是为了消除某些使哲学家们陷入困境的二元论,并且用现象的一元论来取代它们。"① 不言而喻,生活在清中叶的曹雪芹不可能了解胡塞尔的现象学和萨特的存在主义,然而,他们观察生活和反映生活的指导思想却是相通的,有异曲同工之趣,所以,《红楼梦》所反映的中国社会生活,不仅生动,而且深刻,仿佛一轴时代的画卷。

进而言之,文学作品不仅仅被动地反映生活,作家在观察生活反映生活的同时,有机而能动地融入自己的生活理想和审美理念,他不仅反映"如此的生活",同时表现"应当如此的生活"。他通过自己塑造的艺术形象——人物的、自然的、现实的、超现实的、幻化的甚至魔幻的——在反映的同时融入创造,重新熔铸出一个新的世界,这就是文学艺术的世界。阿尔贝·加缪在《荒诞的

---

① 见萨特《存在与虚无》。

创造》中说："思想，首先就是想要创造一个世界。"① 王国维也说过类似的话。王国维在《人间词话》中说："有造境，有写境，此理想与写实二派之所由分。"② 作品的思想，将从这个新创造的世界中，从"写境"与"造境"相叠加的境界中，得到更完整、更深入的传达。加缪还说："伟大的小说家是一些伟大的哲学家，巴尔扎克、萨德、麦尔维尔、司汤达、陀思妥耶夫斯基、普鲁斯特、马尔罗、卡夫卡就是如此。"③ 在这里，还应该加上中国的曹雪芹（当然，还有很多）。缘此，在分析《红楼梦》思想的时候，不仅要注意到《红楼梦》反映的世界，还要注意《红楼梦》创造的世界——情节、人物、风景、背景甚至一个小小的细节，更不用说那些直接传达思想的话语了。

---

① 见吕同六主编《20 世纪世界小说理论经典（上卷）》，第 339～340 页。
② 详见王国维《人间词话》。
③ 见吕同六主编《20 世纪世界小说理论经典（上卷）》，华夏出版社 1995 年版，第 340～341 页。

四、《红楼梦》表现的中国社会

在《红楼梦》通过艺术形象创造的世界中，表达出来的思想是一首交织着忧伤与愿景的交响诗，让我们也来一番浮光掠影式的巡礼。

1. 怀疑与叛逆的最强音

《红楼梦》中充溢着以贾宝玉、林黛玉为代表的对现行政治体制和社会历史文化的深刻质疑和一反到底的强烈音符。

贾宝玉的怀疑精神从很小的时候就开始了，起初是他那块来历不清的"通灵宝玉"。它到底是怎么来的？是好东西还是坏东西？为什么姐妹们都没有，偏是我有？来了个神仙般的林妹妹也没有，可知它不是好东西。可是，家长们视之为命根子，这是为什么？从这里开始，宝玉用他稚嫩的眼光打量周围的一切，发现更多的可疑之事和可疑之人。比如，听见焦大骂"爬灰的爬灰"，他问凤姐是什么意思，凤姐不回答，支支吾吾地遮掩过去了。到了学堂，更多的疑窦产生了，比如，为什么偏要读自己不喜欢的四书五经？"四书"之外的很多书明明是杜撰，为什么他们可以杜撰，我不可以杜撰？像《会真记》这样优美的作品，为什么只能偷偷地读？诸如此类的质疑，随着年龄增长越来越多，最集中的怀疑表现在两大方面，一是关乎个人前途的科举考试，二是关乎个人幸福的婚姻大事。为什么非要叫他走自己深恶痛绝的"仕途经济"之路？为什么非不让他与自己深爱的林妹妹结合？……然而，他生存的环境容不得半点怀疑，所有质疑不仅得不到解释，反而受到粗暴的压制，于是，怀疑自然而然地转化为反抗，尤其是青春期个人意识觉醒的时候。本来，青春期就是一个以怀疑和逆反为标志的个性成长时期，世人皆如此，贾宝玉尤甚。这是一个需要发泄和引导的时期，在当时的中国却反其道而行之，青春期的少男少女得到的是来自家长和社会的深重压抑和钳制，当事人势必产生逆反心理。

如前所言，贾宝玉的反抗最初是自然自发、甚至有些盲目的，后来发展为自觉自由的。从那块"通灵宝玉"开始，发展到对科举考试、仕途经济、人际关系、爱情婚姻及现存社会秩序的反抗，最后，上升至对人生意义乃至天地宇宙的怀疑和否定，简直是一反到底。所以，简单地、概念化地给贾宝玉贴上一张"反封建"的标签，实在是低估了这个伟大而深刻的怀疑者和反抗者的形象。是的，贾宝玉是反封建的先驱之一，然而他不止于反封建，他要反对的远不止这些。贾宝玉多次提到"不如早死"，这是对生命本身的怀疑和否定，这是与哈姆雷特同样的问题。在这个层面上，贾宝玉直追老庄，只是尚未到达老子的思想深度而已。

老子是中国乃至世界对宇宙人生思考最深刻、怀疑最透彻的智圣。老子所说的"天地不仁，以万物为刍狗"① 是对宇宙生成目的、万物存在的意义的最精辟的质疑。直言之，就是天地根本没安好心，万物不过是天地的牺牲品而已。贾宝玉的质疑虽未达到这一层面，但已到达人生意义层面。他多次表示："这人活着真真没有意思""自此再不要托生为人"等等，贾宝玉在缺乏指导和借鉴的情况下，能突破当时的儒学局限走到这一步，实属不易。用佛学观点说，这人是有慧根的。

在《红楼梦》中，只有林黛玉能与贾宝玉相提并论，林黛玉的聪慧和敏感，比贾宝玉更胜一筹。林黛玉不必参加科举考试（也不可能参加科考），但她对所谓"仕途经济"同样反感，对儒学那一套"学问"同样看不起，对以"臭男人"为代表的男权政治体制表示公开的不屑。当然，对她而言，怀疑和反抗主要集中在爱情婚姻。如她所叹："叹今生，谁舍谁收？嫁与东风春不管，凭尔去，忍淹留。"在这一层面，林黛玉的反抗比贾宝玉来得坚决，贾宝玉尚可妥协，林黛玉绝不妥协，"不自由，毋宁死"。对林黛玉这样的少女来说，婚姻的自由就是最大的自由，强迫她与一个她看不上的男人结婚或不能与自己心仪的男子结合，她不惜以死抗争。她这样想，也这样做。当这一目标达不到的时候，她唯一想做且唯一能做的就是祈求速死。如蒋和森所说："果然，她毫不犹豫地祈求死亡。但是，就在死亡临近的前一刻，她也没有停止过对现实人

---

① 刍：茅草。刍狗：草编扎的狗，古人用于祭祀用。

生的抗议。她甚么都不愿意留在那个可憎恶的人间了，凡是曾经用自己的心灵所温暖过的东西，都要随着她一同离开那人间的污秽。她撕毁纪录着爱情的丝绢，又把自己灵魂的音谱——诗本子投入盆火。要是可能的话，她是多么愿意把那个世界也投入那一团熊熊的烈火啊！"[1] 杜勃罗留波夫说："这样的解放是悲哀的、痛苦的。"但是，这样的解放同样是壮烈的、慷慨的。"春蚕到死丝方尽，蜡炬成灰泪始干。"[2] 林黛玉用她青春的生命，与压抑人性的道德秩序及世俗偏见拼死一搏，她的生命之光在这一搏中迸发出最灿烂的光芒。缘此，对林黛玉也不要简单地贴上一纸"反封建婚姻"的标签。对黛玉和妙玉这样的人格而言，她们的"清高孤傲"和"不合时宜"本身就是一面人性的旗帜，一面张扬个性的高高飘扬的自由的旗帜，不能仅以争取婚恋自主而等闲视之。

在任何时代任何社会，怀疑、反抗和批判都是最可宝贵的精神气质，都是生物进化和社会进步的起点。没有否定，就没有更高层次的肯定，亿万年来，宇宙和生物都是那么走过来的，是所谓"长江后浪推前浪，前浪死在沙滩上"。然而，以儒学为核心价值观的封建文化传统，最害怕质疑，最反对否定。董仲舒鼓吹"天不变，道亦不变"。统治者则装扮成"天"与"道"的代表，巴不得"万岁万岁万万岁"。缘此，在骗子和奴才充斥的当时社会里，贾宝玉和林黛玉的质疑态度和反抗精神实属不易。

2. 超越自身局限的高层次反抗

更难能可贵的是，他们的怀疑和反抗还有几个特点：

第一，是人本主义的高层次反抗。与《水浒传》中众多好汉的反抗不同，宝黛的反抗并非追求"大碗吃酒肉，大秤分金银"。宝黛的抗争早已超越这种低层次的物质追求，他们不缺酒肉金银，不缺宝马香车，不缺花园府第，他们的需求已到达马斯洛人本主义的高层次——对自由和美的追求。对很多人而言，这是终身都不能达到的高层次追求。就说梁山泊的首领宋江吧，其所求者也就是"招安"，招安之后不过是在体制内获得一官半职。他们的最高追求，在宝黛等人眼中，不过是粪土而已。

---

[1] 详见蒋和森《林黛玉论》。

[2] 见李商隐《无题·相见时难别亦难》。

第二，是对自己安身立命的本阶级的反抗。宝黛的家庭及其自身都是中国封建体制的既得利益者，质疑和反抗这个体制，意味着玉石俱焚。然而，他们能超越自身的阶级利益和阶级偏见，在人性层面进行无私无畏的抗争直至以死相搏，这是众多既得利益者永远也做不到的。其实，不少身在庐山中的人，更识庐山真面目，为什么他们不敢提出质疑和批判呢？"只缘身在此山中"。

第三，是超越时空局限的对人生意义和人生价值的深刻质疑和终极追问：如前所言，贾宝玉、林黛玉关于生死、有无、苦乐等哲学层面问题的探究和思考，不仅超出了儒学的局限，而且超越了时代与地域的局限，朝着形而上的境界发展。"知我者谓我心忧，不知我者谓我何求？"宝黛等人的"忧"和"求"直指宇宙苍穹。他们敢于正视人与生俱来的痛苦，诚如鲁迅言："真的猛士，敢于直面惨淡的人生，敢于正视淋漓的鲜血。"[①] 从这个意义上说，宝黛等人不愧为"真的猛士"。他们不仅敢于直面惨淡、正视鲜血，还敢于寻求解放，林黛玉选择了死亡，贾宝玉选择了出家，尽管不是最好的出路，但他们的怀疑和探求已经高蹈于世俗层面，跨入形而上的领域。更好的解脱之道在哪里？《红楼梦》没有作出回答，但它至少启迪人们去思考，去做更进一步的深入探求，这就够了！所以，贾宝玉和林黛玉的质疑、反抗、批判和求索精神不同凡响，不愧为中国思想批判的强音，不愧为生命史诗的一连串充满力度的音符。

3. 天地灵秀独钟女儿

如前所言，贾宝玉怀疑和反对许多东西，从科举考试到社会体制，正如他评价妙玉之言："万人不入他目"，同样，万人也不入贾宝玉的目，从酸腐儒生到国贼禄蠹。因为这些人都是男人，所以，贾宝玉把自己的反感和厌恶延伸至"男人"。贾宝玉一向讨厌男人（尽管他自己也是男人），他的名言是："见了男子便觉得浊臭逼人。"让他觉得"清爽"的只有"女儿"，在他看来，天地山川之毓秀，独钟于"女儿"。《红楼梦》塑造了许多"女儿"形象——林黛玉、薛宝钗、史湘云、妙玉、晴雯、袭人、宝琴、邢岫烟……全是清俊秀丽、出类拔萃的美女加才女。如书中所说的，他是"见一个爱一个"。当然，此处所说的"爱"，更多的是一种精神上的向往和喜爱，连柏拉图所说的"精神恋爱"都谈

---

① 见鲁迅《记念刘和珍君》。

不上，倒有点接近警幻所说的"意淫"（并非世俗社会理解的"意淫"）。警幻说："如尔则天分中生出一段痴情，吾辈推之为'意淫'。'意淫'二字，惟心会而不可口传，可神通而不可语达，汝今独得此二字。"缘此，与贾府上下的男人一味追求肉体之欢不同，贾宝玉追求的是对女性美的静观与欣赏，如王国维所言："故美术之为物，欲者不观，观者不欲。"[①] 这就从性爱的功利层面进入情爱的审美层面，像中国古人说的："怜香惜玉之情，红颜知己之遇。"甚至，连"遇""不遇"都不重要，重要的是那份关爱和怜惜之情。就像俄国著名作家库普林在其名作《石榴石手镯》中描述的爱情那样，只是一种终身爱恋的远距离守望而已。当然，前提是要有值得如此怜爱和守望的对象，一种合乎守望者审美价值标准的美的形式。贾宝玉正好坐拥这种条件，大观园是一个美貌女儿荟萃之地，正所谓"春色满园，万紫千红"。宝玉成天在女儿中厮混，让他有机会"阅尽人间春色"。阅人越多，宝玉越发坚定自己的看法——山川毓秀，独钟女儿。由是确认"女儿"是天地间第一美好的事物，是自然美与社会美的核心之所在。

相比之下，"女人"就差了许多，宝玉说："怎么这些人只一嫁了汉子，染了男人的气味，就这样混帐起来，比男人更可杀了？"其实，就宝玉见过的秦可卿、王熙凤、平儿、香菱等"女人"而言，其容貌和气质并不亚于黛玉、湘云、宝钗等人，宝玉对平儿、香菱等也颇有好感，他所说的"女人"，更多是指赖大家的、周瑞家的那班"婆子"，皆因"染了男人气味，就这样混帐起来，比男人更可杀了"。

进而言之，宝玉对男人也并非一概厌弃，对符合审美标准的男性，他同样喜爱，比如秦钟。"那宝玉自见了秦钟的人品出众，心中似有所失，痴了半日，自己心中又起了呆意，乃自思道：'天下竟有这等人物！如今看来，我竟成了泥猪癞狗了。可恨我为什么生在这侯门公府之家，若也生在寒门薄宦之家，早得与他交结，也不枉生了一世。我虽如此比他尊贵，可知锦绣纱罗，也不过裹了我这根死木头，美酒羊羔，也不过填了我这粪窟泥沟。富贵二字，不料遭我荼毒了！'"从这段对秦钟的赞美与对自己的骂詈中看出，贾宝玉看重的是一种审美形式，这种形式以"女儿"为代表，兼及少数"男儿"。就美学形式而言，

———————————

① 见王国维《红楼梦评论》。

这是一种以优美为特征的形态，更符合贾宝玉的审美标准。

4. 对儒学女性观的拨乱反正

贾宝玉的这种审美取向不仅为世人所不解，同时为世人所不容。《红楼梦》不是有那么几句评论吗："富贵不知乐业，贫困难耐凄凉。可怜辜负好韶光，于国于家无望。天下无能第一，古今不肖无双。寄言纨袴与膏粱，莫效此儿形状。"此乃自嘲之语，不过，也可表明许多人，尤其是男人对贾宝玉的评价。可是，宝玉根本不理睬此类评价，天马行空，独行其是，也如这首《西江月》所言："行为偏僻性乖张，那管世人诽谤。"就像他挨打后对林黛玉说的，哪怕为这些人（女儿等）死了，也是心甘情愿的。在这点上，宝玉与屈原有的一比，屈原《离骚》中的香草美人，也是一种审美形式，为了香草美人，屈原同样是"虽九死其犹未悔"。贾宝玉、屈原的这种审美取向，在中国社会历史文化中很难得到认同，老孔说过："惟女子与小人为难养也。"① 将"女子"与"小人"等量齐观，是中国文化的悲哀，是华夏民族的不幸。

夫小人者，万类之至丑至恶者也。如果男人已经浊臭逼人，那么，小人岂止是浊臭逼人，还要浊臭死人。在《红楼梦》中，贾环就是一个经典小人。形象猥琐，行为下作，连他亲爹贾政看着都生气。心想都是一父所生，怎么这二儿子跟三儿子竟有那么大的差别。贾环自小妒忌宝玉，成天想方设法地害他，必欲置之死地而后快。诬陷宝玉强奸母婢金钏的是他，往宝玉脸上泼滚烫的灯油的也是他。诬陷、告密、跟踪、盯梢、拍马屁、下毒手是所有小人的拿手好戏，后世归结为"好马快刀"。"什么马？溜须拍马；什么刀？两面三刀。"对此等小人，一般还惹不起，因为要做正事，哪有时间来与之纠缠。既然惹不起，但求躲得起，身为蜀汉丞相的诸葛亮也只能说"亲贤臣远小人"。自古以来对付小人的办法大概只有那么一招——远之，就怕连躲都躲不起。孔子将"小人"与"女子"等量齐观，是对女性的最大侮辱与最粗暴的践踏。

千百年来，中国社会对女性的摧残、压迫和歧视，虽不说登峰造极，至少名列二三。由男人畸形审美心态而制造出来的畸形病态的审丑形式，如小脚之类，国人（包括某些女人）不以为丑为耻，反以之为美为荣。《红楼梦》的作

---

① 见《论语》。

者生于清代，汉族女性缠小脚已有千年历史，但我们在《红楼梦》中看到的汉族"女儿"，压根没有小脚的影子，所有"女儿"都是"清水出芙蓉"的自然天成的形式。从中国放眼世界，对女性的歧视比比皆是，似乎女性自身也有某种自惭的心理。存在主义代表人物西蒙娜·波伏娃在《第二性》中说"历史上的女性是作为男性附属性别的第二性存在的"（波伏娃只是描述了这种状况，她要改变的正是这种存在状况）。

5. 女儿是诗意的生命

令波伏娃没有想到的是，在中国的《红楼梦》中，女性不仅是第一性，"女儿"更是第一性中的第一性，是天地之灵秀，是日月之精华。而男性，对宝黛而言，即使是执掌生死大权的王公贵族之流，也不过是"浊臭逼人"的"臭男人"而已。《红楼梦》彻底颠覆了中国乃至世界的性别观，具有超前的意识和非凡的勇气。荷尔德林说："人应该诗意地栖居在大地上"，而贾宝玉眼中的"女儿"，就是这种诗意的生命。正是这种诗意的生命，为苦难人生提供了值得活下去的理由。美国电影《闻香识女人》中的海军中校对劝阻他自杀的大学生说："我生活在黑暗中，你给我一个值得活下去的理由。"大学生说："你能闻香识女人，这就是理由。"听了这话，海军中校缓缓放下已经上膛的手枪。是的，世上有美好的女性，就是值得活下去的理由。像林黛玉、晴雯这样的女儿，其生命本身非常短暂，如流星划过长空，转瞬即逝。然而，哪怕是如此短暂的生命，依然为世界创造了绚丽的美，由此而来的诗意，将永远激励人们去争取哪怕一点点诗意，以此充实自己苦难的人生。缘此，《红楼梦》对以"女儿"为代表的审美形式的充分肯定和热情赞美，是对诗意的赞美，是对传统文化的拨乱反正，是人类审美史诗中一组"如歌的行板"、一曲华美的乐章。

6. 悲凉之雾遍被华林

《红楼梦》第五回中，警幻仙子携宝玉游太虚幻境，对酒当歌，警幻命十二舞女将新制的《红楼梦》演上来。第一曲《红楼梦引子》唱道："开辟鸿蒙，谁为情种？都只为风月情浓。趁着这奈何天，伤怀日，寂寥时，试遣愚衷。因此上，演出这怀金悼玉的《红楼梦》。"这段引子，一开始就定下了整篇《红楼梦》的基调——悲剧。如王国维所言："《红楼梦》一书，与一切喜剧相反，彻头彻尾之悲剧也。除主人公不计外，凡此书中之人，有与生活之欲相关系者，无不与苦痛相终始。"① 中国历代小说戏剧，表现苦难的很多，表现悲剧的却不多。何以？皆因不肯或不敢正视苦难，在苦难中凭空添加一些虚假的美好，自欺欺人地将苦难淡化。最明显的是生硬地套上一个"大团圆"的结局，将所有苦难、问题和缺憾消弭于低俗廉价的幻象之中。《红楼梦》则不然，如前所言，《红楼梦》以实事求是的态度，直面人生的苦难，正视淋漓的鲜血。鲁迅说："悲剧将人生的有价值的东西毁灭给人看。"② 亚里士多德说："悲剧者，所以感发人之情绪而高上之，殊如恐惧与悲悯之二者，为悲剧中固有之物，由此感发，而人之精神于焉洗涤。"③

当然，还有许多关于"悲剧"的定义或说法，但不管怎样，万变不离其宗，首先是"悲"，其次是"剧"。就汉字字义而言，"悲者，痛也。从心非声"，"剧，尤甚也，从刀"④。所以，"悲剧"就是"巨大的痛苦"，或者，加上后起之意"戏剧""演示"等。由此看来，"悲剧"两字之字义与鲁迅等人说的差不多，悲剧就是将巨大的痛苦展示出来。王国维在其《红楼梦评论》中引叔本华的话说："悲剧之中又有三种之别：第一种之悲剧，由极恶之人极其所有之能力以交构之者。第二种，由于盲目的运命者。第三种之悲剧，由于剧中之人物之位置及关系而不得不然者，非必有蛇蝎之性质与意外之变故也，但由普通之人物、普通之境遇逼之，不得不如是。彼等明知其害，交施之而交受之，各加以力而各不任其咎。此种悲剧，其感人贤于前二者远甚。"按叔本华之说，第一种悲剧是恶人相残，第二种悲剧是无知所害，第三种悲剧是命中注定。

7. 宿命的悲剧

王国维认为："若《红楼梦》，则正第三种之悲剧也。兹就宝玉、黛玉之事言之，贾母爱宝钗之婉嬺而惩黛玉之孤僻，又信金玉之邪说而思压宝玉之病。王夫人固亲于薛氏，凤姐以持家之故，忌黛玉之才而虞其不便于己也。袭人惩

---

① 见王国维《红楼梦评论》。
② 见鲁迅《再论雷峰塔的倒掉》。
③ 亚里士多德《诗论》，转引自王国维《红楼梦评论》。
④ 见许慎《说文解字》。

尤二姐、香菱之事，闻黛玉'不是东风压西风，就是西风压东风'之语，惧祸之及而自同于凤姐，亦自然之势也。宝玉之于黛玉信誓旦旦，而不能言之于最爱之祖母，则普通之道德使然，况黛玉一女子哉！由此种种原因，而金玉以之合，木石以之离，又岂有蛇蝎之人物、非常之变故行于其间哉？不过通常之道德、通常之人情、通常之境遇为之而已。由此观之，《红楼梦》者，可谓悲剧中之悲剧也。"①

　　按今天的美学观看问题，叔本华所说的第一种悲剧不能成立，极恶的蛇蝎一样的人物相互争斗你死我活，无论下场多惨，均属活该，至多具有喜剧方面的美学价值，可以划归为喜剧。第二种悲剧部分成立，所谓"盲目运命者"，是悲剧但不具有普遍意义。比如"盲人骑瞎马，夜半临深池"是很悲惨，但有很大的偶然成分，并非必然如此。第三种悲剧是由普通人的性格与命运的冲突、局部与整体的冲突、愿望与结果的冲突而造成的毁灭，这就具有很大的普遍性必然性以至成为宿命了。用黑格尔的话来阐释："存在的是合理的，合理的是存在的。"② 每个人都按自身既定的"合理的"行事，结果却是"不合理的"，不仅不合理，而且不能存在，最终走向毁灭和死亡。个别合理，综合不合理；局部合理，整体不合理；愿望合理，结果不合理；低层次需求合理，高层次需求不合理，这就是造成具有普遍性和必然性的悲剧根源之一。如何消解这种困境？只能通过改革和协调，从社会现实的总体上创造出更为合理的存在，让合理的成为现实的，这才是逻辑上的唯一通道。王国维以宝黛婚姻为例说明了这点。不妨再以贾政与宝玉的父子冲突说明这点——做父亲的要求儿子读书走正道，在任何时代都是合理的。在贾政心目中，好好读书考上举人进士，在体制内一步一步向上发展，这就是正道，今天的很多家长不也是这样认为的吗？要不然，怎么会有"千军万马过独木桥"？贾政有错吗？没错！概念化地给贾政贴上一条"封建卫道士"的标签，不亦陋乎！可是在宝玉心目中，读四书五经、考科举、行仕途经济之道，就是一条扼杀人性摧残生命的死亡之路，宁死也不走这条道。宝玉有错吗？也没错，他想走的是更人性化、更自由的发展道路。双方都没错，于是父子俩干上了，互不让步，同归于尽。那么，

---

　　① 见王国维《红楼梦评论》。

　　② 见黑格尔《法哲学研究》或《小逻辑·序言》。该句亦可译为"现实的是合理的，合理的是现实的"。笔者注。

错在哪里呢？错在他们所处的社会现实，问题出在这里，悲剧的根源也在这里。于是，对社会现实的改革乃至革命就提上议事日程了，要从"最大多数人的最大利益（整体）"出发，创造更合理的存在，让存在的成为合理的。可是，随着社会发展，曾经合理的现实又变得不合理了，又需要新一轮的改革。人类社会就是在不断改进和革命的进程中发展的。如《易》所言："天行健，君子以自强不息。"

贾宝玉所处的现实为什么会悲剧频繁以至无处不在、无人幸免？就因为这个社会停滞了，不改革了，不发展了。原先具有的合理性日益丧失，现实成为矛盾丛生不堪存在的生态环境，而身处这种现实中的人们却不思进取，不愿改进，"合理的"迟迟不能成为"现实的"，所以，"任何人都没有好的命运，任何人都不配有好的命运"。① 如果排除"仕途经济"方面的冲突，贾宝玉对其父还是有感情的，他出家之前特意到船头向父亲拜上四拜，除了感激父母的养育之恩，还有对父亲的依依不舍。倘若不是那两个和尚道士催得紧，没准他还会说点什么。贾政何尝不是这样，别看他曾想打死宝玉，听到宝玉中举的消息，他像普天下的父母一样为之高兴（贾环就不一样了，很沮丧很失落很生气后果很严重，别忘了他还是宝玉的弟弟），宝玉出家而去，贾政还不是心痛欲绝老泪纵横就像剜却心头一块肉。同样，贾母、王夫人和王熙凤合谋欺骗林黛玉，林黛玉死后，以贾母为首的这些人还不是在她的灵柩前哭得死去活来。"谁之罪？"首先是社会现实之罪，其次才是各种当事人自己的罪过。类似悲剧，又何止于《红楼梦》哉！

然而，上述所言不过是悲剧产生的根源之一（社会层面的），人类悲剧还有其更深刻的、与生俱来的内在必然性（哲学层面的）。

8. 逆向淘汰

按达尔文的物种进化论，生物不断进化以适应自然界的变化，大自然仿佛是一双"看不见的手"，不断地选择、淘汰或保留。赫胥黎将此说演绎为《天演论》，严复又从《天演论》中归纳出八个大字"物竞天择，适者生存"。自然选择的结果是"优胜劣汰"。总的说来，"天演论（进化论）"诚然是颠扑不破

---

① 语出蒋和森《红楼梦论稿》。

的真理。然则，进到人类文化层面，这个真理就要打折扣了，很多情况下就令人生疑了，比如，在《红楼梦》中，林黛玉不够优秀吗？贾宝玉不够优秀吗？妙玉不够优秀吗？秦钟不够优秀吗？可是，最先死亡和毁灭的，不都是这些优秀人物吗？相反，被贾宝玉等不屑一顾的国贼禄蠹之流却一个比一个活得自在。就拿贾雨村来说吧，虽算不上蛇蝎一样的恶人，至少算是一个庸人，可是，活到最后的正是贾雨村，是"贾雨村归结红楼梦"。不难看出，文化选择与自然选择不同，用学界的话说，是逆向淘汰，越是优秀，就越难胜出。不仅不能胜出，反而要遭淘汰。是所谓"黄钟毁弃，瓦釜雷鸣""越是高尚就越不幸"。这一点，在某些不合理的社会结构中表现得尤为突出。有人认为："达尔文的进化论尚不能圆满解释人类社会，尤其是某些人类社会。在这种社会中，出现了与自然淘汰法则不一致的逆向淘汰现象，某些从物种角度确认是优秀的物种（人种），却难于在某种社会环境中生存发展，终被淘汰；而某些劣质物种，按自然法则必被淘汰者，不仅安然存活，而且不断繁殖。鉴于这种现象，达尔文的表弟高尔顿在大量研究的基础上提出人类社会的又一进化原则——文化淘汰原则，之后，经雅克·莫诺、道金斯、威尔逊、杜布赞斯基等进一步研究，建立起一套完整的社会生物学理论，完善了高尔顿提出的文化选择原则。1963 年，杜布赞斯基在《进化中的人类》这部影响广泛的著作中说：'在某种意义上讲，在人类进化中，人类的基因已经放弃了他们的首席地位而让位于一种全新的、非生物学的或谓超机体的力量，这就是文化'。"[1] "如果模仿严复的说法，则表述为，人类在社会中的进化（含淘汰）原则是：'文化选择，适者生存'，即只有适应于某种社会文化形态者，才可能生存发展，反之则被淘汰。然而，某种文化本身又处于世界文明文化和大自然的选择之中，如果某种文化被淘汰，它所选择的'适者'也将被淘汰，正所谓'皮之不存，毛将焉附？'"[2]

按人类文化进化论的分析，林黛玉、贾宝玉、妙玉等就是不适应中国传统文化的人，尽管他们足够优秀，但仍旧"不合时宜"，所以都被淘汰，相反，像贾雨村、贾环、贾珍、贾蓉等，则能在当时的文化中存活并发展。这种异乎

---

[1] 见郑思礼《中国性文化：一个千年不解之结》。

[2] 见郑思礼《中国性文化：一个千年不解之结》。

寻常的逆向淘汰原则，是形成"美好毁灭，丑恶长存"的悲剧根源之一。形成"各方面素质低下者战胜素质优秀者，如李斯'战胜'韩非、赵高'战胜'李斯、刘邦'战胜'项羽、李蔡'战胜'李广、钟会'战胜'嵇康、秦桧'战胜'岳飞等等。在这种情况中，所谓'战胜'，实际上是文化淘汰的代名词。就是说，如果是平等竞争，前者绝不是后者的对手，尤其在正面素质方面，后者往往比前者强大许多倍。然而前者能巧妙地应用封建权力的杠杆，巧妙地借助腐朽文化的摧毁力，巧妙地应用其反面素质手段（弄权、谄媚、进谗等），便能轻而易举地击败后者。结果是，携带优秀基因的后者被大量杀戮，甚至诛灭九族、诛灭三族，而携带劣质基因的前者却能安然生存、大量繁殖。这样一来，文化选择与自然选择发生矛盾，社会呈现出逆向淘汰趋势。用中国传统的说法，则是'木秀于林，风必摧之'。这种'风'，实质上就是一种文化淘汰力量。"[①]

当然，这种实行逆向淘汰的文化本身，也面临被淘汰的重大危机，因为它将自己拥有的优秀人物和优秀基因淘汰殆尽，不仅自身日渐衰落，而且面临优秀异质文化的竞争，一旦与优秀异质文化发生碰撞，立刻显露出自身的弱势和致命缺陷，由是进入死亡的倒计时。运行这种劣质文化的国度和种族，马上面临亡国灭种的危险。中国历史上多次出现这种情况，当李斯、蒙恬等良相猛将被灭杀而赵高等人弹冠相庆的时候，秦王朝的灭亡近在眼前；当岳飞、韩世忠等一大批忠臣良将被灭杀而秦桧、张俊等奸臣如鱼得水的时候，南宋的灭亡指日可待；当张居正、戚继光等良相大将被灭杀而魏忠贤被封为九千岁的时候，明朝的灭亡已为时不远。如此等等，不一而足。古语道"覆巢之下无完卵"，实行逆向淘汰制的劣质文化，总是挟持着自己的优秀人才一同灭亡，可悲者于此，可痛者亦于此。

9. 人生有限

王国维在《红楼梦评论》中说："生活之本质何？欲而已矣。欲之为性无厌，而其原生于不足。不足之状态，苦痛是也。既偿一欲，则此欲以终。然欲之被偿者一，而不偿者什百，一欲既终，他欲随之，故究竟之慰藉，终不可得

---

① 见郑思礼《中国性文化：一个千年不解之结》。

也。"王国维认为，人生痛苦的另一根源是欲望永远得不到满足。欲望为人性的本质，其特点是不断产生，满足此一欲望，立刻产生下一欲望，循环往复，永无止息。缘此，人们总处于欲望得不到满足的痛苦之中，这是产生悲剧的又一原因。还拿贾雨村说事，本来，借贾府之力得到应天府的肥缺，已经很不错了，可他还想不断升迁，升到大司马，已经位极人臣，他还想封侯晋爵，结果"因嫌纱帽小，致使锁枷扛"。另如秦皇汉武之流，已经到达中国权势富贵的顶峰，可还想"万岁万岁万万岁"，成天忙于炼丹吃药、求仙访道，结果砷汞中毒，死得更快。

况且，再长寿的人，也不过百岁而已，以有限之生命追求无穷之欲望，痛苦愈增。如《古诗十九首》所说："生年不满百，常怀千岁忧。"结果，生生被自己的欲望和忧虑折磨死了。佛学认为，人生有八大痛苦——生苦、老苦、病苦、死苦、爱别离苦、怨憎会苦、求不得苦、五取蕴苦，其中最大的痛苦就是"求不得"，因为它伴随人的一生，时刻让主体处于痛苦之中，这就是人生的悲剧。孟子曰："饮食男女，人之大欲存焉。"[1] 相比之下，前者相对容易满足，后者很难满足，如王国维说："男女之欲尤强于饮食之欲。何则？前者无尽的，后者有限的也；前者形而上的，后者形而下的也。是故前者之苦痛尤倍蓰于后者之苦痛。而《红楼梦》一书，实示此生活此苦痛之由于自造，又示其解脱之道不可不由自己求之者也。"[2] 王国维认为，这种悲剧来自人的本性，痛苦是自找的，悲剧是必然的。就说林黛玉吧，其各方面的优秀已然出类拔萃，可是，她的"小性儿"（小心眼）、尖酸刻薄的脾气不仅让别人受不了，她自己也为此吃了不少亏。她与宝玉之间的爱情误会和痛苦，在很大程度上是她自找的，只因她对爱情纯真度的追求永无止境，如书中所言"享福人福深还祷福，痴情女情重愈斟情"。再说妙玉，高洁到了极致，按现今心理科学的诊断，已成洁癖，是一种病态了。这种病态洁癖让她很难在一般状态下生存，早先只能住在大观园的栊翠庵。后来遇难遭劫，彻底改变了她的生活境遇，由"洁"变成"何曾洁"，这才改变了她的性格，才能适应环境生存下来。像黛玉这样的脾气，即使婚姻成功，就算与宝玉结了婚，婚后生活会怎样？宝玉按她的脾气

---

① 见《孟子》。原话为告子所言。
② 见王国维《红楼梦评论》。

不走仕途经济之路，既不能世袭得官，又不能从事"臭男人"的体力劳作，吃什么穿什么？拿什么来保证她优裕富足的物质生活，更不用说琴棋诗画的精神生活了，这将导致另一层面上的悲剧。在这点上，薛宝钗和史湘云就比她现实得多。所以，薛史二人能适应贾家败落后的生活，顽强地生存下去，薛史二人的悲剧色彩就不像黛玉那样浓郁。

10. 世事无常

鲁迅在《中国小说史略》中说："颓运方至，变故渐多。宝玉在繁华丰厚中且亦屡与'无常'觌面。悲凉之雾，遍被华林，然呼吸而领会之者，独宝玉而已。"① 这是关于《红楼梦》悲剧的凄美描绘，而"悲凉之雾，遍被华林"，是对《红楼梦》悲剧的精彩概括。"无常"是悲剧产生的又一根源。生命的本质是存在和发展，恒常、有序、稳定是人之常情，如苏轼所言："但愿人长久，千里共婵娟。"也如前所言，宝玉喜聚而不喜散，喜热闹而怕冷清，这也属人之常情。然而，宇宙的法则是运动和变化，世事无常，毁灭、死亡、混乱、无序、不测、多舛，让生命危机四伏。大到天体，小到个体，随处充满不可预测、不可掌控、不可理喻的突发事件，使生命主体处于动荡甚至死灭的不安之中。

在《红楼梦》中，这种"无常"的表现非常明显。当贾宝玉与秦可卿温柔缠绵之际，怎会想到她突然上吊死亡？这种从天而降的打击让宝玉当场呕血；昨天，宝玉还在王夫人处与金钏说笑，今天看到的只是一具尸体，令宝玉散魂失魄似的乱窜，被贾政一顿怒骂，紧接着又一顿暴打；一个小丫鬟在园里拾到一个绣春囊，根本不算什么事。可是，在充斥着虚伪道德的大观园里却酿成一场风暴，抄检大观园开始了，司棋被撵走，晴雯因此死亡。正像当今科学所说的"蝴蝶效应"：一只蝴蝶在亚马孙河流域扇动翅膀，可能在美国形成一次风暴。也像宋玉在《风赋》中所言："枳句来巢，空穴来风。"只要存在那个结构，它迟早要把风、甚至风暴引进来。而在宇宙和社会中，蝴蝶翅膀和枳句空穴可谓比比皆是，所以，随机事件和突发事件随时可能发生，人的生活生命便处于这种不可知的变动之中。需要强调的是，所谓"无常"，特指负面性质的

---

① 见鲁迅《中国小说史略》。

变动，即对人们的生存构成威胁的疾病、伤害、攻击、动乱、毁灭、死亡等。在贾宝玉的生活中，这种无常可谓接踵而至，一连串的死亡让大观园弥漫着浓郁的感伤气息。虽然大观园很美丽，但园内笼罩的却是悲凉之雾，鲁迅因此谓"悲凉之雾，遍被华林"。推而广之，在人生社会的更广泛层面，尽管没有大观园那样的"华林"，悲凉之雾同样缘水而生、因风而起。

11. 天地不仁

如前所述，贾宝玉的怀疑和批判已上升至很高的哲学层面，绝不仅仅限于什么"反封建"，然而，他离更高层面的批判尚有一步之遥。对宇宙和生命的更高一层批判是由老子完成的。老子说："天地不仁，以万物为刍狗。"① 我们已在上文解释过这一命题（天地没安好心，把万物当成牺牲品）。老子是中国乃至世界唯一提出这一命题，从而将批判矛头直指天地宇宙的智圣。在西方，尼采提出"上帝死了"，将批判锋芒指向创造人类的上帝，与中国的老子同声相应，可是，在批判力度上弱了许多。老子的命题是长期困扰哲学美学乃至量子物理学界的重大问题——宇宙的生成、生命的出现、高级智慧生物的发展，这一切有没有目的性？如果有，是什么目的？如果没有，它到底为了什么？试看从宏观世界至微观世界的一切，从天体到病毒，其构造之精密、运行之精确，是谁在指挥？是谁在操控？此时，不找出个上帝来真是很难解释。在老子那儿，这个上帝就是"天地"本身，这个"天地"是有人格的，它居心不良，让万物生生死死，处于痛苦的生存竞争中，让万物成为它的试验品、牺牲品，天地啊！你到底想干什么？可是，天地不回答。就像泰戈尔说的："海水呀，你说的是什么？是永恒的疑问。天空呀，你回答的话是什么？是永恒的沉默。"

12. 生而荒谬

有人以为，讨论这些干什么？有什么用处？只能用庄子的话回答他们：无用之用，方为大用。② 真的很重大很有用，因为，它是人间悲剧生成的最根

---

① 见老子《道德经》。
② 见庄子《人间世》。

本的元素。长话短说，如果宇宙有目的，它就有意义，作为宇宙一分子的人类或个人也就有目的、有意义；如果宇宙无目的，它就无意义，作为宇宙一分子的人类或个人也就无目的、无意义。就现行的研讨看来，宇宙无目的，它只是创造了世界，创造了万物和人类，让它们生存着死灭着。至于为什么生存，宇宙保持沉默，仿佛让万物为存在而存在，为活着而活着，这就是目的。而人类却不能回避这个问题，尤其是碰到"无常"的时候，生存是如此之痛苦，为什么要活着？我们在故事梗概中曾提到，加缪认为，人生而荒谬，解除这种荒谬的途径之一是自杀。贾宝玉也多次叹道："人活着真真无趣。"那么，为什么还要活着？正像电视连续剧《渴望》主题歌唱的："这样执着，究竟为什么？""人生而荒谬"，是人世悲剧产生的最基本的根源，如何从这种荒谬中解脱出来？是困扰人们的永恒的问题，所以人们一直在求解。正如屈原所说："路漫漫其修远兮，吾将上下而求索。"

13. 解脱悲剧之道

在言及人生悲剧解脱之道时，王国维说："金钏之堕井也，司棋之触墙也，尤三姐、潘又安之自刎也，非解脱也，求偿其欲而不得者也。彼等之所不欲者，其特别之生活，而对生活之为物则固欲之而不疑也。故此书中真正之解脱仅贾宝玉、惜春、紫鹃三人耳。"[1] 对王国维此说，笔者不敢苟同。对解脱人生悲剧的各种出路，《红楼梦》都有探究和展示，《红楼梦》本来就是一部展示悲剧及寻求解脱之道的巨著。对那些根本不想解脱甚至继续导演悲剧的角色来说，这不是问题，他们无需解脱；对茫然于人生舞台上或坐在观众席上的芸芸众生而言，时为"群众演员"，时为旁观看客，大约也未想到这个问题。这就是叔本华说的"盲目运命者"，彼等既未感觉被束缚的痛苦，又何谈寻求解脱的冲动呢？缘此，《红楼梦》展示的解脱之道，只为寻求解脱者而言，简而言之有四：

其一，砸烂舞台。不得不回到先前提到的黑格尔的著名命题"存在的是合理的，合理的是存在的"。社会人生舞台总是先于出场者而存在的，它既然存在，就有它存在的根据（合理性之一：现实的）。以科举考试为例，贾宝玉出

---

① 见王国维《红楼梦评论》。

生时，中国的科考已有几百年的历史。科考及相应的人才选拔制度是中国对世界的重要贡献之一，有人认为不亚于科技上的"四大发明"。科举人才选拔制度比贵族世袭制、九品中正制进了一大步，曾具有相当的合理性，其部分合理性直至今天也未完全丧失。科考确实选拔出了中国历史上的一批批英才俊才，王安石、苏轼、苏辙、张居正，包括本书多次提到的王国维等，不都是"科甲出身"吗？可是到了明清，科考的合理性逐渐丧失，以"四书五经"为考试内容的科举考试日益成为僵死的教条，成为束缚思想和阻碍社会进步的工具，成为人生悲剧的舞台之一。看看吴敬梓笔下的《儒林外史》吧，那是一个多么阴暗而又荒诞下流的舞台；想想范进中举吧，那就是被选拔出来的"人才"，中个举就发了疯，在此类疯子的治理下，社会不乱才怪了。所以，贾宝玉对科举考试和仕途经济的批判具有更大的合理性。贾宝玉不仅拒绝参加这个舞台上的演出，而且准备砸烂这个舞台。由于历史条件的局限，宝玉先迈出第一步，就是揭露之、批判之，向世人展示这个体制的不合理，为砸烂或改造这个舞台制造先声。而宝玉本人，至少在这个悲剧舞台上找到了解脱之路。宝玉的后继者继续完成砸烂科考舞台的历史使命，后来，从西方传来的学校教育体制展示出更大的合理性，中国的改革者终于使这种"合理的"变为"现实的"。晚清时期兴学校、废科举不就是这一历史进程的社会实践吗？可惜宝玉没等到那时候，这是"历史的必然与现实的不可能"而形成的悲剧，也如鲁迅所言，是"梦醒之后无路可走"的悲剧，宝玉走出这一悲剧，马上陷入新一轮的痛苦中，他还得继续求索。

其二，拒绝上演。在更大的人生舞台上，比如爱情婚姻这个在《红楼梦》中充满悲剧意味的舞台上，林黛玉、司棋、鸳鸯、尤三姐等人以更激烈的方式拒绝上演，不惜以死抗争。林黛玉拒绝吃药进食，但求速死；司棋含冤撞墙而亡；鸳鸯悬梁自尽；尤三姐壮烈自刎。这让人想起电影《塔曼果》中的一句话："他们贩运奴隶就是为了卖奴隶赚钱，我们（以塔曼果为首的非洲黑奴）死了，他们就卖不成了。我们死了，我们胜利了。"[①] 同样，黛玉、司棋、鸳鸯、尤三姐等女儿，她们死了，她们胜利了，至少在婚姻悲剧的导演们——贾母、王夫人、凤姐及贾赦、贾琏以及整个封建制度面前，她们胜利了，胜利的

---

① 详见法国影片《塔曼果》。

代价是自身的毁灭，这也是一种悲剧。尽管如此，与贾宝玉一样，她们用自己的毁灭控诉了封建伦理道德及其婚姻体制的不合理，用鲜血和生命为摧毁这种不合理的体制尽一己之力。在她们身后，这种不合理的体制终于被消解，更合理的体制终于成为现实。别的不说，往后的女孩一样可以读书进学堂，一样可以参加国家人才选拔的各类考试，一样可以成为治理国家社会的栋梁之材。虽然这方面的悲剧还有存在，但在质和量两方面均发生了重大变化。回顾这一历史性的飞跃，能说林黛玉、鸳鸯、司棋、尤三姐等人的决绝不是一种解脱之道？应该说，她们在解脱自身的同时，为社会展示了女性解放的必然性。当然，如前所言，她们的这种解脱本身也是一种悲剧。难怪亚里士多德要说，悲剧具有涤荡社会和净化人心的力量。

其三，逃离舞台。在《红楼梦》中，以遁入空门寻求解脱的有贾惜春、紫鹃和贾宝玉（妙玉等一出场已在空门中，不在此例。贾宝玉是否先当和尚又还俗，有待讨论）。这是在更大的人生舞台上寻求解脱，不仅仅局限于科举考试和爱情婚姻。如前所言，这是在哲学层面逃离人生舞台，是对"生命有限欲望无穷"和"天地不仁，以万物为刍狗"的反动。从佛门眼光看，所谓"存在"，其实质就是"虚无"，如《红楼梦》开篇所说："人非物换，究竟是到头一梦，万境归空。"也如《金刚经》所言："一切有为法，如梦幻泡影，如露亦如电，应作如是观。"所以"色不异空，空不异色；色即是空，空即是色"。"存在"就是"不存在"，既如此，又何必为其"合理"与"不合理"而伤神呢？进而言之，既然痛苦来自人的欲望，那么，减少人欲就是减少痛苦；既然"天地不仁，以万物为刍狗"，那么，跳出天地外，不在五行中，至少在精神层面跳出天地外，偏不愿做这个"刍狗"。于是，出家而遁入空门，便成为解脱人生悲剧的一大出路。作为王子的释迦牟尼走了这条路，作为公子的贾宝玉也走了这条路。不过，佛学理论浩如烟海，佛门宗派五花八门，遁入空门后的解脱之道还有许多，不知宝玉走的是哪一条？大概惜春和紫鹃是按佛教的规则奉行到底的，如书中所说："勘破三春景不长，缁衣顿改昔年妆。可怜绣户侯门女，独卧青灯古佛旁。"如果此言被惜春听到了，她肯定会不屑地说："谁要你可怜了？你才可怜呢！"

其四，演好悲剧。如果不自杀，也不出家，有望从"生而荒谬"的人生悲剧中寻得解脱吗？有！这就是像加缪所说的那样，通过"寻求人生意义"和

"创造人生意义"而从悲剧中解脱出来。对此，《红楼梦》也展示了相应的案例，这就是李纨和史湘云。李纨自丈夫贾珠死后，心如止水，一门心思只是教育儿子贾兰。以她的聪慧，未必不知道所谓"科甲出身"并非最好的出路，但在现实条件下，并无更好的路可走，科甲就是好出路。四书五经是很无聊，但人家考的就是四书五经，咱就把这四书五经读好。不就是个四书五经吗？它就是块敲门砖，入门之后扔掉就是了，又何必跟它较真呢！在这点上，她比宝玉还通透，所以，她一门心思教子，贾兰则一门心思读书。"仕途经济"之路，别人走得，自己的儿子也走得。至于走上去之后干些什么？还不是事在人为，未必全入了"国贼禄蠹"之流。明知其荒谬，何妨以荒谬对之，荒谬对荒谬它就不荒谬了不是？否定之否定不就是肯定了吗？大约，李纨就是这么想的，所以，不管贾府发生多少变故，她总是以不变应万变。《红楼梦》唱词中说她"老来富贵也真侥幸"，"侥幸"吗？其实有不侥幸的道理。

如果说，李纨还不够有说服力的话，史湘云更有说服力。湘云的遭遇比李纨差多了，同样是丈夫早死，而后因史家被查抄而被卖到娼家，再后嫁到山村。境遇之悲惨，大概在红楼女儿中位列第一。可是她既未自杀，也未出家，而是顽强地活了下来。很遗憾，后四十回中关于她的描写太少，不知道她究竟是怎样想的？如果她真是脂砚斋的原型，那么，史湘云一定找到了加缪所说的"意义"，或者，根本无需什么"意义"。如后世木心所说："人生因为没有意义而变得有趣。"

所以，宁缺毋滥，宁可无意义，也不要别人强加的意义。各找各的意义，各寻各的解脱，这才是人间正道。既然身处悲剧中，索性从悲剧中寻找意义。就像西绪福斯那样，成天推大石头上山，推到山顶又滚下去，再推上来，再滚下去……辛苦不说，真的毫无意义。听说曾经有的监狱里就是这样惩罚犯人的，让犯人把一堆砖从这里搬过去码好，再从那里搬过来码好，周而复始，很多犯人被折磨得发疯，申请说，您哪怕让我做点正经事也成啊，我会盖房子，让我参加盖房子吧。狱方大笑，哪有那么好的事，搬，接着搬！宙斯也认为，推石上山是对西绪福斯的最大惩罚。可是，西绪福斯在这毫无意义的劳动中发现了自己的伟大力量并因此找到自己存在的意义——你让我推石头，我就把石头推到底；荒谬吗？我就把荒谬进行到底——结果，是宙斯感到无奈了。同理，人生是一出悲剧，但已经到场了，总不好中途退场，那么，就把这悲剧演到底吧！就像本书所说的那样，史湘云不仅在贫困和劳苦中活了下来，还鼓励贾宝玉把自己的故事写出来，那就更不一样了。贾宝玉和史湘云会在创造性劳动中获得更多的愉悦甚至按美的理想再造自己。如果他们得知，自己写的书会给后人带来那么多的启迪愉悦，而且他们将与《红楼梦》一起永垂不朽的话，那么，"悲凉之雾"将被一扫而空，"遍被华林"的不再是雾霾，而是太阳永恒的光辉。如是，这场悲剧就演得有声有色、有模有样，它不再是悲剧了，而是一场轰轰烈烈的正剧。正如尼采所言："只有作为一种审美现象，人生和世界才显得是有充足理由的。"① 只可惜，现行《红楼梦》文本中没有给读者留下这样一个壮丽的结尾。那么，凭什么为史湘云和贾宝玉添加这样一条解脱之路呢？凭全人类已有的光辉榜样——贝多芬、席勒、康德、尼采、谭嗣同、秋瑾、鲁迅、胡适、孙中山……用苏东坡那句俏皮话说，是"想当然耳"！如果真是这样，湘云、宝玉，还有黛玉，他们的在天之灵会感到怎样的慰藉和欣喜……

　　以上，就是《红楼梦》包含的思想，简单归纳下：一是以实事求是的方式描述中国古代专制政体和社会文化由于自身腐败和局部坏死所导致的自杀性死亡和历史性毁灭，二是以无私无畏的态度对现行政治体制和社会历史文化提出深刻质疑、严厉批判和全盘否定并上升至对生命意义的质疑，三是以拨乱反正的批判颠覆中国的性别歧视并对以青年女性为代表的艺术生命形态给予审美的及人本主义的肯定，四是以悲天悯人的情怀揭示人生的本质并寻找人生的积极路径。

---

① 见尼采《悲剧的诞生》。

五、《红楼梦》的人物塑造手法

自中国产生小说以来，只有《红楼梦》才有如此庞大的思想容量，才能为读者提供如此广阔的思考空间，而且，这种思考就围绕着最平常的日常生活进行，吃饭穿衣婚丧嫁娶、生老病死养儿育女，等等，缘此，《红楼梦》的思想具有更强的现实性。然而，在《红楼梦》文本中，并没有上述那样的条分缕析的思想观念。《红楼梦》的思想，是通过作品的全部内容逐渐发散出来的。在这些内容中，最主要的是作品塑造的文学艺术形象。只有把思想转化为形象，读者才能从一系列具体事物中感受到相应的理念和美。正如黑格尔所言："理念从感官所接触的事物中照耀出来，于是有美。"那么，《红楼梦》如何塑造文学形象——从人物形象到环境形象。让我们借鉴司空图《二十四诗品》的表述方式，用整齐的四言句式对《红楼梦》形象塑造的方法和过程来一番考量，有以下九个方面。

1. 依托原型

依托原型，腾挪不拘，超以象外，得其环中。

《红楼梦》开篇说："今风尘碌碌，一事无成，忽念及当日所有之女子，一一细考较去，觉其行止见识，皆出于我之上。何我堂堂须眉，诚不若彼裙钗哉？实愧则有余，悔又无益之大无可如何之日也！当此，则自欲将已往所赖天恩祖德，锦衣纨裤之时，饫甘餍肥之日，背父兄教育之恩，负师友规训之德，以至今日一技无成、半生潦倒之罪，编述一集，以告天下人：我之罪固不免，然闺阁中本自历历有人，万不可因我之不肖，自护己短，一并使其泯灭也。虽今日之茅椽蓬牖，瓦灶绳床，其晨夕风露，阶柳庭花，亦未有妨我之襟怀笔墨者。"这段话以作者的口吻，说明写书的由来，也说明了所撰之书的资料来源——皆自己亲历亲见，尤其是书中出现的"女儿"，"闺阁中本自历历有人"。这表明，《红楼梦》一书，是以作者自己的亲身经历为基础写成的，如鲁迅所言："叙述皆存本真，闻见悉所亲历。正因写实，转成新鲜。"① 如是，出现在《红楼梦》中的各种人物形象，很多有其在生活中的原型，主人公贾宝玉依托的原型正是作者曹雪芹自己。贾府的故事则以曹家在清康熙、雍正、乾隆三朝从荣华富贵至衰败没落的起伏跌宕的经历为原本，其中元妃省亲等场面就是曹家在江宁织造任上三次接驾场景的再现。因为写得很实，看起来反而有点像虚构，何以？因为这些生活经历非一般民间人士所有，故看起来很"新鲜"。虽如此，却没有可能也没必要——弄清书中人物的原型究竟是谁。既然作者说"实有其人"，那么，作者自然依托实有的人物分别造型，林黛玉、薛宝钗、史湘云、贾母、王夫人、王熙凤等等。正因为人物原型已经提供了从音容笑貌到性格命运的真实素材，作者写起来才会得心应手。《红楼梦》中出现的人物有四百来个，很多人是一笔带过，其中主要人物有十几个，应该说，这些人物皆有所本。

依托生活中实有的人物，以之作为原型进行人物形象塑造，是小说创作最基本的笔法之一，简言之，就是"写实"。不唯曹雪芹，很多文学名著都是用这个方法进行创作的。比如，歌德的《少年维特之烦恼》，这是根据歌德青少年时代的一段恋爱经历写下的。小说中男主人公维特的原型是歌德和朋友叶尔查林，女主人公绿蒂是作者深深爱慕而又无望结合的少女夏绿蒂。歌德为此无望之恋爱陷入极度痛苦中，几度萌生自杀念头。后来在朋友劝导下，毅然离开实习地韦茨拉尔，回到自己故乡。两个月后，得知夏绿蒂已经结婚，心情渐渐平复下来。就在这时，听到他的朋友叶尔查林在韦茨拉尔自杀身亡的消息，原因就是爱上一个有夫之妇，因爱情无望，心情沮丧而举枪自杀。歌德大吃一惊，这不就是自己想做而未实行的事吗？如果自己当时想不开，也就会和叶尔查林一样的结果。渐渐地，这两个人物在歌德脑海中合而为一，他就是维特，《少年维特之烦恼》就这么出来了。歌德晚年对他的秘书爱克曼说："自己心胸中的东西，大量的感情和思想，足以写出一部比此书（《少年维特》）长十倍的长篇小说。"类似的案例太多了，高尔基著名的三部曲《童年》《在人间》《我

---

① 见鲁迅《中国小说史略》。

的大学》几乎是完全按自己的生活经历写成，是自传性小说；《钢铁是怎样炼成的》中的男主人公保尔的原型就是作者奥斯特洛夫斯基；笛福著名长篇小说《鲁滨孙漂流记》中主人公的原型是一位叫亚历山大·塞尔柯克的水手，他因为和船长发生冲突，被抛弃在无人的荒岛上，在这个岛上生活了四年多。1708年2月被英国航海家罗杰斯率领的船队所救，于1711年回到英国。次年，塞尔柯克结识了年近六旬的作家丹尼尔·笛福，对他讲起自己的离奇故事。笛福大感兴趣，遂用塞尔柯克提供的素材，以第一人称"我"写下了震动英国的长篇小说《鲁滨孙漂流记》。笛福自己并没有航海的经历，更谈不上荒岛余生。然而，因为塞尔柯克的素材非常真实，笛福小说中的情节、人物、场面、风景也显得很逼真。可以说，依托原型塑造形象，依托真实事件进行创作，是小说创作最主要的途径，也是最成功的途径。

在依托原型进行形象塑造的过程中，没有哪个作者会原模原样地依样画葫芦，或多或少总会减去些什么，添加些什么。比如笛福，他减去了原型塞尔柯克最初被遗弃在荒岛上时的一段生活。那时，塞尔柯克极度忧郁、发狂，多次萌生自杀念头。直到他猎杀到第一头黄羊时，情绪才逐渐好转起来。笛福淡化了这一情节，强化了他坚强的生存信念和不屈不挠的精神，身处逆境却毫不悲观的进取态度，塑造了鲁滨孙这一具有开拓奋斗精神的新人形象。关于"礼拜五"的故事也是新加的，有人说，这是表现"资产阶级开拓殖民地，按资本主义的思想改造世界"。同样，在《红楼梦》中也如此。如本章楔子中的描述，作者曹雪芹个头魁梧，脸色较黑，长相比较粗犷，与小说中贾宝玉的俊美完全不一样。显然，作者按自己的审美理想对笔下的宝玉进行了加工改造，使之成为一个更为一般女性喜爱的英俊小生，为宝玉在女儿中"厮混"创造更好的基础。依托原型而不拘泥于原型，进入原型的精神世界，跳出原型的皮毛表象，着力展示原型具有的、最能体现作者审美理想的精神气质，摒弃原型本身与作家审美理想相悖的某些外形特征和情节过程，如司空图所言："超以象外，得其环中。"象外者，外在表象；环中者，内在实质。经过这一重要的增删过程，人物形象的初步形态已脱颖而出，人物形象的雏形渐渐从作者的稿本上浮现出来。

2. 熔铸新型

广征博采，散浅聚深，万取一收，熔铸新型。

续前所言，作者在塑造人物形象时注入了自己的审美理想，添加进有利于表现形象的故事情节和相应细节，融进更丰富的时代特征和思想理念，甚至，在外观形态上都做了相应调整。有时，是将几个原型人物打散后重新熔铸一个新的人物形象。比如维特，是作者歌德和朋友叶尔查林的合成。有时，将众多人物及其经历组合起来形成某个人的故事，如鲁迅所说，从这里找一项毡帽，从那里找一个烟斗，从这里听一段故事，从那里得一个资料，如此多项叠加后创造出一个既像很多人、又跟很多人不同的新形象，《阿Q正传》里的阿Q就是这么出来的。《红楼梦》中贾宝玉、林黛玉、史湘云、薛宝钗、妙玉、王熙凤、贾母等主要人物的形象，不仅来自原型，也来自众多人物的某些特征，仅以人们熟悉的形象而言，在宝玉身上，有魏晋名士阮籍、嵇康那种清高孤傲、愤世嫉俗的风骨；从黛玉身上，不难看出李清照、薛涛的身影；史湘云身上，分明有红拂那种"美人巨眼识穷途"的胆识；而在王熙凤身上，武则天、吕太后等女性强权者的特征几乎一目了然。除了这类体现人物个性特征的内在气质外，体现某类人物共同性质的表征也出现在各色人物身上。比如，贾政具有一般严父的共性特征，对儿子严格要求，相信棍棒之下出孝子，一怒之下，将亲儿子捆起来一阵暴打。表面上对儿子冷若冰霜，跟孩子一点都不亲，弄得宝玉见他像见老虎似的，但他骨子里对儿子却是疼爱的，他只是恨铁不成钢，爱之深才责之切。不妨对比一下，他对贾环就没那么狠也不那么爱了，见到贾环那猥琐的样子，一点兴趣都没有，唯叹气而已，这不是普天下做父亲的共同脾性吗？再说贾母，一位慈祥的老太太，有人说她的慈祥是假装的，你看她对黛玉那么狠（如蒋和森言），其实不然，慈祥是真的，狠心也是真的，到了事关孙儿（孙儿宝玉不仅逗人喜欢，更关键的是，他是贾家的接班人，是撑起贾家门户的顶梁柱）终身大事的时候，贾老太得狠下心来，为宝玉定下一门可靠的婚事。她不光考虑到门当户对（一般人都这样认为），她还考虑到黛玉的身体，别的不说，弱不禁风的身子骨可不是旺夫旺子旺门庭之相，作为一个大家族的最高家长，她这样考虑难道没有道理？这不是许多祖母、外婆的共同特征吗？再说薛宝钗，她身上确有许多虚伪世故、"会做人"的性格特征，这不也是一些人的共同特征吗？薛宝钗生于商贾之家，从小耳濡目染，她自觉不自觉地沾染了商人的习气，一点也不奇怪，如果她也像黛玉那样清纯，反而假了。缘此，《红楼梦》的人物造型，不仅合情（作者审美理想），而且合理（社会现实因素）。作者在世事洞明、人情练达的基础上，从所见所闻的各种人物身上"散浅聚深，万取一收"，尔后压缩成一个新的形象。其他大作家也是这么做的，果戈理《外套》中那位可怜的小公务员阿卡基·阿卡基耶维奇，难道不是很多小公务员的化身吗？其中包括作者果戈理自己的身影。果戈理在彼得堡当过这种成天抄抄写写的小公务员，深知底层小公务员的卑微和惶恐，生怕得罪上司砸了自己的饭碗，整天战战兢兢如履薄冰地过着穷酸的小日子，碰到一点小事就被吓个半死，于是，果戈理在一个饭后茶余听到的真实小事的基础上，写下《外套》这个短篇小说，不仅得到小公务员们的共鸣，也得到广大社会底层人民的共鸣。所以，作家和记者一样，要眼观六路，耳听八方，记者发现新闻，作家发现文学，产品各异，情同一理，所谓"广征博采"，说的就是这个意思。经过这第二个环节，作品人物形象逐渐丰满起来，不再是原始素材中那个相对单一的原型形象，而是经过提炼升华的、注入作者的审美想象且融入人物共性特征的合情合理的"某个人"，这个人的形象不再是雏形，已经逐渐丰满起来，有骨有肉。

3. 配套环境

应运而生，应时而成，真力弥满，万象在旁。

人物形象在作者稿纸上丰满起来了，还须拥有与他配套的环境，否则，他就生活在空中楼阁中了。这个环境，包括从自然环境到社会环境的全套。《红楼梦》虽然刻意回避了故事发生的时间地点等大环境，但不等于没有提供与人物配套的环境。试忖，如果将云南作为红楼故事发生的地理环境，与贾府的故事相符吗？明清时的云南，有那种繁华的大都市和贵族之家吗？简直牛头不对马嘴。把"三国""水浒"的时代作为红楼故事发生的社会环境，可信吗？不可信，人家写的明明是太平世道，东平南安西宁北静，"三国""水浒"挨得上吗？不同时代、不同地点的故事和人物，自有其相应的天时地利，正所谓"应运而生，应时而成"，只有放到相应的"运"与"时"中，人物形象才能如鱼得水，活起来、动起来；否则，就像沙滩上的鱼（肺鱼除外），扑腾几下就要死的。尽管作者采用了"烟云障眼法"，将故事发生的朝代和地点模糊化了，读者仍可从红楼故事中看出明代和北京的影子，这才是红楼故事的大环境。小环境也一样，没有四大家族的荣华富贵做贾宝玉成长的环境，贾宝玉压根不会成为《红楼梦》中的那个形象。在本部分的楔子中，曾提到晏殊、晏几道父子，晏殊只会赞赏白居易的"灯火下楼台"，绝对写不出他儿子"舞低杨柳楼心月"的那种富贵场面，哪怕晏殊他官至宰相。何以？"势使之然也"。在红楼故事中，各主要人物都有与之配套的环境，由此衍生出相应的性格和命运。林黛玉生在官宦人家，从小当儿子养，才得以读书并培养出高贵的气质，可是父母双亡的悲惨境地又使她不得不寄人篱下，她的娇气、傲气和"多疑""小心眼"就是那么来的。她能不娇不傲不多疑不小心眼吗？不能，这是必然的。薛宝钗不沾点商家气息，不擅长上下左右逢迎，这还像薛宝钗吗？不像，虽然她看不起她哥哥薛蟠，但薛蟠的习气她身上也有。史湘云的性格像男孩子，她后来能够历经磨难坚强地活下来，与其家庭背景关系极大，史家是保龄侯尚书令史公之后，见多识广八方应酬是这种家庭的特色，贾母就是从这种家庭中走出来的。老太太一生历经风雨，史湘云是她的侄孙女，不仅多得其宠爱，还多受其影响，故形成其外柔内刚的性格，后来才能应对风云变幻的世事。袭人很多地方像宝钗，左右逢迎那一套她也很熟，可是，她没有宝钗那种大气，因为她出身于小户人家，自己不过是个大丫鬟，能有多大的气概。晴雯一样是丫鬟，一样是小户人家出身，何以显得大气且贵气呢？因为她聪慧，容易接受环境的熏陶，受宝玉的影响很大。晴雯的性格，很多是后天习得的，若让她换个成长环境，比如到王熙凤手下当丫头，没准将来就是另一个王熙凤。缘此，人物的环境、出身、时势、经验与人物的性格、命运、情感、思想不仅配套，简直是互为表里。用王国维《人间词话》的话说，是"不知何者为我，何者为物"[①]。这就是人物形象"应运而生，应时而成"的道理，离开了相应的"运"和"时"，人物就是无本之木、无源之水，不知他从哪里来，要到哪里去。所以，在塑造人物形象的同时，还得塑造人物生存发展的环境。环境与性格契合越紧密，人物性格越有张力；时运与命运相嵌越深入，人物命运越有活力，这就是"真力弥满，万象在旁"。此处所说的"真力"，就是人物环境与人物性格相互

---

① 见王国维《人间词话》。

生成的内在逻辑性，他就是他，不能成为别人；他的为人行事，只会这样且只能这样，不会变成其他模样。爱情之花不能结成婚姻之果，对黛玉而言，不是嫁谁的问题，是生死问题。对薛宝钗则不然，能嫁宝玉固然很好，嫁与别人一样过日子。花袭人出嫁前那番生死斗争显得很矫情，在这儿死不方便，在那儿死连累了人家，其实她压根没打算死，走一步看一步，后来居然嫁给蒋玉菡，正中下怀。《红楼梦》在人物与环境关系的处理上功力非凡，甭说主要人物的处理极其妥帖，连次要人物的处理也无可非议。就说贾环吧，他在作品中不算主角，但给读者留下很深的印象，就因为他所处的环境与他的性格相互彰显。尽管他与宝玉在同一家中，生父都是贾政，只因其母是赵姨娘，他是庶出，从一出生就低人一等。加之长相不好，与宝玉天差地别，全家都宠着宝玉，都冷落和小瞧他。用现今的流行语说，他对宝玉是"羡慕嫉妒恨"，他阴鸷和狠毒的性格自然由此而来。

在人物与环境生成关系上，似乎没有孰先孰后的区别。有时先现人物，后因人造境；有时先有环境，再因境造人。多数情况下是先出现人物，因为人物形象相对单一，环境则错综复杂，人物设计好了，有利于理顺环境的关系。也有相反案例，先出现某一环境，为了表现这一环境（时代），再来设计人物，再来构架故事。比如普希金的名作《上尉的女儿》。1833 年前后，普希金有机会进入宫廷档案馆，在此查阅到大量关于普加乔夫起义的原始材料。普希金身为贵族，但十分同情农奴起义，对领导农奴起义的普加乔夫深怀敬意。他于1835 年完成历史著作《普加乔夫史》，可是，严肃的历史书不能引起公众的更大反响，普希金便想通过小说形式再现普加乔夫的英雄形象，然而，在当时的政治条件下，绝不可能出版赞美普加乔夫的小说。怎么办呢？等待不是办法，得另辟蹊径。普希金根据一个参加过普加乔夫起义的贵族军官格里尼约夫的素材，虚构了格里尼约夫与"上尉的女儿"的爱情故事，通过这则故事来写普加乔夫，成功地塑造了农奴英雄普加乔夫的形象及席卷俄罗斯大地的农奴起义。作品最后描写普加乔夫从容就义的场面，表现了普加乔夫的英雄气概及人民对他的崇高敬意。就这样，通过一个爱情故事，将实际上是主人公的普加乔夫"带"出来，当局不得不让小说出版，后来，小说改编为电影《上尉的女儿》，得到更广泛的传播。①

当人物形象与人物环境相互生成的时候，作者塑造的人物已基本成形，就像《共产党宣言》开头说的："一个幽灵在欧洲游荡"（注意，"幽灵"在此无贬义），当一个幽灵在稿纸上游荡的时候，作家要赋予他一个更完整的形态，让他的举手投足、音容笑貌更加清晰，让他从纸上站立起来。

4. 激活人物

举手投足，声口性情，走笔运神，呼之欲出。

金圣叹评点《水浒传》时说："《水浒》所叙，叙一百八人，人有其性情，人有其声口。"② 金圣叹此言稍有夸张（并非一百零八人都达到这种水平），但点评非常到位。水泊梁山一百零八人，重点描写的有十几人，这十几人的声口性情真的很逼真，活灵活现地出现在读者案前，出现在当年的评书场中。随举一例吧，武松，武二郎，《水浒》中一条英雄好汉。这人的原型是北宋的武松，关于他的很多故事也实有其事，可是，他最大的壮举"武松打虎"却是子虚乌有，完全是施耐庵的杜撰，而人们津津乐道的恰是"武松打虎"。为什么一件子虚乌有的杜撰会令古往今来的读者神往？因为写得太真了，不管从逻辑上还是从艺术上看，这段故事都像真的一样。武松为什么去打虎？喝多了酒。走到半路清醒了想折头，为什么不折？心存侥幸且好面子，硬着头皮往前走。老虎来了不得不打，举起手中的哨棒迎头打去，打在树枝上，棒子断了。实在无法，才挥舞拳头打老虎。整段过程入情入理，细致入微，愣把一件虚构的故事写得真实可信。红楼故事中的人物形象、场景形象、风物形象等，比《水浒》有过之而无不及，人物的举手投足，一颦一笑，对话独白，精神风貌，件件逼真细腻、入情入理，真个是"人有其性情，人有其声口"。林黛玉讲的话，薛宝钗讲不出来或不讲。比如，黛玉对袭人说："你说你是丫头，我只拿你当嫂子待。"这种刻薄的揭老底的话只有黛玉才说得出来。薛宝钗难道不晓得宝玉和袭人的特殊关系，人家不想去揭这个老底罢了。同样，薛宝钗讲的话，林黛玉也讲不出来，比如，金钏投井自杀后，宝钗安慰王夫人说，"据我看来，他

---

① 详见苏联电影《上尉的女儿》。
② 见《金圣叹评点〈水浒传〉》。

并不是赌气投井，多半他下去住着，或是在井跟前憨顽，失了脚掉下去的"。在《红楼梦》中，没有那种千人一面、异口同声的情形。再说做派，王熙凤的泼辣干练，秦可卿做不出来。秦可卿的雍容华贵，王熙凤再练两辈子也未必学得出来。秦可卿也只看得上凤姐，专门跟她交代家政经营之道，可是，两人的风度行事却大相径庭。

人物形象自不必说，连一些细枝末节的小事都写得极真，开个中药方子，让老中医都得佩服，照着方子去抓药，能把病治好；侃段古玩器具，可供收藏家作参考；聊段花鸟鱼虫，花鸟市场的商贩听了要服气。诸如此类，从人物形象到环境形象，可谓分毫不差，活灵活现，至此，这些艺术形象都从作者稿本上立起来了，最后一步就是将他们激活。激活的方法跟今天的软件激活同理，发出验证码，对方回应，软件就可以运行了。在形象塑造中也这样，把所塑造的形象放出去，放到故事运行的情节中去，放到矛盾对抗的冲突中去，放到故事发生的背景中去，让所有形象动起来。地上生出个贾宝玉，天上就掉下个林妹妹；宝玉成天逃学跟姐妹们厮混，他老爸很生气，后果很严重；宝玉一心想跟黛玉成亲，家长不同意，等等。于是，那些游荡在稿纸上的幽灵会变成一个个活人，作者的思维也跟随这些活起来的形象一起跳动，全书的内容、思想、情节、背景都随之推进，直到画上最后一个句号。此刻，文学形象们面临第二次激活，那就是跳出书稿，到印刷厂去、到读者中去，跟读者面对面地激活。像武松打虎那样的形象，在无数读者面前被无数次激活，所以，武松至今还在打虎并将继续打下去。在开始第二道程序之前，作者就像高尔基外祖父似的，对他的文学形象们说："去吧，到人间去。"高尔基的外祖父是这样说的："阿历克塞，你不是挂在我脖子上的勋章，我养不了你了，你到人间去吧。"于是，年仅十余岁的阿历克塞昂起头，挺起胸，走向人间。① 是的，那些塑造得好的文学形象，也会像阿历克塞一样，昂起头，挺起胸，走向人间。

5. 独立成形

独立成形，自为一体，惟性所宅，真取弗羁。

形象在作品中是什么时候被激活的？由于作者在动笔前的深思熟虑，优秀

① 见高尔基自传体小说《童年》。

作品中的形象一开始就被激活了。顺便说一下，作者的思维也是随着动笔而被同时激活的。只有进入实实在在的写作状态，作者的思维才真正活跃起来，才会与他笔下的人物情节一起展开。如果仅仅是构思，想啊想，说实在的，再想都活泛不起来。进入实际写作才发现，原先的某些想法行不通，而某些藏在思想深处的隐蔽部分，在实际写作中会大放异彩。拿《红楼梦》来说，几乎所有主要人物在他们一出场时就被激活了。贾宝玉林黛玉一见面，如金风玉露一相逢，两个形象都活了起来。王熙凤人还没到，先声夺人的气势让她活起来："只听后院中有人笑声，说：'我来迟了，不曾迎接远客。'黛玉纳罕道：'这些人个个皆敛声屏气，恭肃严整如此，这来者系谁？这样放诞无礼。'心下想时，只见一群媳妇丫鬟围拥着一个人从后房门进来。"来者不是别人，就是贾府中聪明漂亮又泼辣能干的"凤辣子"。她的"辣"味，从出场一直到下场，始终弥散在红楼故事中。同样，林黛玉的"苦"味也是从头到尾融合在故事中。有时，作者想调味都不行，因为"辣"就是凤姐的本味，"苦"就是黛玉的本味，人物形象一旦成立，人物性格一旦生成，自有其内在的逻辑。外人包括塑造他的作者也无可奈何，正所谓"儿大不由娘"。越是优秀的作品，这种现象越明显，托尔斯泰的《安娜·卡列尼娜》就是这样。托尔斯泰最初的思想是表现"一个不忠实的妻子"所引起的家庭悲剧，谴责背叛家庭的女主人公。托尔斯泰的夫人索菲娅说："昨天列沃奇卡（托尔斯泰的爱称）突然出其不意地动手写起一部有关现代生活的小说来，小说的题材是——一个不忠实的妻子以及由此而发生的全部悲剧。"当初的书名是《两段婚姻》。小说的原型是两个美貌女性合成，一个是普希金的女儿玛莉亚·亚历山德罗夫娜·普希金娜，一个是安娜·斯杰班诺夫娜·毕罗可娃。从前者身上，托尔斯泰取其美丽的容貌和高雅的气质，从后者身上，取得故事的基本素材。毕罗可娃是托尔斯泰邻近庄园的一个管家，是庄园主毕毕可夫的情人，被毕毕可夫遗弃后卧轨自杀，托尔斯泰曾在车站看到她血肉模糊的尸首，最初，小说并未设置列文与吉蒂的爱情副线。安娜是一个美丽高雅、追求个性发展、向往爱情自由的形象，处于俄罗斯从农业文明向工业文明过渡的转型时期，那么，安娜的爱情追求，正是这一历史时期的时代强音，普希金娜身上本来就具备这种优秀气质。按原思路写着写着，托尔斯泰感到不对劲，对安娜的追求，应该肯定而不是否定，应该同情而不是谴责。换言之，小说主人公安娜不同意作者这样写下去，必须改弦更张，否则越写越别扭。于是托尔斯泰选择了改写，完全按小说主人公安娜的性格发展写完了这部长篇小说，书名就是《安娜·卡列尼娜》。同时增设一条副线，列文以作家自己为原型，以列文的故事作为安娜故事的社会背景——俄罗斯向工业文明前进的社会背景。这样一改，小说推进异乎寻常地顺利，仿佛作品中的人物与作家一道，齐心合力推动俄罗斯的社会发展和改革创新。小说发表后，在整个俄国引起巨大反响。也有善良的读者写信给托尔斯泰，认为小说一切都好，就是主人公安娜的结局太惨，要求调整一下。托尔斯泰说："这个意见，让我想起普希金遇到过的一件事。有一次，普希金对朋友说：'你想想看，塔吉雅娜（作者笔下的人物形象）跟我开了一个多么大的玩笑，她竟出嫁了，这是让我怎么也料想不到的。'"托尔斯泰理解读者的好意，但不愿违背原始素材的真实过程，不愿按善良愿望改写这一必然发生的悲剧，《安娜·卡列尼娜》遂保持了原来的结尾。从普希金笔下的塔吉雅娜到托尔斯泰笔下的安娜·卡列尼娜，可以看出，文学形象一经形成，就具有自身的性格气质，自身发展的内在逻辑，他（她）是独立的，连作家都奈何他不得。如果作家不尊重人物的性格，非要按自己意念来写，写出来就显得很别扭，就像民间说的"强扭的瓜不甜"。《红楼梦》后四十回中就出现了这种情况，续书者违反人物和情节发展的内在逻辑性，非要给贾府来一个"沐皇恩延世泽"和"兰桂齐芳"的大团圆结局，不仅破坏了曹雪芹原有的构思，而且完全扭曲了人物的性格，很假很拗，连他自己都写不下去，不得不草草收场。

帕乌斯托夫斯基在《金蔷薇》和《文学肖像》中记述了很多类似案例。他记道，巴尔扎克写作时经常自言自语甚至大喊大叫，干啥呢？跟他小说中的人物吵架呢。他要这样写，笔下的人物不同意，经常闹得不可开交，最后，几乎都是巴尔扎克妥协，而且，事后证明这种妥协是对的，因为它使得作品更真实地再现了生活。有一次，一个年轻的修女怯生生地来拜访巴尔扎克，说，巴尔扎克先生，您说我该怎么办呢？巴尔扎克问，你是谁？修女答道，我像你笔下的修女贞娜，您说我是嫁人呢还是不嫁？巴尔扎克说，我是怎么写的（他记不清了）？修女说，贞娜嫁人了。巴尔扎克一本正经地说，照我说的做，孩子，你会幸福的。修女深深致谢说，好的，巴尔扎克先生，既然您那么说了，我就照您说的做。后来，贞娜果然有一个幸福的家庭。巴尔扎克不好意思对修女说，他最初写贞娜的时候，是不打算让她嫁人的，而是让贞娜跟《红楼梦》中的惜春一样"独卧青灯古佛旁"。可是贞娜不同意，跟巴尔扎克吵开了，巴尔扎克拗不过她，只得妥协。看来，不管从小说看还是生活来看，这种妥协都是对的、值得的。

并非所有作品中的人物形象都具备这种独立性。那些胡编乱造或东拼西凑出来的"作品"，其人物形象不过是一个鬼影，连"苍白"都算不上，影影绰绰，虚虚幻幻，至多能算一个木偶。这种形象，哪来的什么独立性、内在逻辑性？作者想怎么写就怎么写，想咋操控就咋操控，像胡适说的"任人摆布"。不言而喻，其作者也是那么一角色，是另一个受人摆布的木偶，人家要他怎么写他就怎么写，不过是个传声筒罢了。帕乌斯托夫斯基说，这种作品像是瞎子写的，可它偏偏要写给明眼人看，全部荒谬就在这里。

独立的文学艺术形象，以其丰满的个性和必然的内在逻辑运行，是所谓"惟性所宅，真取弗羁"。就是说，作家只要将文学形象自己的性情安顿好就行了，不要羁绊他真情的流露、不要羁绊他的思想发展。尊重他就是爱护他，因为，一个优秀的文学形象，不仅属于作家，也属于艺术形象自己，更属于全人类，像《安娜·卡列尼娜》中的安娜，像《红楼梦》前八十回中的贾宝玉和林黛玉那样。

6. 似曾相识

宛如故人，仿佛邻居，似曾相识，握手已违。

1932 年秋，奥斯特洛夫斯基完成了他的长篇小说《钢铁是怎样炼成的》。小说稿件寄出后，他焦急地等待回音。他不知道自己作品的命运会怎样？也不知道自己塑造的保尔·柯察金等人物能否得到读者的喜爱和认同。哪知好事多磨，书稿在邮寄过程中弄丢了，他只好请助手再抄一本寄去。很快，出版社的电报来了，短短一行字："小说大获成功，即将出版。"奥斯特洛夫斯基长长地松了一口气。紧接着，小说分段在《青年近卫军》杂志上连载发表，读者来信像雪片般飞来，除了表达对作家的崇高敬意外，更多地谈到小说中的人物，保尔、丽达、冬妮娅等。读者来信的共同意见是，我们非常熟悉他们，他们仿佛就在我们身边。法国作家罗曼·罗兰也来信说："您在他们之中，他们在您里面。"罗兰这句话精辟地论述了文学形象与读者之间的关系，你中有我，我中有你，虽然现实生活中并没有这么一个人，即便是奥斯特洛夫斯基本人，与保尔仍有区别，可是，大家对保尔是如此熟悉，仿佛他是朋友、是邻居。这种形象，就是文学术语表达的"熟悉的陌生人"。优秀的文学形象，就是这种"熟悉的陌生人"，一睹其面，一闻其声，一种似曾相识的感觉油然而生。就像黛玉初见宝玉时的感觉："好生奇怪，倒像在那里见过一般，何等眼熟到如此。"宝玉也有同感，直道："这个妹妹我曾见过的。"同样，当读者接触《红楼梦》人物的时候，也会产生这样的感受。清嘉庆时，《红楼梦》以文稿的形式在民间流传，马上赢得世人的青睐，不惜高价购买。《京都竹枝词》中道："开谈不说红楼梦，读尽诗书是枉然。"从传播学角度说，这是一种"晕轮效应"，用民间话说，是"热点"。这种"晕轮"和"热点"对传播信息帮助极大，传播越广泛，熟悉的人越多，书本中的形象越来越深入人心，从而成为读者的朋友和邻居。尤其在当下这种信息社会，真正的邻居其实并不熟悉甚至"老死不相往来"，有人住了几十年都不知道自己的邻居是谁。可是，对远在千里万里之外的热点人物很熟悉，对文学艺术中的人物事件很熟悉，这些人物，才是当代人的新邻居。

　　换个角度说，文学形象不仅是读者的"熟悉的陌生人"，也是作者的"熟悉的陌生人"。说"熟悉"，是因为作者在创造他（她）的时候，对他的音容笑貌、举手投足早已熟识，连他的内心世界都一清二楚，还能不熟吗？说"陌生"，是因为某形象先前并不存在，是作者第一次将其创造出来，即便是以作者自己为原型的艺术形象，跟作者本人仍是两码事。贾宝玉不等于曹雪芹，保尔·柯察金不等于奥斯特洛夫斯基。对此，奥斯特洛夫斯基专门发过声明，他说："这是小说而不是传记，不是共青团员奥斯特洛夫斯基传。我的小说，首先是艺术作品，我保留我假想的权力。"缘此，文学作品中的人物，对作家来说也有一定陌生感、距离感，唯其如此，作者才能更好地审视这个人物，甚至挑剔这个人物，从而进一步完善这个人物。在文学创作中，"熟悉"和"陌生"同样重要。不熟悉的东西，再聪明的作者也写不出来，他只能写自己熟悉的。曹雪芹的《红楼梦》之所以成功，因为他对所写的东西太熟悉了，用鲁迅的话说，是"烂熟于心"，所以能"一挥而就"。相反，写陌生东西就棘手了，比如巴金，写《家》《春》《秋》那叫个得心应手，但之后写的《三同志》之类，简直不忍卒读。巴金说："作家不能写自己不熟悉的东西，这是教训。"同样，"陌生"也重要，"陌生感"提醒作者注意，他是他，你是你，千万不要混为一体，拉开距离，从更高的层次上把握角色形象，这样才能将形象塑造得更完整、更细腻。

7. 再造重塑

之子远行，忽遇知音，再造重塑，千人千型。

不仅作者在塑造形象，读者也在塑造形象。每个读者都有其不同的身世、不同的经历、不同的观念、不同的审美情趣、不同的阅读鉴赏水平，当他们展开同一本书，接触同一艺术形象时——不管是人物形象还是环境形象，都会产生不同的第一印象，从不同的角度深入探究，达到不同的认知程度，获得不同的审美感受。缘此，呈现在不同读者心目中的文学形象，并不同于作者创造的那个形象，而是读者再创造的形象。在此，我们不提及不同观点的文学批评，那是另一档事，仅说读者重塑再造的这个形象，就有千差万别之异。以《红楼梦》为例，鲁迅说："《红楼梦》是许多中国人所知道，至少，是知道这名目的书。谁是作者和续者姑且勿论，单是命意，就因读者的眼光而有种种：经学家看见《易》，道学家看见淫，才子看见缠绵，革命家看见排满，流言家看见宫闱秘事……在我眼下的宝玉，却看见他看见许多死亡；证成多所爱者，当大苦恼，因为世上，不幸人多。惟憎人者，幸灾乐祸，于一生中，得小欢喜，少有窒碍。然憎人却不过是爱人者的败亡的逃路，与宝玉之终于出家，同一小器。但在作《红楼梦》时的思想，大约也止能如此。即使出于续作，想来未必与作者本意大相悬殊。惟被了大红猩猩毡斗篷来拜他的父亲，却令人觉得诧异。"①瞧，通过同一个红楼故事，不同的眼光看到不同的"命意"，看到不同的形象。鲁迅对宝玉出家的形象颇为不解，既出家当了和尚，何以不披领袈裟，倒披个"大红猩猩毡斗篷"呢？可能有别的读者马上说，你没看见在下雪吗？这么冷的天气，不披斗篷咋行？仅就形象的外观造型，都可提出若干意见，甭说其他更多方面了。可是，作品一旦出来，人物形象和环境形象已然定型（也有修改的，但不多），改动很不容易了。不怕，读者自会按照自己的审美理想来重塑这个形象，即"一千个人有一千个哈姆雷特"。某甲心目中的哈姆雷特，可能跟某乙心目中的哈姆雷特完全两样。现在时兴用影视表现古典文学作品，光

---

① 见鲁迅《"绛洞花主"小引》，《鲁迅全集》（第8卷）。

《红楼梦》就拍了几个版本，出现在不同版本中贾宝玉、林黛玉、薛宝钗、王熙凤诸人，一次跟一次不同，那是导演、编剧和演员心目中的人物形象。遗憾的是，在观众看来，总的感觉是越演越差，越演越不像，倒是第一版《红楼梦》中欧阳奋强饰演的贾宝玉，邓婕饰演的王熙凤等还算差强人意。

且不说像《红楼梦》这样的长篇小说，就连一篇短小散文中的形象，都有不同的理解、不同的重塑。大家都熟读高尔基的经典散文诗《海燕》，《海燕》是高尔基《春天的旋律》中的一篇，其中描写了许多鸟儿在春天来临时的形象。《海燕》于1901年单独发表在《生活》杂志四月号上，发表前经过沙皇审查官叶拉庚审阅批准，这位审查官并不认为"海燕"是号召革命的形象，"不过是一只海鸟而已"。可是，别的审查官不那么看，认为这是"漏审的疏忽"，下令查封了《生活》杂志。革命党人也认为"海燕"是革命的号角，从此，这个呼唤"让暴风雨来得更猛烈些吧"的勇敢的海燕，不仅成为俄国革命的号角，也成为所有革命的号角。同样，《红楼梦》表现的是以贾家为代表的四大家族的一败涂地，更多的读者却看到，这不仅仅是某一封建家族的败亡，而是整个中国封建体制败亡的前奏。历时两千多年的中国封建帝制早已是"马屎外面光"，表面看起来还有光鲜的一面，内质却腐烂透顶。中国封建帝制的操作系统已经千疮百孔，不是打补丁、补漏洞能够奏效的。就像今天的某台电脑操作系统，早已被木马所占领、被病毒所侵蚀，从根子上腐烂了。连小孩都知道，重装系统的时候到了，再不做，系统就要崩溃了。曹雪芹撰写《红楼梦》的时代，正是中国封建帝制体系即将崩溃的前夜。就像屠格涅夫撰写的《前夜》一样，《红楼梦》揭示了中国封建体制在黎明前特别黑暗、特别沉闷的时代氛围——"山雨欲来风满楼"的不安和动荡，封建帝制的"天"就要堕了。这块天再也补不起来，只能推倒重来，重新开辟一块新天地。曹雪芹感受到这种时代气压，在《红楼梦》中借贾宝玉等形象将其表达出来。果不其然，在曹雪芹之后，伟大的辛亥革命爆发了，中国封建帝制在这场革命中土崩瓦解，一败涂地。这些后事，曹雪芹自然不知道，当时写《红楼梦》时也未必有那么深刻的认识，不要紧，读者自会思考、会再造。对"悲凉之雾遍被华林"和"呼吸领会者"，不独宝玉，还有千千万万的读者。

8. 之子长青

流年似水，之子长青，所谓伊人，与时俱行。

在哥本哈根的海岸上，有一座青铜铸就的塑像——小美人鱼"海的女儿"。这是安徒生童话故事"海的女儿"的主人公美人鱼的形象。在故事中，这条小人鱼为了保护她心爱的王子，甘愿在黎明到来之际化为泡沫，消失在无边无际的大海里。可是，她并没有消逝，她不仅活在亿万儿童心中，也活在亿万成年人心中。为了更真实地再现这一形象，丹麦人民在大海边为她铸了这个铜像，让人们随时可看到她、感受她。她的作者安徒生也因此备受殊荣，与她一道长存在人们心中。在伦敦，有一座"福尔摩斯纪念馆"，其中陈列着赫赫有名的大侦探福尔摩斯和他的助手华生的蜡像，陈列着完全按小说《福尔摩斯探案全集》中描绘的起居室、卧室、厨房等场景，仿佛福尔摩斯随时准备接手新的案子，或者正在抽着雪茄，低头沉思。众所周知，福尔摩斯不过是作家柯南道尔笔下的一个文学形象，世界上压根没有存在过这样一个真实的人。然而，在人们心目中，他比真人还真，而且，他永远不老不死，就是小说中那个模样。到伦敦旅游的人，很多都要到这个纪念馆拜访福尔摩斯。这个形象在他们心目中存在多时了，此刻，必须一睹"真容"为快。在绍兴老城的咸亨酒店，曲尺柜台外站着孔乙己的青铜塑像。这可是中国人的老朋友了，他是鲁迅小说《孔乙己》的主人公。小说中的孔乙己一生穷愁潦倒，最后是坐在一个蒲垫上，用双手撑着消失在读者的视野里，小伙计"我"说："大约孔乙己的确死了。"可是，孔乙己没死，一直活在中国人心中。虽然他不是什么英雄，也谈不上什么壮举，可是，他的不幸和善良，却是很多中国人真实生活的写照。人们同情他，在某种意义上就是同情自己。现在，人们把他的形象塑在咸亨酒店前，仿佛他还在那儿喝酒，还在教小伙计写茴香豆的"茴"字，有四种写法，有四种写法，有四种写法，有四种写法，有四种写法，有四种写法，这就是文学艺术形象永恒的魅力，永恒的存在，超越了时代，超越了国度，超越了不同社会的政治和文化（包括"阶级"），以其独特价值和美学光芒长存于天地之间。《红楼梦》中以贾宝玉、林黛玉、史湘云、薛宝钗、王熙凤为代表的艺术形象，虽未享受青铜塑像的"待遇"，但他们活在《红楼梦》中，活在一代又一代读者心中。他们提醒人们反思自己的存在，激励人们为争取更合理更美好的生活而斗争，这就够了。

流年似水，时迁代变。一批又一批读者老去了、死去了，一代又一代新人还在读那些优秀的文学著作，优美的文学形象一次又一次地入驻读者心中。而且，人们总是从自己所处的时代高度，再次赏析这些形象，再次融入自己的审美理想，如是，这些形象被重塑，再次染上新的时代特征，再度获得艺术之美的生命活力，因而永葆其艺术美的青春。如杜甫所说："江山如有待，花柳更无私。"是的，优秀的文学艺术形象从来不自私，他们送走一拨又一拨的过客，迎候一批又一批的新人，他们的艺术魅力历久弥新，他们的美学生命与时偕行。那些最初塑造他们并赋予他们艺术生命的作者，能不感到由衷的喜悦吗？仅以中国清代作家而言，曹雪芹、蒲松龄、吴敬梓、孔尚任等，可以笑慰平生了！

9. 形大于思

形成于思，形大于思，思形倒置，淡乎寡味。

1863 年 4 月，车尔尼雪夫斯基在彼得堡海军要塞的牢房里写完著名长篇小说《怎么办》，成功塑造了维拉、拉赫美托夫等一代新人的形象，真实地再现了俄国社会革命前夕的时代氛围。小说出版后引起很大反响，被誉为"生活的教科书"。然而，要认真读完这部长篇小说却很费劲，为什么？因为"教科书"的色彩太浓厚了，小说中插入大量游离于情节之外的议论，以说教的口吻教人们如何生活。这样一来，不仅篇幅显得冗长、结构显得松散，而且，小说中的人物形象也被过多的议论冲淡了，显得模糊不清、黯然失色。车尔尼雪夫斯基为一代思想家、评论家，他似乎忘了评论体与小说体的区别，将评论与小说混为一谈了。

小说依靠形象说话，有言道："形象大于思想"。作者应通过作品的人物形象来表达思想，而不是自己站出来发表言论。车尔尼雪夫斯基的写法恰违背了这一艺术美学原理，导致"思形倒置"，即让思想压倒了形象，所以读起来显得生涩、枯燥、乏味，虽不至于味同嚼蜡，至少是淡乎寡味。托尔斯泰的《战争与和平》也犯了这个忌，在结尾部分添加了大段议论。稍好的是，这些议论放在篇末，读者可以舍弃不读，并不影响情节的展开。

　　严沧浪在《沧浪诗话》中说：诗自成一体，"不涉理路，不落言筌"①。这里的"诗"，泛指文学艺术作品，意思是，文学艺术作品不能被理性思维所涵盖，不能被语言表达所束缚，要冲破"理"和"言"的障碍，创造出艺术形象和艺术境界，通过形象来传达思想。再看《红楼梦》，如前所言，《红楼梦》具有中国小说中前所未有的深刻思想，为读者提供了广阔的思考空间，但通观全篇，少有或完全没有脱离作品形象和情节的大段议论。《红楼梦》的思想和倾向性，完全通过作品的内容和形象自然而然地流露出来，即使有大段议论，也是通过小说中人物之口讲出来的。比如，冷子兴和贾雨村在开篇时的议论，很长的一段，见解颇深，读着却不乏味，因为这段议论是通过二人的对话讲出来的，各有各的口气，各有各的神态。贾宝玉对科举制度的批判，对封建官场的唾弃，包括很多富于哲思的见解，也是通过他与黛玉、湘云、袭人的对话来表现的，其中穿插了对话时的神情、动作及语气的描绘，非常自然，从情节中不经意地表露出来，而不是强塞进一个"思想包袱"。而读者呢，正是在这种情节自然展开的过程中，不知不觉地得到思想的启迪。而且，《红楼梦》中那些优美的诗词，通过诗的意境传达出深沉的哲思和道理，让读者在欣赏诗歌之美的同时得到理性的熏陶。不唯如此，在《红楼梦》的风景描写、场面描写中，同样浸入了作者的意念及情绪，让人们从中感受到作者的想法和感情。这就是司空图说的"道不自器，与之圆方"和"不著一字，尽得风流"②。也如我们在前面提到的黑格尔关于"美"的界定："理念从感官所接触的事物中照耀出来，于是有美。"所谓"感官所接触的事物"，就是感觉形象，而不是感觉"理念"，因为理念无法被感觉，只能被认知。

　　以上，是《红楼梦》形象塑造的美学原理及方法。在这里，"原理"与"方法"是一个整体，犹如手心与手背。不弄清原理，仅靠玩弄技巧，塑造不出优秀的文学形象，只会滥造出一堆类型化的行尸走肉。就像王朔批评的金庸武侠小说那样："那些故事和人物今天我也想不起来了，只留下一个印象，情节重复，行文啰嗦，永远是见面就打架，一句话能说清楚的偏不说清楚，而且谁也干不掉谁，一到要出人命的时候，就从天下来掉下一个挡横儿的，全部人

---

　　① 见严羽《沧浪诗话》。
　　② 见司空图《二十四诗品》。

物都有一些胡乱的深仇大恨，整个故事情节就靠这个推动着。这有什么新鲜的？中国那些旧小说，不论是演义还是色情，都是这个路数，说到底就是个因果报应。"① 不仅是金庸，中国的武侠小说，几乎全是这个路数，因为既无生活基础，又无个人体验，就只能靠胡编乱造几部"武侠"卖几个小钱混个小日子。真正的大侠是司马迁笔下的朱家、郭解、聂政、荆轲……与金庸等笔下的"武侠"完全两样，哪有见面就开打的？荆轲走在路上，迎面过来一个挑衅者，出言不逊，荆轲看了他一眼，转身走了，一句话也不说。那个挑衅者非常得意，看看，荆轲有什么了不起，在我面前还不是个孬种。其后不久，传来荆轲刺秦的消息。这位挑衅者惭愧地说，荆轲那时不搭理我，不是怕我，是看不起我啊！② 荆轲这样的英雄才是真正的大侠。

同样，弄清了原理，还须投入创作实践，务必将原理与技巧结合起来，才能写出生动感人的形象，像曹雪芹笔下的一系列人物那样，让读者如闻其声，如睹其面。

---

① 见王朔《随笔集·我看金庸》。

② 参看本书"《史记》论稿"部分。

六、《红楼梦》的结构

相对说来，写作技巧较多地体现在小说的章法结构、叙事描写等层面（只是相对而言，其实，这些技术技巧也有其深厚的理论基础）。那么，我们也来看看曹雪芹是怎样处理这类"技术活"的。试看以下五个方面。

1. 鸿篇巨制的总体结构

前后交错，首尾呼应，大用外腓，真体内充。

结构就是组织模型，任何成形的事物都少不了结构，大到天体宇宙，小到细胞原子。刘易斯在《细胞生命的礼赞》中说："细菌虽小，却已经出现群居生活的样子了。它们能为不同的生命形式之间在所有层面上的相互作用提供相当好的模型。"[①] 一个微小的细菌尚且如此，遑论体系庞大的文学作品。一篇短小散文有其结构，一部长篇小说也有其结构，当然，二者在体积、容量、复杂程度和配合程度方面不可同日而语。《红楼梦》是中国古代小说中体量最庞大（如前所言，87万字）、结构最复杂、情节配合最紧密的长篇小说，可谓中国小说中的杰构。不妨简单对比一下古代另外几部著名长篇小说，《三国演义》以史为线，起于"桃园结义"，终于"三国归晋"，《三国志》已经为小说敷设好线路，照写就是；《水浒传》起于"洪太尉误走妖魔"，终于征讨方腊失败（全传），也有史实作为铺垫，人物虽众，没有一个贯穿全篇的主角，移步换形，写起来相对容易；《西游记》的主角倒很集中，就是以唐僧、孙悟空为首的师徒四人，但故事情节很简单，无非"取经"和"危难"之间的冲突，与现今美国大片《夺宝奇兵》的路数颇为相似；《金瓶梅》的情节也很简单，无非

---

① 见［美］刘易斯《细胞生命的礼赞》。

是西门庆如何淫乱，主题也就是个因果报应；《儒林外史》揭示科场腐败，儒生无行，没有一个贯穿全书的主角，结构松散，用鲁迅的话说，是"虽云长篇，实同短制。"①《红楼梦》就不同了，洋洋八十几万字，前后出场几百号人物，涉及社会生活及家庭生活的方方面面，大到兴衰变迁，小到一张药方子，全得照顾周全，安置妥当。而且，红楼情节与上述作品不同，既非政治军事的较量（三国），又非取经路上的波折（西游），那些居家生活的琐碎事情人们多少要熟悉些，很难瞎编胡造，由是，这一路的情节展开，前后左右的照顾搭配，不得不多费些心思。

2. 一气贯注的篇章结构

《红楼梦》篇章结构有以下几个特点：

其一，整体设计，一气贯注（至少在前八十回）。

《红楼梦》结构不是那种走一步看一步的设计，不论是命意、情节、悬念，还是章回、起承、转合，大多在动笔之初的构思阶段就已成形，至多留下一些细节有待填充。红楼故事以宝黛见面开始，以黛玉之死为全书的高潮，以宝玉出家为尾声，其中虽有许多插曲，但主线不乱。全书主题是以贾府为代表的封建体制的由盛到衰直至"一败涂地"（不算续作者的篡改）。全文一气贯注，遗憾的是没有写到底。缘此，《红楼梦》体量虽然宏大，结构却较紧密；事件虽然繁杂，脉络却不紊乱；文章虽长而文气不断。这就是司空图说的"大用外腓，真体内充"。"腓"者，肥也，即实实在在的内容充足饱满。

其二，分则独立，合则为一。

《红楼梦》全书一百二十回，每回为一独立章节，表现一段完整的故事，如刘勰所言："意穷而成体。"这种写法，将全书分割为数十个小故事，分则独立，合则为一，这种结构是有机体最常见的结构样式。长篇小说也是一个有机体，由字而句，由句而段，由段而章，由章而篇，由篇而卷，红楼故事就是这样一点一点地组合起来的。而且，每回的标题与内容非常贴切，见题思意，让读者开始就有一个引导，而后细细展读，最后合成一个完整的印象。这种结构样式，来自中国传统小说产生的机制。中国传统小说是从说书场上来的，最早

---

① 见鲁迅《中国小说史略》。

都是说书人在书场讲故事，讲上一段时间，总得停顿休息一下。说书人要休息，听众也得走动走动，这样，故事得告一段落才行。这段时间长度，大体上以说书人的体力为限，也以听众的耐性为限，由此形成章回。每回需要一个鲜明的标题，这个标题是要上水牌的，以此招揽听众，马虎不得，如果仅写"第一章""第一回"等，听众无法了解要讲的内容，谁会花钱来听书？所以要精心设计，用现今的话说，就是"要吸引观众的眼球"。《红楼梦》虽不是一般书场的主讲书目（多讲《水浒》《三国》之类），但它汲取了章回结构的长处，这样有利于读者阅读。国外小说没有这种结构样式，因为他们没有"说书"这种市场化的娱乐形式。

其三，前呼后应，首尾相应。

正因为整体构思的深思熟虑，《红楼梦》才能在开篇第五回《游幻境指述十二钗　饮仙醪曲演红楼梦》中暗示了整个故事的结局。从各主要人物的命运到贾府最后的一败涂地，均以含蓄而优美的诗词一一展示出来。初读这一回时，读者一般不能领会作者的暗示，读到结末，才发现前面早有铺垫，因而恍然大悟。这就是写作技巧的"伏笔"。毛宗岗评《三国演义》时，夸其伏笔写得好，有"草蛇灰线，一伏千里"之说。《红楼梦》的伏笔技巧丝毫不亚于"三国"。正是此类伏笔，形成前呼后应的一体化效果，再加上全书最后关于"白茫茫大地"的描写，与《红楼梦》组曲中的"结尾"相映照，这叫"再现主题"。这种写法，与西方大型交响乐的结构形式相似，让受众得到一种完整而圆满的印象。而且，《红楼梦》的伏笔并非写完全稿之后硬加进去的，是动笔之初就设计好了的，全书均按第五回这个总纲逐步推进，人物命运和故事结局像"海上升明月"似的一点一点地露出水面，全书有水到渠成之势。遗憾的是，续作者没有按第五回的总纲完成全书，在结尾部分生硬地插入一回"沐皇恩延世泽"的败笔，破坏了红楼故事的整体感，扭曲了红楼故事的主题。所幸保留了宝玉出家一节，让《红楼梦》仍以大悲剧形式作结，算是不幸中的大幸。

其四，起承转合，有如枢机。

如前所言，章回小说以每回故事为一个完整的分割，那么，在"回"与"回"之间就需要连缀，这就是写作技巧中的"过渡"。好像缝衣服一样，须将衣领、前襟、袖片等连缀缝合起来，不然则支离破碎。在先前的说书场中，这种过渡很简单，一句"欲知后事如何？且听下回分解"就搞定了。《红楼梦》沿用了这样的过渡样式，同时有新的创造。如第十五回至第十六回，过渡句是"贾珍只得派妇女相伴，后回再见"；第十六回至第十七回的过渡句是"便长叹一声，萧然长逝了"。类似过渡突破了书场的过渡样式，运用圆熟，就像枢纽一样运转自如。不过，每回开头仍沿用了书场的"话说"二字，是其不足之处，本书将在稍后有所批评。

以上，是《红楼梦》在篇章结构上的特点，如前所言，《红楼梦》保留了某些说书场上的结构长处，如章回；在承接转合方面有所创新，使之更符合案头阅读的特点。最难能可贵的是整体构思，一气贯注，对一部长达 87 万字的长篇小说来说，其功力不同凡响。

3. 主副并推的叙事结构

其一，实事虚化，虚事实化，虚实相生，返虚入实。

《红楼梦》故事以贾雨村与冷子兴的对话开始，以"贾雨村归结红楼梦"结束。全书冠以"贾雨村言"即"假语村言"，强调故事的虚构性。又以甄士隐一家的故事贯穿全书，"甄士隐"即"真事隐"，强调确有实事，但已隐匿。在脂砚斋的批语中，多次说明某人某事确实存在，她本人就是当事人或见证人。如前所言，故事的虚构部分是在原型基础上进行艺术创造和艺术加工的部分；故事真实的部分是清康、雍、乾时期曹家的经历及宫闱斗争。作者使用这种烟云模糊的手法，将虚事与实事混为一谈，令读者不知何者为实，何者为虚。这样，既避免了因"对号入座"而引起文字狱的麻烦，又将有关历史事件以文学虚构的形式披露出来。正因为有真人真事作为基础，作者在原型基础上的艺术加工愈发显得真实可信，更加完整地展示出生活的"本真"，让读者通过贾宝玉的主线故事及其他副线故事，领悟到中国封建政体必然衰落直至灭亡的历史命运；同时看到以贾宝玉林黛玉为代表的反抗和批判，预示着新思想和新文化的曙光。如前所言，红楼故事的思想意蕴远不止这些，它还通过对中国社会生活的全面展示，在形而上层面展开对宇宙存在及人生意义的深入探讨，超越时空、超越国度、超越一般社会历史，让思想批判的触角触及生存意义的本质。这意味着，红楼故事表面上仿佛是男女情爱、家庭纷争的日常事务，更深层面却是高蹈至形而上的虚无缥缈的思绪。前者为"有用之用"，后者为

"无用之用"。仕途经济确实有用，是所谓安身立命之所在。但庄子说"无用之用"①，对这种"大用"，许多人认为太虚，而《红楼梦》看重的正是对形而上世界的思索，表现了形而下与形而上、务实和务虚层面的交融，最后仍落脚于解决现实生活中的问题，这就是"虚实相生，返虚入实"。

其二，主线清晰，副线断续，主副并推，齐头并进。

《红楼梦》故事以贾宝玉与林黛玉的爱情故事为主线，在这条主线周围，缠绕着多条副线。所谓"副线"，必须具有以下特征：一是能独立于主线之外单独运行，即独立成为一个故事；二是贯穿全书的主要部分，不能只是昙花一现；三是时断时续，若隐若现，既不能干扰故事主线的推进，又不能消失得无影无踪；四是在适当时候有一个相应的终结，不能有始无终有头无尾。根据这四条标准，不难看出红楼故事中至少设置了这么几条副线：贾母及史湘云一条线（贾母和湘云的故事）；王夫人、贾政、赵姨娘一条线（贾政的故事），王熙凤、贾琏、平儿、尤二姐、尤三姐（带柳湘莲）一条线（王熙凤的故事），薛宝钗、薛姨妈、薛蟠、香菱、夏金桂、薛蝌一条线（薛宝钗的故事），贾珍、秦可卿、贾蓉一条线（秦可卿的故事），贾赦、邢夫人一条线（邢夫人的故事）。其他还有花袭人、蒋玉菡的故事，妙玉的故事，等等。至于众丫鬟、众小厮、众亲戚、众官员等，只是故事中串场的角色，不能算为一条线索。其中只有一个最特殊，就是贾雨村。贾雨村也有一点故事，但不重要，贾雨村的作用是作为故事的见证人，不时出来走个过场，从头至尾游离于主线故事之外，又穿插在副线故事之中。

这种主副线索的设置不同于复线结构模式，复线故事是设置两条同等分量的线索，交叉推进，比如托尔斯泰的《战争与和平》，分设罗斯托夫和保尔康斯基两条线索，是为复线结构，但他的《安娜·卡列尼娜》则是主副线结构，以安娜与渥伦斯基的爱情故事为主线，以吉蒂与列文的爱情故事作为副线。因为复线叙事模式的写作难度很大，一般小说尽量避免使用这种模式，多使用相对容易掌控的单线叙事结构。可是，单线结构的涵盖面有限，欲展示多方面多侧面的社会生活，主副线叙事结构就是上佳选择，不过，很少有人在主线周围设置像《红楼梦》这样的多条副线。一条主线与多条副线同时展开、齐头并进

---

① 见《庄子·人间世》。

的操控难度显而易见——一是头绪过多，容易紊乱；二是主副交叉时，容易主副不分，甚至喧宾夺主；三是主线推进时，必须兼顾副线，不能让副线断流；四是副线故事既要独立，还须完整，要有始有终。当然，这种高难度操作也有它的好处，就是全面反映社会生活，《红楼梦》要想展示中国封建末世的社会现实，仅靠主线故事中的几个人物难以奏效。于是，《红楼梦》凭借多条副线，前前后后引入数百号人物，从王公贵族到巫医百工之流，这样才能笼圈百态，涵盖四野。

4. 零式聚焦的叙事结构

多点透视，零式聚焦，无所不在，全知全晓。

《红楼梦》采用零聚焦叙事，即作者置身故事之外，从不同的观测点透视全部故事。作者以无所不知的身份看到故事发展的各个方面，大至上天入地，小到深入内心，以第三人称的口气讲述故事中发生的一切。如巴尔特说："叙述者既在人物之内，又在人物之外（既知道所有人物身上发生的一切而又不与其中的任何一个人物认同）。"① 与内聚焦叙事和外聚焦叙事相比，零聚焦叙事的优势是不受故事中人物的羁绊，作者可以从任何角度展开故事，作者所知大于任何故事中人物所知，缘此，零聚焦叙事是很多长篇小说采用的叙事模式，中国古典小说几乎都采用这种叙事。除了方便叙述之外，还有一个上文提到的原因，即书场和说书人，中国古典小说脱胎于书场，说书人只能以全知全晓的第三人称讲述故事，要不然，他就给自己设置障碍和制造麻烦了，倘若他一不留神将自己当作故事的主人公或见证人，他还能讲"三国""水浒"或"西游"吗？还不被听众轰下台来？他只能扮演全知全晓的角色。这几天说"三国"，什么刘、关、张，曹、周、孙等，他全知道，开场时还要来一番高屋建瓴的导引："话说天下大势，分久必合，合久必分。"好像他活了几千年、见过多少次分分合合的天下大势似的。过几天说"水浒"，他跟武松、林冲、宋江、李逵、吴用等又是老熟人了，跟高俅、高衙内也不陌生，如前所言，武松打虎实无其事，他讲得像真的一样②。又过几天，讲"西游"了，他五百年前跟齐天大圣

① 见云南大学教授谭君强《叙述的力量》。
② 参见中国说书场专用本《武松》，仅武松打虎一节就有小半本书。

孙猴子（那时还不叫"悟空"呢）就认识了，还在花果山一齐喝过酒。取经成功后，孙悟空被封为"斗战胜佛"，他们还一起合影留念了呢。这就是零聚焦叙事的方便之处，《红楼梦》沿用这种叙事模式，才能全方位地展示社会生活的各个侧面。不过，这种叙事模式也有它的缺陷，即真实度、可信度和细腻度要打折扣。你再全知全晓，总不如故事的当事人吧。内聚焦叙事以第一人称"我"的口气讲"我"的故事，总比一个外人来说道来得细致吧！外聚焦叙事以故事中见证人的口气讲故事，仿佛是亲历亲见，总比第三者说道可信吧！缘此，很多小说尤其是近现代小说，常采用后两种叙事模式。比如，鲁迅著名小说《狂人日记》采取内聚焦叙事，以"我"的身份及口气讲述"我"的故事，连"那赵家的狗，何以看我两眼"的感觉都写出来了；众人熟悉的《福尔摩斯探案》则以故事中人物华生的身份讲故事，华生与福尔摩斯同住在一个屋檐下，他讲的事，是不是更实在些？在这点上，《红楼梦》与一般传统小说不同，其在零聚焦叙事的同时，适当采用了外聚焦叙事模式，使红楼故事的展开更为深入细腻。这种笔法，就是通过书中人物之口讲述故事。

5. 外式聚焦的叙事结构

巧借人言，外式聚焦，入乎其内，出乎其外。

《红楼梦》的外聚焦叙事主要通过故事中人物的对话来进行。比如，故事开头时冷子兴与贾雨村的一番对话。贾府及四大家族的背景关系、人物关系都是通过这番对话展示的。其中夹杂二人的即兴评论和不同观点，时有争论。如是，既避免了生硬的背景介绍，且有机地融入故事，为贾雨村的出场做了铺垫。第五回中以警幻仙子的口气介绍太虚幻境，在太虚幻境的表演中推出《红楼梦》套曲，暗示全书主题及人物结局。在全书中，不时以某丫鬟的视角说事，或以某小厮的视角说事，或以某婆子的视角说事，这样移步换形，从不同的视点展示故事的各个侧面，取得既"入乎其内"又"出乎其外"的叙事效果。这种多视角叙事模式，也是近现代小说中常常采用的方式，比如，福克纳的《喧哗与骚动》，对同一故事采用外聚焦叙事的五个不同视角说话，这些人全是故事中的角色，也是故事的见证人，各有各的身份，各有各的视点及视界，把同一件事讲得精彩纷呈。

叙事模式是小说及各种叙事文体中最重要的技术技巧之一。英国文学批评家帕西·卢伯克说："在小说技巧中，整个错综复杂的方法问题，我认为都要受到观察点问题，也就是在其中叙述者相对于故事所站位置的关系问题所制约。"① 谭君强认为："中国传统的叙事本文中，使用第一人称的很少，尤其是以叙述者'我'作为叙事本文中的人物的更为罕见。零聚焦叙事最常使用的方式，几乎都是第三人称叙事。即使是自传性的叙事文，大多数也将第一人称让位于第三人称，例如司马迁《史记》的结尾有一篇十分有名的自传（指《太史公自序》），文中司马迁用第三人称自称为'迁'。"② 回过头来看《红楼梦》的叙事模式，虽然第一人称内聚焦叙事依然缺位，但外聚焦模式则有所采用，这就突破了中国传统小说常用的零聚焦模式。

以上，是《红楼梦》的叙事线索和叙事模式。这仅是叙事技术技巧的一个方面，在叙事展开中还有许多技术方法和技能技巧，比如，毛宗岗归纳的"叙事方法十二条"。毛宗岗评的是《三国演义》，但在《红楼梦》中同样适用，而且，作者使用这些方法的娴熟程度并不亚于"三国"。因为这些方法在本书各部分中均有展示和说明③，在此就不再赘述了④。

---

① 见谭君强《叙述的力量》。
② 见谭君强《叙述的力量》。
③ 详见毛宗岗"叙事方法十二条"。
④ 关于叙事方法，请参看本书"《史记》论稿"部分。

七、《红楼梦》的描写

《红楼梦》的描写手法可简化为十六个字：情景再现，心事钩沉，俱道适往，着手成春。

珀西·卢伯克谈到小说技巧时，有一句非常经典的话："小说是个人经验画面的戏剧化。"[①] 此言涉及小说技巧的三个要素，个人经验、画面和戏剧化。"个人经验"指作者个人的经历和见识，前面已说过，"画面"和"戏剧化"正是本节要展开讨论的。"画面"是描绘出来的，仅靠叙事不能表现出画面的色彩、线条和体积，这就需要描写。巴乌斯托夫斯基在《洞烛世界的艺术》一文中反复强调绘画对文学创作的启迪，在他看来，文学要"洞烛世界"，必须具备画家的眼力和技巧，这就是描写。同样，"戏剧化"也有赖于描写，只有绘声绘色的描摹，才能让读者产生身临其境的感觉。《红楼梦》在描写技巧方面卓有成效地体现了"画面"和"戏剧化"的效果，试看以下五方面。

1. 让人物行动起来

《红楼梦》描写手法之一——行动写人，动态逼真，俯拾即是，不取诸邻。

"在行动中写人"是中国文学史学最悠久的描写手法，从《诗经》《左传》中就开始了，在司马迁《史记》中达到高峰。这种写法的基本特点是，通过人物的举手投足、动态情态，在行动展开的过程中表现人物形象，避免静态的肖像描写和心理描写。书场娱乐发展以后，这一表现手法再度得以强化，因为说书人利用现场演说的条件，尽量在讲述中插科打诨，绘声绘色，讲到精彩段落，不禁手之舞之，足之蹈之。明代有位说书高手叫柳敬亭，他说，说书让听

---

① 见吕同六主编《20世纪世界小说理论经典（上）》。

众该笑时笑，只是一般水平；让听众该哭就哭，这是高一层水平；我手一抬，眼一闭，还未开口说话，听众该笑则笑、该哭则哭，这才是最高水平。言下之意是，说书人将自己的动作情态融入故事中，用动态感染听众，达到"不着一字，尽得风流"的传播效果。在《红楼梦》中，这一传统手法得到发扬光大。"在行动中写人"，是红楼故事中描写的主要手法。试看"宝玉挨打"一节：

那宝玉听见贾政吩咐他"不许动"，早知多凶少吉，那里承望贾环又添了许多的话。正在厅上干转，怎得个人来往里头去捎信，偏生没个人，连焙茗也不知在那里。正盼望时，只见一个老姆姆出来。宝玉如得了珍宝，便赶上来拉他，说道："快进去告诉：老爷要打我呢！快去，快去！要紧，要紧！"宝玉一则急了，说话不明白，二则老婆子偏生又聋，竟不曾听见是什么话，把"要紧"二字只听作"跳井"二字，便笑道："跳井让他跳去，二爷怕什么？"宝玉见是个聋子，便着急道："你出去叫我的小厮来罢。"那婆子道："有什么不了的事？老早的完了。太太又赏了衣服，又赏了银子，怎么不了事的！"

宝玉急的跺脚，正没抓寻处，只见贾政的小厮走来，逼着他出去了。贾政一见，眼都红紫了，也不暇问他在外流荡优伶，表赠私物，在家荒疏学业，淫辱母婢等语，只喝令"堵起嘴来，着实打死！"小厮们不敢违拗，只得将宝玉按在凳上，举起大板打了十来下。贾政犹嫌打轻了，一脚踢开掌板的，自己夺过来，咬着牙狠命盖了三四十下。众门客见打的不祥了，忙上前夺劝。贾政那里肯听，说道："你们问问他干的勾当可饶不可饶！素日皆是你们这些人把他酿坏了，到这步田地还来解劝。明日酿到他弑君杀父，你们才不劝不成！"

众人听这话不好听，知道气急了，忙又退出，只得觅人进去给信。王夫人不敢先回贾母，只得忙穿衣出来，也不顾有人没人，忙忙赶往书房中来，慌的众门客小厮等避之不及。王夫人一进房来，贾政更如火上浇油一般，那板子越发下去的又狠又快。按宝玉的两个小厮忙松了手走开，宝玉早已动弹不得了。贾政还欲打时，早被王夫人抱住板子。贾政道："罢了，罢了！今日必定要气死我才罢！"王夫人哭道："宝玉虽然该打，老爷也要自重。况且炎天暑日的，老太太身上也不大好，打死宝玉事小，倘或老太太一时不自在了，岂不事大！"贾政冷笑道："倒休提这话。我养了这不肖的孽障，已不孝，教训他一番，又有众人护持，不如趁今日一发勒死了，以绝将来之患！"说着，便要绳索来勒死。

王夫人连忙抱住哭道："老爷虽然应当管教儿子，也要看夫妻分上。我如今已将五十岁的人，只有这个孽障，必定苦苦的以他为法，我也不敢深劝。今日越发要他死，岂不是有意绝我。既要勒死他，快拿绳子来先勒死我，再勒死他。我们娘儿们不敢含怨，到底在阴司里得个依靠。"说毕，爬在宝玉身上大哭起来。

贾政听了此话，不觉长叹一声，向椅上坐了，泪如雨下。王夫人抱着宝玉，只见他面白气弱，底下穿着一条绿纱小衣皆是血渍，禁不住解下汗巾看，由臀至胫，或青或紫，或整或破，竟无一点好处，不觉失声大哭起来，"苦命的儿吓！"因哭出"苦命儿"来，忽又想起贾珠来，便叫着贾珠哭道："若有你活着，便死一百个我也不管了。"此时里面的人闻得王夫人出来，那李宫裁王熙凤与迎春姊妹早已出来了。王夫人哭着贾珠的名字，别人还可，惟有宫裁禁不住也放声哭了。贾政听了，那泪珠更似滚瓜一般滚了下来。

正没开交处，忽听丫鬟来说："老太太来了。"一句话未了，只听窗外颤巍巍的声气说道："先打死我，再打死他，岂不干净了！"贾政见他母亲来了，又急又痛，连忙迎接出来，只见贾母扶着丫头，喘吁吁的走来。贾政上前躬身陪笑道："大暑热天，母亲有何生气亲自走来？有话只该叫了儿子进去吩咐。"贾母听说，便止住步喘息一回，厉声说道："你原来是和我说话！我倒有话吩咐，只是可怜我一生没养个好儿子，却叫我和谁说去！"贾政听这话不像，忙跪下含泪说道："为儿的教训儿子，也为的是光宗耀祖。母亲这话，我做儿的如何禁得起？"贾母听说，便啐了一口，说道："我说了一句话，你就禁不起，你那样下死手的板子，难道宝玉就禁得起了？你说教训儿子是光宗耀祖，当初你父亲怎么教训你来！"说着，不觉就滚下泪来。

贾政又陪笑道："母亲也不必伤感，皆是作儿的一时性起，从此以后再不打他了。"贾母便冷笑道："你也不必和我使性子赌气的。你的儿子，我也不该管你打不打。我猜着你也厌烦我们娘儿们。不如我们赶早儿离了你，大家干净！"说着便令人去看轿马，"我和你太太宝玉立刻回南京去！"家下人只得干答应着。

贾母又叫王夫人道："你也不必哭了。如今宝玉年纪小，你疼他，他将来长大成人，为官作宰的，也未必想着你是他母亲了。你如今倒不要疼他，只怕将来还少生一口气呢。"贾政听说，忙叩头哭道："母亲如此说，贾政无立足之地。"贾母冷笑道："你分明使我无立足之地，你反说起你来！只是我们回去了，你心里干净，看有谁来许你打。"一面说，一面只令快打点行李车轿回去。贾政苦苦叩求认罪。①

在这一段中，排除关于人物对话的描写，仅看动作和情态，不同人物的行为方式、动作神态、表情心情展现无余。贾政作为施动的一方，那种恨铁不成钢的无奈和痛转化为一阵疯狂的暴打。宝玉作为受动一方，在万分紧急中求助一位老姆姆，偏碰到一个聋子，简直是搞笑，这就是戏剧化效果。被众小厮按倒之后，只有听天由命的分，被打时，只用"早已动弹不得"几个字，描摹出被打的惨状。王夫人既不敢违抗贾政，又心痛儿子，唯一的动作就是"抱住哭"。贾母来了，一连串动作是"喘吁吁"（走得急）、"厉声说道"（发怒）、"啐了一口"（妇女骂人的特有神态）、"冷笑道"（嘲讽的），这些动态表现了贾母作为最高家长的不容置疑的权威。贾政是个孝子，在母亲面前只能"陪笑""叩头"。贾母吩咐备车回南京，这是一种姿态，家人只能"干答应着"，也是一种姿态，并非真要走。一系列人物动作加动态描写，将宝玉挨打的场面刻画得淋漓尽致。在《红楼梦》里，类似的动作描绘贯穿全书，各类人物的性格与形象，在行动描写中入木三分地展示出来。

2. 让人物在话语中表现自己

《红楼梦》描写手法之二——对话写人，情态俱出，唇枪舌剑，钩心斗角。

语言是思维的直接形式，从语言中透出人物的内心。对话是语言的对接和交锋，最能体现人物的即时心态，再加上对话时的情态即"怎样说"，其中包

---

① 《红楼梦》（第三十三回），人民文学出版社 2008 年版，第 442～445 页。本书相关引文均参照此版本，以下仅标明页码。

容的信息量就相当丰富了。即便是一二简短的话语，也能窥见人物的内心活动。更何况，一个人的语言内容及话语方式，是其长期以来社会生活的积淀，是其文化素养及生存经验的体现。缘此，"在对话中写人"是中国史传和小说的又一重要笔法，是从《左传》《国语》《史记》到《三国》《水浒》《红楼》等作品中常用不衰的表现手法。试观以下两则对话，前一则为高雅对话，后一则为通俗对话：

> 宝玉笑道："常言'世法平等'，他两个就用那样古玩奇珍，我就是个俗器了。"妙玉道："这是俗器？不是我说狂话，只怕你家里未必找的出这么一个俗器来呢。"宝玉笑道："俗话说'随乡入乡'，到了你这里，自然把那金玉珠宝一概贬为俗器了。"妙玉听如此说，十分欢喜，遂又寻出一只九曲十环一百二十节蟠虬整雕竹根的一个大盏出来，笑道："就剩了这一个，你可吃的了这一海？"宝玉喜的忙道："吃的了。"妙玉笑道："你虽吃的了，也没这些茶糟踏。岂不闻'一杯为品，二杯即是解渴的蠢物，三杯便是饮牛饮骡了'。你吃这一海便成什么？"说的宝钗、黛玉、宝玉都笑了。妙玉执壶，只向海内斟了约有一杯。宝玉细细吃了，果觉轻浮无比，赏赞不绝。妙玉正色道："你这遭吃的茶是托他两个福，独你来了，我是不给你吃的。"宝玉笑道："我深知道的，我也不领你的情，只谢他二人便是了。"妙玉听了，方说："这话明白。"
>
> 黛玉因问："这也是旧年的雨水？"妙玉冷笑道："你这么个人，竟是大俗人，连水也尝不出来。这是五年前我在玄墓蟠香寺住着，收的梅花上的雪，共得了那一鬼脸青的花瓮一瓮，总舍不得吃，埋在地下，今年夏天才开了。我只吃过一回，这是第二回了。你怎么尝不出来？隔年蠲的雨水那有这样轻浮，如何吃得。"①

这是栊翠庵品茶一节中妙玉与宝玉、黛玉的对话，是所谓闲情逸趣的闲话，话题是品茶。说是品茶，实际是品各人的茶趣即对茶的审美趣味，包括对茶、杯、水、烹等茶道用具的鉴赏。这等品茶，自然不是工薪阶层的玩意儿，

---

① 《红楼梦》（第四十一回），第552～553页。

是有闲阶层的闲情。贾宝玉品茶是假，品女孩是真，表面上，他跟妙玉斗嘴，一会儿嫌杯子不好，一会儿嫌杯子太小，全是没话找话说，变着方儿地逗妙玉喜欢。妙玉嘴上不饶人，实际上果然"十分喜欢"。妙玉讥讽宝玉的无知，一会说"俗器"，一会说"牛饮"，看似尖酸刻薄，实际上透着对宝玉的喜爱，这已经有男女调情的味道了。黛玉和宝钗并不多言，只在一旁凑趣。黛玉一不留神说了句"这也是旧年的雨水？"马上被妙玉冷笑为"大俗人"。林黛玉一向清高，在妙玉面前还清高得起来吗？就从那么几句闲话中，将各人的身世、情趣、爱好、内心一展无余。在小说和日常生活中，闲话最能表现一个人的品位，何以？因为"正经话"往往有准备，不一定是真话，而闲话却在无意中透露了一个人的性情和素质。《红楼梦》对话大多是这类闲话，能把无话找话说的闲话写得生动有趣，是作家的一大手笔。再看一则闲话：

> 说话时，刘姥姥已吃毕了饭，拉了板儿过来，舔舌咂嘴的道谢。凤姐笑道："且请坐下，听我告诉你老人家。方才的意思，我已知道了。若论亲戚之间，原该不等上门来就该有照应才是。但如今家内杂事太烦，太太渐上了年纪，一时想不到也是有的。况是我近来接着管些事，都不知道这些亲戚们。二则外头看着虽是烈烈轰轰的，殊不知大有大的艰难去处，说与人也未必信罢。今儿你既老远的来了，又是头一次见我张口，怎好叫你空回去呢。可巧昨儿太太给我的丫头们做衣裳的二十两银子，我还没动呢，你若不嫌少，就暂且先拿了去罢。"
> 那刘姥姥先听见告艰难，只当是没有，心里便突突的，后来听见给他二十两，喜的又浑身发痒起来，说道："嗳，我也是知道艰难的。但俗语说的：'瘦死的骆驼比马大'，凭他怎样，你老拔根寒毛比我们的腰还粗呢！"周瑞家的见他说的粗鄙，只管使眼色止他。凤姐看见，笑而不睬，只命平儿把昨儿那包银子拿来，再拿一吊钱来，都送到刘姥姥的跟前。凤姐乃道："这是二十两银子，暂且给这孩子做件冬衣罢。若不拿着，就真是怪我了。这钱雇车坐罢。改日无事，只管来逛逛，方是亲戚们的意思。天也晚了，也不虚留你们了，到家里该问好的问个好儿罢。"一面说，一

面就站了起来。①

这是两个"文盲"的对话。要说王熙凤的漂亮风情和才华素质，在中国女性中是一流水平，她吃亏在于不识字。刘姥姥也不识字，可是，两个文盲的对话一点不比宝玉妙玉的差，只是风格各异罢了。凤姐这番话，一面诉着苦经，一面透着世故，表面上是一派温情，送人家二十两银子，仿佛是"巴巴儿送的"，让刘姥姥不感难堪。刘姥姥呢，别看她是一个乡下老妪，说学逗唱、幽默搞笑堪称顶尖高手。倘若活到现在，每年的春晚肯定少不了她。她几进大观园，每次都有斩获，凭什么，真凭亲戚关系吗？凤姐压根闹不清她是哪一门子的亲戚，全凭她说笑话逗老太太、太太们高兴。且说上述两句奉承话"瘦死的骆驼比马大""你老拔根寒毛比我们的腰还粗"，周瑞家嫌她出言"粗鄙"，可凤姐听着高兴，这才是高水平的拍马屁。曹雪芹虽为文人雅士，对民间话语一点也不陌生。

"什么人说什么话"，对话一定要符合人物的身份、气质、才情、场合、分寸，才能恰如其分地透露人物的性格，推进情节的发展。在这点上，《红楼梦》与《水浒传》有得一比，都是中国小说中写对话的成功典范。这两部都是白话小说，既通俗易懂，又风趣活泼，大大丰富了汉语的表达。

3. 独树一帜的心理描绘

《红楼梦》描写手法之三——心理描绘，独白于心，是有真宰，与之同行。

说到心理描写，《红楼梦》可谓独树一帜了。如前所言，中国传统史学和文学看重"行动中写人"和"对话中写人"，心理描绘很少或根本没有。书场上的说书人也不喜欢这一路数，因为说起来无法插科打诨，难以吸引听众的注意力。《红楼梦》不同，它主要供案头阅读，案头阅读有较自由的思索空间和遐想余地，心理描写就派上用场了。《红楼梦》的心理描写主要有三种类型。其一，内心独白，即通过人物的内心语言直接表达出自己的想法。众所周知，人们"想事"的时候，其思维是通过话语在内心里说出来的，是无声的语言。其二，文化人可通过自己的诗词表达思想，即《诗大序》中说的"诗言志"。

---

① 《红楼梦》(第六回)，第101～102页。

《红楼梦》中用大量优美的诗词，传达出人物特定的内心想法和才学情志。其三，通过某些细微举止，在无言中表现出人物的潜意识，是"此时无声胜有声"。以下各举一例：

> 心中自思："我不过捱了几下打，他们一个个就有这些怜惜悲感之态露出，令人可玩可观，可怜可敬。假若我一时竟遭殃横死，他们还不知是何等悲感呢！既是他们这样，我便一时死了，得他们如此，一生事业纵然尽付东流，亦无足叹惜，冥冥之中若不怡然自得，亦可谓糊涂鬼祟矣。"①

这是宝玉挨打后的一段内心独白，说出宝玉深藏于内心的话。话虽不多，意思却深远，它表达出贾宝玉的价值观、人生观及由此而来的叛逆精神，什么仕途经济、荣华富贵，跟这些女儿的真情相比，统统只是粪土，为这些人死都是值当的。这是对贾政"暴力镇压"的彻底否定。贾政的一顿暴打，不仅没有任何成效，反而坚定了宝玉反抗的决心。往后，贾政没有再打宝玉了，他也知道这逆子是不可教了。情节展开到这一步，内心独白是最好的表现手法。在《红楼梦》中，类似的独白手法多次多处使用，各主要人物都有这样的内心独白，让描写深入到人物的内心深处。与国外小说相比，红楼内心独白的特点是言简意赅，话语不长但真情流露无遗。某些外国小说的内心独白也不错，深入细腻，曲折有致，但其毛病是冗长，一段内心活动可以写好几页，中国读者不大适应这种大段的心理描绘，俄国小说《奥勃洛摩夫》中的心理描写就是这样②。

在《红楼梦》中，有的内心独白会变成出声的呐喊，表明人物思想情绪的爆发状态，如黛玉临死前的一句话：

> 紫鹃忙了，连忙叫人请李纨，可巧探春来了。紫鹃见了，忙悄悄的说道："三姑娘，瞧瞧林姑娘罢。"说着，泪如雨下。探春过来，摸了摸黛玉的手已经凉了，连目光也都散了。探春紫鹃正哭着叫人端水来给黛玉擦洗，李纨赶忙进来了。三个人才见了，不及说话。刚擦着，猛听黛玉直声

---

① 《红楼梦》（第三十四回），第449页。
② 见冈察洛夫《奥勃洛摩夫》。

叫道："宝玉，宝玉，你好……"说到"好"字，便浑身冷汗，不作声了。紫鹃等急忙扶住，那汗愈出，身子便渐渐的冷了。探春李纨叫人乱着拢头穿衣，只见黛玉两眼一翻，呜呼，香魂一缕随风散，愁绪三更入梦遥！①

"宝玉，宝玉，你好……"林黛玉临死前的最后一句话，说给宝玉，但宝玉却听不见。"你好……"包含了众多含意，"你好狠心""你好好的""你好不了"等等，这种中断了的独白给读者留下更深长的想象，同时符合一个危重病人在弥留之中最后的那种口气。

再看林黛玉的两段"诗言志"，一段写自己，一段写别人，从不同角度传达出自己的思想和才情：

> 花谢花飞花满天，红消香断有谁怜？
> 游丝软系飘春榭，落絮轻沾扑绣帘。
> 闺中女儿惜春暮，愁绪满怀无释处，
> 手把花锄出绣闺，忍踏落花来复去。
> 柳丝榆荚自芳菲，不管桃飘与李飞。
> 桃李明年能再发，明年闺中知有谁？
> 三月香巢已垒成，梁间燕子太无情！
> 明年花发虽可啄，却不道人去梁空巢也倾。
> 一年三百六十日，风刀霜剑严相逼，
> 明媚鲜妍能几时，一朝飘泊难寻觅。
> 花开易见落难寻，阶前闷杀葬花人，
> 独倚花锄泪暗洒，洒上空枝见血痕。
> 杜鹃无语正黄昏，荷锄归去掩重门。
> 青灯照壁人初睡，冷雨敲窗被未温。
> 怪奴底事倍伤神，半为怜春半恼春：
> 怜春忽至恼忽去，至又无言去不闻。
> 昨宵庭外悲歌发，知是花魂与鸟魂？

---

① 《红楼梦》（第九十八回），第1351页。

花魂鸟魂总难留，鸟自无言花自羞。

愿奴胁下生双翼，随花飞到天尽头。

天尽头，何处有香丘？

未若锦囊收艳骨，一抔净土掩风流。

质本洁来还洁去，强于污淖陷渠沟。

尔今死去侬收葬，未卜侬身何日丧？

侬今葬花人笑痴，他年葬侬知是谁？

试看春残花渐落，便是红颜老死时。

一朝春尽红颜老，花落人亡两不知！①

这是黛玉著名的《葬花词》，是其葬花时唱的，整首词感慨自己身世飘零，如春残花渐落。表面叹花，实则自叹，不仅自叹，实叹普天下的美好事物无不瞬时而逝，这就让个人慨叹带上的普遍的美学色彩。全词忧伤而婉约，不是林黛玉这样的才情少女，写不出这样的诗词，这就是《红楼梦》的独到之处。再观黛玉另外五首吟咏中国五位美女的《五美吟》，反映了这个女孩豪情壮志的一面：

西施

一代倾城逐浪花，吴宫空自忆儿家。

效颦莫笑东村女，头白溪边尚浣纱。

虞姬

肠断乌骓夜啸风，虞兮幽恨对重瞳。

黥彭甘受他年醢，饮剑何如楚帐中。

明妃

绝艳惊人出汉宫，红颜命薄古今同。

君王纵使轻颜色，予夺权何畀画工？

---

① 《红楼梦》（第二十七回），第371~372页。

绿珠

瓦砾明珠一例抛，何曾石尉重娇娆。

都缘顽福前生造，更有同归慰寂寥。

红拂

长揖雄谈态自殊，美人具眼识穷途。

尸居余气杨公幕，岂得羁縻女丈夫。①

这是林黛玉题中国历史上五位美女英雄的绝句，分别是吴越的西施、楚汉的虞姬、西汉的王昭君、魏晋的绿珠和隋唐的红拂。原来，林黛玉并非一味多愁柔弱，她情志深处暗藏着一股阳刚之气，所以为历史上的女英雄感叹。就像陶渊明有"金刚怒目"的一面，林黛玉也有"美人具眼识穷途"的一面，她之所以唯独青睐宝玉，自有她独到的眼光。这些心事，自己不好讲，借别人的故事讲出来。这叫"借他人之酒杯，浇胸中之块垒"。民国年间，一代名妓小凤仙悼蔡锷将军的挽联中就以红拂典故自况："不幸周郎竟短命，早知李靖是英雄。"出句说蔡锷将军像周郎那样英年早逝，对句说自己"美人具眼识穷途"，与林黛玉有得一比。类似大气磅礴的诗句在《红楼梦》中并不少见，都是以女孩的口气写的，如薛宝琴的十首怀古绝句，构思新颖，壮气凌云，表现出红楼女儿壮美的一面。

在红楼故事中，表达内心潜意识活动的心理描绘也不少，兹举一例，就一句话：

妙玉斟了一盎与黛玉，仍将前番自己常日吃茶的那只绿玉斗来斟与宝玉。②

这一句表现的妙玉的潜意识心理，在前文已有剖析。作者轻轻带过此一

---

① 《红楼梦》（第六十四回），第 891～893 页。
② 《红楼梦》（第四十一回），第 552 页。

笔，不加任何点评议论，这就是心理描绘的高明之处。这种男女之间的微妙心事，可意会不可言传，多说一个字都是赘语，完全让读者自己去体会。这些地方，《红楼梦》可谓惜墨如金。可是，并非所有地方都这样，该泼墨如水的时候，作者绝不吝惜笔墨，比如细节描绘。细节描绘讲究的就是一个字"细"，让我们来看《红楼梦》是如何使用重彩工笔的。

4. 惟妙惟肖的细节描绘

《红楼梦》描写手法之四——细节描绘，惟实惟真，一茶一饭，俱见精神。

贾宝玉请惜春画一张"大观园游乐图"，惜春应承下来，可惜自己的画具不足，宝玉说，开个单子向老太太要去，试看宝钗开的这张单子，大概专业国画家开的单子也就如此吧：

> 惜春道："我何曾有这些画器？不过随手写字的笔画画罢了。就是颜色，只有赭石、广花、藤黄、胭脂这四样。再有，不过是两支着色笔就完了。"宝钗道："你该早说。这些东西我却还有，只是你也用不着，给你也白放着。如今我且替你收着，等你用着这个的时候我送你些，也只可留着画扇子，若画这大幅的也就可惜了的。今儿替你开个单子，照着单子和老太太要去。你们也未必知道的全，我说着，宝兄弟写。"

> 宝玉早已预备下笔砚了，原怕记不清白，要写了记着，听宝钗如此说，喜的提起笔来静听。宝钗说道："头号排笔四支，二号排笔四支，三号排笔四支，大染四支，中染四支，小染四支，大南蟹爪十支，小蟹爪十支，须眉十支，大著色二十支，小著色二十支，开面十支，柳条二十支，箭头朱四两，南赭四两，石黄四两，石青四两，石绿四两，管黄四两，广花八两，蛤粉四匣，胭脂十片，大赤飞金二百帖，青金二百帖，广匀胶四两，净矾四两。矾绢的胶矾在外，别管他们，你只把绢交出去叫他们矾去。这些颜色，咱们淘澄飞跌着，又顽了，又使了，包你一辈子都够使了。再要顶细绢箩四个，粗绢箩四个，担笔四支，大小乳钵四个，大粗碗二十个，五寸粗碟十个，三寸粗白碟二十个，风炉两个，沙锅大小四个，新瓷罐二口，新水桶四只，一尺长白布口袋四条，柽炭二十斤，柳木炭一斤，三屉木箱一个，实地纱一丈，生姜二两，酱半斤。"黛玉忙道："铁锅

一口，锅铲一个。"宝钗道："这作什么？"黛玉笑道："你要生姜和酱这些作料，我替你要铁锅来，好炒颜色吃的。"众人都笑起来。宝钗笑道："你那里知道。那粗色碟子保不住不上火烤，不拿姜汁子和酱预先抹在底子上烤过了，一经了火是要炸的。"众人听说，都道："原来如此。"①

一纸颜料纸张的采购单，有必要写得那么细致吗？有必要。这给人一个印象，仿佛真的要画这幅画。这些画具是作画必需的而且是专业的，这才能增加情节的逼真感。笛福写《鲁滨孙漂流记》时，将从船上搬下的工具、武器、火药一一交代清楚，因为这些东西以后都要派上用场，在情节推进中都得出现。不交代清楚，鲁滨孙日后拿什么去打黄羊、垦荒种地？再看一段：

> 贾母带着宝玉，湘云，黛玉，宝钗一桌。王夫人带着迎春姊妹三个人一桌，刘姥姥傍着贾母一桌。贾母素日吃饭，皆有小丫鬟在旁边，拿着漱盂、麈尾、巾帕等物。如今鸳鸯是不当这差的了，今日鸳鸯偏接过麈尾来拂着。丫鬟们知道他要撮弄刘姥姥，便躲开让他。鸳鸯一面侍立，一面悄向刘姥姥说道："别忘了。"刘姥姥道："姑娘放心。"那刘姥姥入了坐，拿起箸来，沉甸甸的不伏手。原是凤姐和鸳鸯商议定了，单拿一双老年四楞象牙镶金的筷子与刘姥姥。刘姥姥见了，说道："这叉爬子比俺那里铁锨还沉，那里犟的过他。"说的众人都笑起来。
>
> 只见一个媳妇端了一个盒子站在当地，一个丫鬟上来揭去盒盖，里面盛着两碗菜。李纨端了一碗放在贾母桌上。凤姐儿偏拣了一碗鸽子蛋放在刘姥姥桌上。贾母这边说声"请"，刘姥姥便站起身来，高声说道："老刘，老刘，食量大似牛，吃一个老母猪不抬头。"自己却鼓着腮不语。
>
> 众人先是发怔，后来一听，上上下下都哈哈的大笑起来。史湘云撑不住，一口饭都喷了出来；林黛玉笑岔了气，伏着桌子叫"嗳哟"；宝玉早滚到贾母怀里，贾母笑的搂着宝玉叫"心肝"；王夫人笑的用手指着凤姐儿，只说不出话来；薛姨妈也撑不住，口里茶喷了探春一裙子；探春手里的饭碗都合在迎春身上；惜春离了坐位，拉着他奶母叫揉一揉肠子。地下

---

① 《红楼梦》（第四十二回），第570~571页。

的无一个不弯腰屈背，也有躲出去蹲着笑去的，也有忍着笑上来替他姊妹换衣裳的，独有凤姐鸳鸯二人撑着，还只管让刘姥姥。

刘姥姥拿起箸来，只觉不听使，又说道："这里的鸡儿也俊，下的这蛋也小巧，怪俊的。我且俺攮一个。"众人方住了笑，听见这话又笑起来。贾母笑的眼泪出来，琥珀在后捶着。贾母笑道："这定是凤丫头促狭鬼儿闹的，快别信他的话了。"那刘姥姥正夸鸡蛋小巧，要俺攮一个，凤姐儿笑道："一两银子一个呢，你快尝尝罢，那冷了就不好吃了。"刘姥姥便伸箸子要夹，那里夹的起来，满碗里闹了一阵好的，好容易撮起一个来，才伸着脖子要吃，偏又滑下来滚在地下，忙放下箸子要亲自去捡，早有地下的人捡了出去了。刘姥姥叹道："一两银子，也没听见个响声儿就没了。"

众人已没心吃饭，都看着他笑。贾母又说："这会子又把那个筷子拿了出来，又不请客摆大筵席。都是凤丫头支使的，还不换了呢。"地下的人原不曾预备这牙箸，本是凤姐和鸳鸯拿了来的，听如此说，忙收了过去，也照样换上一双乌木镶银的。刘姥姥道："去了金的，又是银的，到底不及俺们那个伏手。"凤姐儿道："菜里若有毒，这银子下去了就试的出来。"刘姥姥道："这个菜里若有毒，俺们那菜都成了砒霜了。那怕毒死了也要吃尽了。"贾母见他如此有趣，吃的又香甜，把自己的也都端过来与他吃。又命一个老嬷嬷来，将各样的菜给板儿夹在碗上。①

以上是刘姥姥二进大观园时与贾母等吃饭的一节。刘姥姥一如既往地搞笑，众人一如既往地开心，这就不提了，光说饭桌上的几个细节，筷子、鸽蛋和笑态。凤姐专门给刘姥姥备一副象牙镶金的筷子，又沉又滑；再专门拣一碗鸽子蛋放在老刘面前，特地说明"一两银子一个"，就是要看老刘的笑话。刘姥姥如何夹得起来？果然掉地下了，待要去捡，早被下人拾走了。众人笑做一团，宝玉"滚"在贾母怀里，黛玉"笑岔了气"，惜春叫"奶娘揉肠子"……这就是"生活画面的戏剧性"场景，不细化无以出彩。而且，这并非一般的细节描写，在那么一个小小细节中，依然透露出社会矛盾和阶级矛盾的蛛丝马迹，用云南大学教授杨光汉的话说，这叫"大题小作"，即"把社会矛盾的深

①《红楼梦》（第四十回），第535～536页。

刻或重大的内容放到日常生活场景里来展现"。"如果我们从另一头去看，又可以说曹雪芹也善于'小题大作'，即在小的场面，在日常生活的细小故事中安排进社会矛盾的重要内容去。"① 可不是吗？"一两银子一个的鸽子蛋"，什么人家才吃得起，当然是贵族之家、富豪之家。如果刘姥姥顺当地夹起这枚鸽蛋放到自己嘴中，那就不对了，她平日里何曾使用过这种"象牙镶金"的筷子，怎能夹起滑溜的鸽子蛋？再说了，即使她手艺高超，真把这枚鸽子蛋吃到嘴里，她也错了。她心下明镜似的，她此番在贾府吃饭，并非人家看得起她，人家就是要看她的笑话取乐，所以，她装笨卖傻，为的就是给人家解闷逗乐。刘姥姥让众人笑翻了，她也自嘲地笑了，然而，她的笑，却是含泪的笑。

5. 气象万千的场景描绘

《红楼梦》描写手法之五——场景描绘，烘云托月，意象欲出，造化已奇。

场景描写包括场面描写和风景描写，场景既是人物活动的环境，也是情节展开的空间，起到一种烘云托月的作用。试看关于秦可卿卧室的场面描写：

> 秦氏听了笑道："这里还不好，可往那里去呢？不然往我屋里去吧。"宝玉点头微笑。有一个嬷嬷说道："那里有个叔叔往侄儿房里睡觉的理？"秦氏笑道："嗳哟哟，不怕他恼。他能多大呢，就忌讳这些个！上月你没看见我那个兄弟来了，虽然与宝叔同年，两个人若站在一处，只怕那个还高些呢。"宝玉道："我怎么没见过？你带他来我瞧瞧。"众人笑道："隔着二三十里，往那里带去，见的日子有呢。"说着大家来至秦氏房中。刚至房门，便有一股细细的甜香袭人而来。宝玉觉得眼饧骨软，连说"好香！"入房向壁上看时，有唐伯虎画的《海棠春睡图》，两边有宋学士秦太虚写的一副对联，其联云：

> 嫩寒锁梦因春冷，芳气笼人是酒香。

案上设着武则天当日镜室中设的宝镜，一边摆着飞燕立着舞过的金盘，盘

---

① 见杨光汉《红楼梦：一次历史的轮回·阴阳二气充塞天地之间》。

内盛着安禄山掷过伤了太真乳的木瓜。上面设着寿阳公主于含章殿下卧的榻，悬的是同昌公主制的联珠帐。宝玉含笑连说："这里好！"秦氏笑道："我这屋子大约神仙也可以住得了。"说着亲自展开了西子浣过的纱衾，移了红娘抱过的鸳枕。于是众奶母伏侍宝玉卧好，款款散了，只留袭人，媚人，晴雯，麝月四个丫鬟为伴。秦氏便分付小丫鬟们，好生在廊檐下看着猫儿狗儿打架。①

前文曾提到这个卧室，说明"到处充满色情的暗示"，其实就是关于秦可卿与贾宝玉发生关系的暗示。尤其是关于"宝镜""金盘""木瓜""下榻""联珠帐"的细致描绘，更是露骨地导入一个个古代情色故事。如果没有这样的场景描绘，读者不可能领悟这一节中发生的真实事件。明摆着，这场景太夸张了，哪有如此集中地把这些物件摆放在一起的道理？其中定有什么特别的意味，这么一寻思，就悟出场景中发生的真实事件了。相传在《红楼梦》草稿中，这一段本来写得很明白，脂砚斋坚决主张删弃，只保留了那么一个朦胧的暗示性场景，创造出一种言有尽而意无穷的境界。再看一段风景描绘：

凤姐只带着丰儿来至园门前，门尚未关，只虚虚的掩着。于是主仆二人方推门进去，只见园中月色比着外面更觉明朗，满地下重重树影，杳无人声，甚是凄凉寂静。刚欲往秋爽斋这条路来，只听唿的一声风过，吹的那树枝上落叶满园中唰喇喇的作响，枝梢上吱喽喽发哨，将那些寒鸦宿鸟都惊飞起来。凤姐吃了酒，被风一吹，只觉身上发喋起来。那丰儿也把头一缩说："好冷！"凤姐也撑不住，便叫丰儿："快回去把那件银鼠坎肩儿拿来，我在三姑娘那里等着。"丰儿巴不得一声，也要回去穿衣裳来，答应了一声，回头就跑了。②

以上是大观园萧条后的一段风景描写，秋风萧瑟，寒气逼人，尽管月光如水，但凄清之景令人伤怀。表面上写大观园的凄凉，实则写贾府的败落和冷

---

① 《红楼梦》（第五回），第 69～71 页。
② 《红楼梦》（第一〇一回），第 1377 页。

清。好小说的风景描绘从来不是闲笔，恰恰相反，是人物内心世界的外化和情节推进的环境，都是"意境"。仅说此类大家族的门庭吧，"门庭若市"与"门庭冷落"从来都是其兴衰的表征。在中国官场上，官员手中捧的那碗茶水的凉热，就是此公在官场的凉热，常言道："人一走茶就凉。"倘若人未走茶已凉，说明这个当官的快走人了。在《红楼梦》中屡用此笔法，大观园兴则贾府兴，大观园败则贾府败。这一观点，李清照他老爸李格非在《洛阳名园记》中说得很清楚，园林兴则洛阳兴，洛阳兴则天下兴，说的都是一个道理。

以上，是《红楼梦》的描写手法。刘勰在《文心雕龙·物色》中说："窥情风景之上，钻貌草木之中，吟咏所发，志惟深远；体物为妙，功在密附。故巧言切状，如印之印泥，不加雕削，而曲写毫芥。故能瞻言而见貌，印字而知时也。"① 刘勰这番话，可视为描写手法的写作理论，其中"吟咏所发，志惟深远；体物为妙，工在密附"这十六个字，不啻为描写之道的归纳总结。

以上关于《红楼梦》的写作技能技巧，简要归纳为结构、叙事和描写三个方面。不言而喻，此种简单而粗糙的归纳和举例，远不足以说明《红楼梦》多方面的技能技巧及丰富细腻的表现手法。仅仅是一个引导，果欲领略《红楼梦》的写作技艺，最好的办法是细心研读，如能与世界其他著名小说作比较研读，效果更佳。如是，让我们对《红楼梦》在中国小说创作上的地位和影响作一个简短的小结。

---

① 见刘勰《文心雕龙·物色》。

八、《红楼梦》的影响

简言之,《红楼梦》在中国古代文学上的影响可概括为:打破传统,标新立异,具备万物,横绝太空。

鲁迅在《中国小说的历史的变迁》中说:"至于说到《红楼梦》的价值,可是在中国底小说中实在是不可多得的。其要点在于敢于如实描写,并无讳饰,和从前的小说叙好人完全是好,坏人完全是坏的,大不相同,所以其中所叙的人物,都是真的人物。总之自有《红楼梦》出来以后,传统的思想和写法都打破了。——它那文章的旖旎和缠绵,倒是还在其次的事。"[①] 鲁迅这段话,是对《红楼梦》在中国小说中的影响与地位的概括说明。然而,"传统的思想和写法"究竟指哪些呢?鲁迅语焉不详。让我们从题材、主题、表现手法及内容含量四方面加以简括。

1. 扩大小说题材

扩展题材,史非演义,情非才子,场非市井。

中国小说起源于汉魏,发展于唐宋,鼎盛于明清。仅以晚清为例,成册发表的小说至少在千种之上。吕思勉在《小说丛话》中说:"今试游五都之市,十室之肆,观其书肆,其所陈列者,十之六七,皆小说矣。"中国小说数量不少,但涉及的题材却有限。主要是讲史、言情、市井、神魔、讲经、武侠、公案等几个大类。以"三国""说岳"等为代表的讲史小说,题材取自二十四史等历史资料;以"三言二拍"为代表的言情小说,题材多取自民间传说,也有少量反映现实生活的题材,但不多;以《金瓶梅》为代表的市井小说反映北宋

---

① 见鲁迅《中国小说的历史的变迁》。

以来市场经济在中国的发展，是具有现实意义题材的小说，但反映面较窄；以《西游记》为代表的神魔小说，题材取自《大唐西域记》和民间传说；讲经小说主要是佛经故事；以《三侠五义》《七侠五义》为代表的武侠小说，题材多取于民间传说；以《施公案》《彭公案》为代表的公案小说多言官场黑暗，盗匪猖獗等。真正反映社会现实的小说是以《红楼梦》为代表的《儒林外史》《二十年目睹之怪现状》《官场现形记》等（都出在《红楼梦》之后）。缘此，《红楼梦》在小说题材的扩展及深化方面均有突破作用。《红楼梦》一方面以烟云障眼法反映了清初的宫廷政治斗争，一方面将视角投向权势政治的高层统治者并将目光聚焦于一个家庭，通过一个家庭的日常生活来剖析现实社会，同时以宝黛爱情写出追求个性自由的新型爱情故事。这种独特的视角及题材选择当时并不多见。像《三国演义》之类的"演义"小说，大多将目光投向政治军事斗争；"三言二拍"等言情小说中的男女爱情故事，多数是程式化的密约偷期、后园赠金、科场赶考、金榜题名等固定套路；武侠就更不用提了，题材狭隘，老套俗路，成为中国小说创作的一大问题。《红楼梦》打开了小说创作的题材视野，将眼光投向广阔的社会现实生活，"敢于直面惨淡的人生，敢于正视淋漓的鲜血"①，这是其了不起之处。

2. 深化小说意蕴

深化题旨，贴近现实，平中见奇，屡现哲思。

中国传统小说，不仅题材较狭隘，主题（思想）也显得浅薄。演义类小说多宣扬"成则为王败则贼"，谁在当时的政治争斗中夺得权力，谁就是老大；像"三国"那种讲点"天下大势"的，已属不错。言情小说无非才子佳人那一套，鼓吹的正是贾宝玉不屑的"仕途经济"之路，可是不走这条路，靠什么来完婚？像"三言"中《卖油郎独占花魁》那样的题旨已经很进步了，它对市场经济及小商贩给予充分肯定和赞赏，在农耕经济占主导地位的中国传统社会中，已属不易。以《水浒》为代表的小说宣扬"官逼民反"，不过，"只反贪官不反皇帝（不反体制）"，到头来还是巴望招安做官，做官之后再逼民反，如此周而复始两千年。以"西游"为代表的神魔小说，开头部分主题非常积极，斗

---

① 鲁迅语。见《记念刘和珍君》。

志昂扬，孙猴子的"大闹天宫"大快人心。孙猴子自封为"齐天大圣"，是对现行政治体制的有力挑战。可是到了后来，宣扬的是"孙悟空跳不出如来佛的手掌心"，而如来佛和玉皇大帝竟然是同一体制内的同伙，这就把开头部分昂扬战斗的主题给冲淡了。其他武侠、公案、讲经等，正如王朔所言，"无非是因果报应"那一套。《红楼梦》则完全两样了，其思想题旨我们已在前文作了较详尽的剖析，兹不赘述，红楼主题在社会历史文化及美学哲学方面前所未有的开拓和深化，至今无人企及。尤为难得的是，《红楼梦》打破了中国传统小说戏剧的"大团圆"结局，写出"敢于得罪人"（不受中国读者欢迎）的彻头彻尾的悲剧，这是在小说界"敢为天下先"的壮举。杨光汉说："如此这般地坚决打破'大团圆'的旧套，给书中所写的整个封建统治集团安排一个'茫茫白地真干净'的结局，表现了曹雪芹敢于'洗旧翻新'的艺术家勇气。这勇气来自他秉笔直书千古兴亡事的崇高使命感，也来自他对自己把握社会矛盾的艺术功力的充分自信。他以洞彻古今的眼光观察封建社会的矛盾运动，不仅看到它的过去（盛世）和现在（末世），而且把握了它的未来：统一物的最后分解（毁灭）。因此，《红楼梦》写的虽然只是一个封建贵族集团的盛衰，它却具有涵盖整个封建阶级、封建社会的普遍意义。从艺术效果看，它精确地展示了封建贵族在社会矛盾中已经发生和正在发生的变化，并按照矛盾运动的走向和归宿，预示了它灭亡的必然性，这就从根本上打破了关于现存秩序永世长存的幻想。这在中国文学发展史上，是一个划时代的胜利。"①

3. 创新小说手法

创新手法，不落窠臼，内有奇气，终与俗违。

《红楼梦》以前的中国传统小说，篇章结构相对单一，多为单线结构模式。叙事手法和描写手法值得称道，不仅丰富多姿，而且应用娴熟。比如，在叙事手法上，演义小说均以时间为序推进，坊间称"编年体式"；言情小说以故事情节逐渐推进，坊间称"金字塔式"（即重头在后）；在描写手法上，"行动中写人""对话中写人"及风景描绘等手法已有两千多年历史，创造出许多中国读者（听众）喜闻乐见的表现方法。《红楼梦》的贡献是，进

---

① 见杨光汉《红楼梦：一次历史的轮回·正邪既遇，搏击掀发始尽》。

一步发扬光大中国传统文学（史学）的优秀笔法，同时，在小说的多线并推结构方面有所突破，创造了一条主线与多条副线齐头并进的结构样式；在描写手法上，增添了心理描写这一现代小说的重要表现手法。《红楼梦》在人物形象塑造方面尤显成就，以暗合于现代美学原理的形象塑造手法，创造出贾宝玉、林黛玉、薛宝钗、凤姐、妙玉、贾母、贾政等一系列鲜明生动的人物形象，表现出中国封建末世腐败沉闷的社会环境和时代氛围。与传统小说中某些"类型化"的形象相比，红楼形象令人耳目一新。比如，对好人类的、坏人类的；善良类的、恶人类的并非一刀切，贾宝玉、林黛玉、史湘云等并非十全十美；王熙凤、贾琏、贾母、贾政等并非十恶不赦。前者是有缺陷的正面人物，后者是有长处的反面人物，打破了类型化的人物塑造传统。如杨光汉所言："人物性格把握得十分准确，揭示得非常深刻，其眼光可谓'钩深取极'，其笔力堪称'入木三分'。"① 至于语言手法层面，《红楼梦》堪称中国白话小说的典范之作，表达之流畅，应用之娴熟，词汇之丰富，语气之多样，令人有应接不暇之感。

4. 拓展小说镜像

包罗万象，涉及百科，茫茫大地，悠悠天枢。

《红楼梦》内容涉及中国社会生活的方方面面，诗词、史学、哲学、宗教、音乐、绘画、书法、园艺、餐饮、医药、礼仪、服饰等，可谓包罗万象，为读者展示了一幅中国历史文化及农耕文明后期的社会全景图式。有人将《红楼梦》称为"中国封建社会的百科全书"，虽有夸大之嫌，但不无道理，毕竟，如此全面反映中国文化及社会历史的全景式小说尚不多见。尤其是这种全景画面以高超的叙事和逼真的描写再现在读者面前，让读者仿佛身临其境地感受到早已逝去的年代里发生的故事，仿佛目睹以红楼女儿为代表的美好形象，或多或少地领略到一点诗意。于是，在苦难人间的茫茫大地上，开启和转动了心灵慰藉的悠悠天枢。难怪王国维要说："苟知美术之大有造于人生，而《红楼梦》自足为我国美术上之唯一大著述。"②

---

① 见杨光汉《红楼梦：一次历史的轮回·阴阳二气充塞天地之间》。
② 见王国维《红楼梦评论》。王国维所说的"美术"相当于现在所说的"美学"（笔者注）。

　　以上，是以鲁迅和王国维意见为主的、关于《红楼梦》在文学及社会生活方面的影响和地位的简述。

九、《红楼梦》的不足

再伟大的作品也有不足之处，《红楼梦》固然出类拔萃，但仍有遗憾及不足，简说如下。

1. 续貂之尾

说到《红楼梦》的不足，首先想到自然是全书后四十回。不管其续作者是谁，高鹗也罢，无名氏也罢，后四十回与前八十回不可同日而语。本书已经在前面做了诸多批评，此处不再多言了，只说两句公道话。首先，它保留了《红楼梦》的悲剧结局，这是忠于曹雪芹最初设定的创作意图的；其次，关于《红楼梦》任何续作者都只能是吃力不讨好，与原作相比肯定败笔多多。可笑的是，时至今日，依然有人在续写《红楼梦》，试观五花八门的续作，只能说，手头这部还差强人意，由是，不再批评了。但即便是前八十回，也还有不足，有若干值得商榷之处，简言如下。

2. 赘生之枝

一条主线与多条副线同时推进的叙事模式，固是《红楼梦》的长处，但"尺有所短"，短就短在头绪过多。因为头绪过多，难免会游离于主线之外，显得杂乱。比如，有关甄士隐一家的情节，实为赘生之枝、过繁之果。这一条线，远离主线且于主线推进无补。既然已经说明是"假语村言"，何必非要强调"真事隐去"，甄士隐一线显得矫揉造作。此外，有些无关人物的出场显得多余，致使情节不够紧凑。如何处理主副线的关系是长篇创作中的难题，没有副线则不易涵盖全局，副线过多则喧宾夺主。在这点上，托尔斯泰的《安娜·卡列尼娜》值得借鉴。

3. 转场单调

说书场转场手法不利于《红楼梦》的案头阅读。如前所言，章回式结构是书场说书的优良传统，值得保留和借鉴。但是，在转场承接的过渡形式上应有更多创新，不能只沿用书场上的习惯用语，如"下回分解""却说""话说""当时无话"等。这种表述，在"三言二拍"等短篇话本中不觉繁复，放到长篇中则令读者感到重复而缺乏新意，这就要求作者创造更多更丰富的承接过渡手法，避免因语势重复造成阅读的厌倦感。就像当今电视上那些主持者，一句话中出现好几个"那么"，他自己不觉得烦，观众都受不了了。

4. 对史湘云着力不够

在人物造型方面，对史湘云着力不够，与林黛玉、薛宝钗、王熙凤相比差了许多。既然史湘云后来的遭遇很惨，而她又是影响贾宝玉命运的重要人物之一，应在前八十回中有更多的铺垫，让后四十回的续者在情节推进和性格发展方面具有更大的空间（自然，曹雪芹写前八十回时没想到不能写至终篇）。

5. 叙事结构不够紧凑

在叙事展开过程中，琐事拉杂过多，导致有的章回结构较为松散，文脉较为散乱。倘若在今天市场经济的条件下，这种结构样式很难得到市场的青睐，《红楼梦》很难成为市场尤其是欧美市场的畅销书。现在有些青年读者并不爱看《红楼梦》，一个很大的原因就在于此。现代阅读讲究紧凑，环环相扣、步步紧逼，才能抓住读者的阅读兴趣，一口气读下去。虽然《红楼梦》写作于农耕文明生活节奏缓慢的年代，但是，结构松散在任何时代都是写作弊病，值得注意。

不言而喻，以上都是些挑刺式的意见，正所谓"站着说话不嫌腰杆痛"，可是，越是好作品，越要经得起挑剔。《红楼梦》虽为一代名作，但总有其不尽如人意之处，是"美玉有瑕，金无足赤"。挑剔，正是为了文学艺术的不断发展。鲁迅说："我有一言应记取，文章得失不由天。"[1] 此言可供天下作者共勉。

---

① 见《鲁迅全集（第八卷）集外集拾遗》。

至于清代某些人对《红楼梦》的种种批评，与我们所说的批评完全不搭界。鲁迅说："但是反对者却很多，以为将给青年以不好的影响。这就因为中国人看小说，不能以赏鉴的态度去欣赏它，却自己钻入书中，硬去充其中一个的脚色。所以青年看《红楼梦》，便以宝玉、黛玉自居；而年老人看去，又多占据了贾政管束宝玉的身分，满心是利害的打算，别的什么也看不见了。"①

尾声：人间青史　梦里红楼

"闲云潭影日悠悠，物换星移几度秋。"② 曹雪芹逝世（1764 年）至今已二百五十余年，《红楼梦》自手稿流行至成书也有二百多年历史。二百多年来，《红楼梦》在全世界广为流传，这是作者曹雪芹最伟大的纪念碑。不过，人们并没有忘记为曹雪芹和他的《红楼梦》建造纪念馆。北京有一处，南京有两处，曹雪芹的老家辽阳也有一处。

北京曹雪芹纪念馆原是以北京香山正白旗 39 号老屋为中心建立起来的一座小型乡村博物馆。1971 年在老屋的西壁上发现题壁诗，其中一幅与传说中的鄂比赠曹雪芹的对联基本一致，根据有关诗文所说曹雪芹的晚年"著书西山黄叶村"以及其他描述，北京市于北京植物园中辟地 8 公顷，建成曹雪芹纪念馆，借名为"黄叶村"。纪念馆门口有启功的题匾及曹雪芹塑像，展室中除介绍了曹雪芹的生平经历，还陈列有与曹雪芹和《红楼梦》有关的许多实物资料。原来的题壁诗重新进行了临摹复制并按原状展出。黄叶村中林木葱郁，绿草如茵，环境优美而清静。村内设有"河墙烟柳""薜萝门巷""竹篱茅肆""柴扉晚烟"等景点，还有茶馆、酒肆、古墩、石磨、水井和屋后的菜地，呈现一派悠闲的乡村田园风光。

南京有两处曹雪芹纪念地。一处是乌龙潭公园内曹雪芹纪念馆，乌龙潭公园是原随园一部分，乾隆十三年（1748 年）袁枚购得此园，寓居于此，改名为随园，自号随园老人，袁枚在《随园诗话》中说："雪芹撰《红楼梦》一部，备记风月繁华之盛，中有所谓大观园者，即余之随园也。"当然，随园应该只

---

① 见《鲁迅全集》第八卷《中国小说的历史的变迁》
② 语出王勃《滕王阁诗》。

是大观园原型的一部分，大观园还糅合了北方皇家园林的众多元素。另一处纪念馆设在江宁织造府旧址，馆内设曹雪芹诞生处、曹雪芹故居陈列馆和现场织造云锦博物馆，专门研究文学巨著《红楼梦》的红楼梦文学馆也设在其中。纪念馆大门两侧有对联云：

> 几番成败兴衰，引来笔下幽思心中血泪；
> 多少悲欢离合，写出人间青史梦里红楼。

辽阳曹雪芹纪念馆位于辽阳老城西小十字街口路东吴公馆院内，是一个小四合院。内有房屋 21 间，四周高墙围绕，中塑曹雪芹坐像，仿佛他仍在孤灯静夜中构思他的《红楼梦》。他可能没想到，在他身后，《红楼梦》会成为中国的国宝，正是："一把辛酸泪洒处，浇开红楼梦中花。"

《红楼梦》给人们留下太多的遐想和幽思，红学研究界盛传那么一句话："说不尽的曹雪芹"。这让人想起类似的另一句话——歌德说的"说不尽的莎士比亚"。莎士比亚的戏剧是西方文化的结晶，曹雪芹的《红楼梦》是东方文化的精华，它们是人类两大文化的代表，有"双峰对峙二水分流之妙"。在英国，莎士比亚的故居、剧院及墓地至今保存完好，就在伦敦以西 180 公里的斯特拉特福镇。小镇与莎士比亚有关的地方有三处：一是莎士比亚出生地。这是一座二层木架构小楼，房屋框架、斜坡瓦顶、泥土原色的外墙、凸出墙外的窗户和门廊使这座 16 世纪的老房在周围的建筑群中十分显眼。二是皇家莎士比亚剧院。剧院为皇家莎士比亚剧团所有，因设在莎士比亚故居而享有盛名。该剧团自 1961 年成立以来，便将莎士比亚所有的剧本都搬上了舞台，每台莎士比亚的剧目都是在此地首演后才在伦敦演出。三是圣三一教堂。此处有莎士比亚的墓地及记载他的出生与死亡资料的教区记录簿副本。因为有了莎士比亚，斯特拉特福小镇成为全世界游客向往的旅游胜地。

是的，英国的莎士比亚和中国的曹雪芹一样，他们与他们的作品一道长久地活在世界人民心中。正如杨光汉所言：

> 东有曹侯西有莎，双峰对峙竞嵯峨。
>
> 死生离合喜悲剧，疯傻颠狂好了歌。
>
> 不为世情摹写尽，何来学界论争多。
>
> 谁言混沌应无窍，四海高贤共琢磨。①

参考文献

1. 曹雪芹. 红楼梦 [M]. 北京：人民文学出版社，2008.

2. 鲁迅. 鲁迅全集第9卷 [M]. 北京：人民文学出版社，1991.

3. 俞平伯. 红楼梦研究 [M]. 北京：人民文学出版社，1973.

4. 王国维. 红楼梦评论 [J]. 北京：教育丛刊，1904，8—13.

5. 蒋和森. 红楼梦论稿 [M]. 北京：人民文学出版社，1981.

6. 杨光汉. 红楼梦：一次历史的轮回 [M]. 昆明：云南大学出版社，1990.

7. 吕同六. 二十世纪世界小说理论经典 [M]. 北京：华夏出版社，1995.

8. 尼采. 悲剧的诞生 [M]. 周国平译. 北京：生活·读书·新知三联书店，1986.

9. 郑思礼. 中国性文化：一个千年不解之结 [M]. 北京：中国对外翻译出版公司，1994.

---

① 见杨光汉《红楼梦：一次历史的轮回》。

《史记》《红楼梦》的平行研究

一、 往事千年，异曲同工

　　平行研究的求同比较可以从相似性中看到同质同构或异质同构。不同地域、不同学科、不同时代、不同作者的作品为什么会具有相似性？因为产生作者和作品的环境和条件有共同之处。于是，从相似性中找到某些共同的特征和规律，倘若这些特征和规律可以推广和验证，那么，其范围越是广大、历时越是久远，越具有普遍性。

　　值得一提的是，作家的创作大都是独立完成的，越好的作品越有个性。作者不希望、也不屑于自己的作品与他人雷同。然而，研究者却能从这些独立的、个性的作品中发现相似点及共同之处，于是寻找出共同的规律。就拿《史记》和《红楼梦》来说吧，司马迁与曹雪芹在时间上远隔千年以上，在地域上相隔千里之遥，在学科上分属史学与文学，他们的作品《史记》和《红楼梦》能有相似之处吗？进而言之，司马迁肯定不会受曹雪芹的影响，曹雪芹可能受司马迁的影响，不过，从《红楼梦》文本中不能直接发现这一点。在《红楼梦》文本中提到《西厢记》，在《红楼梦》文本外有《金瓶梅》，有人认为，这些作品影响了《红楼梦》的创作。至于《史记》，《红楼梦》中几乎没有提及，没准，贾宝玉也将其归到"仕途经济"一类中去了，懒得读也懒得提，可是，不能因此说曹雪芹肯定没受到《史记》的影响。至于这影响有多大，两部伟大的传世之作到底有哪些共同之处，却只能由后世的读者来进行比较。这一比，不难发现《史记》与《红楼梦》确有不少共同之处，不论在思想内涵、写作手法、框架结构方面，还是作者生平、成书过程及后世影响方面，都有其相通相同之处，故列表以示之：

表 1　《史记》《红楼梦》作者与成书情况相似度比较

	《史记》	《红楼梦》	相似度①
1. 作者家庭背景	司马迁生于史学世家	曹雪芹生于官宦世家	相似
2. 作者生平遭遇	中年因李陵之祸惨遭宫刑	少年因家道中落沦落下层	近似
3. 写作年龄	中年②40 岁至 50 岁前后	青年 30 岁至中年 45 岁前后	相似
4. 写作动机	幽而发愤之作	痛而感悟之作	近似
5. 写作过程艰辛程度	肠一日九回，汗发背沾衣	披阅十载，增删五次	近似
6. 是否独立完成	独立完成	独立完成	极相似
7. 生前是否见成书	未见成书	未见成书	极相似
8. 是否有续书	褚少孙等补续部分章节	高鹗③补后 40 回	近似
9. 对续书的评价	除褚少孙外均失败失传	被俞平伯评为"狗尾续貂"	近似
10. 作品篇幅	手稿 60 万字（古汉语）	手稿约 80 万字（白话文）	近似
11. 是否有注家	有裴骃《史记集解》等注	有脂砚斋批注《石头记》等	近似
12. 是否被禁毁	西汉时手稿被禁	以"诲淫"之名多次被禁毁	相似

①　相似度设近似、相似、极相似三个级别——笔者注。
②　此处年龄段划分依中国传统习惯——笔者注。
③　此处依传统说法，若按人民文学出版社新版，续书者为无名氏。

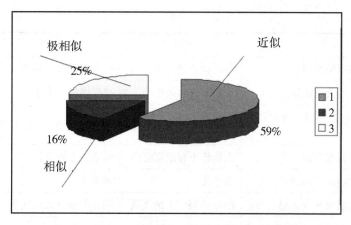

图1 《史记》《红楼梦》作者与成书情况相似度

小结：就作者情况、写作状况及成书情况而言，《史记》与《红楼梦》有很多共同之处，这让人想起杜甫所说的"文章憎命达"。如果司马迁和曹雪芹没有人生的惨痛经历，还能写出如此伟大的著作吗？基本不可能。他们的命运与其作品血肉相连，他们以生之苦痛，换来死后的丰碑，这不仅是司马迁、曹雪芹二人的命运，也是中国乃至世界很多作家、诗人的命运，要说规律，这就是规律。难怪，俄国的阿历克赛·彼什柯夫在他第一篇小说即将发表之际，毅然写下的笔名是"高尔基"，就是俄语的"痛苦"。至于写作过程的艰辛，成书过程的艰难，则不言而喻地相同，以致两位作者都未能在生前看到自己作品的公开出版。成书之后，一方面好评如潮，一方面屡遭禁毁，这是《史记》《红楼梦》共同的命运，这也是必然的。值得一提的是，两部书都有人续写，但均告失败，这也是续书者的宿命。与续书者不同的是，注书者大都成功，结果是，《史记》的"三家注"搭乘《史记》而名留青史；《红楼梦》的脂批脂注本比本版《红楼梦》具有更高的文学价值和文献价值，这也是两部书相似的地方。

表2 《史记》《红楼梦》思想内涵相似度比较

	《史记》	《红楼梦》	相似度
1. 是否以成败论英雄	不以成败论英雄①	指斥王公贵族为臭男人	相似
2. 是否以儒学定是非	不以儒学定是非	鄙视儒学及科举考试	相似

① 详细论说请看本书"《史记》论稿"之"史记的历史观"。

续表

	《史记》	《红楼梦》	相似度
3. 是否随世势而俯仰	不随世势而俯仰	藐视权贵厌弃世俗	相似
4. 是否直面人生的惨淡	直面惨淡的人生	感受惨淡的人生	近似
5. 是否有批判现实的反抗意识	流露一定的批判意识	强烈的批判和反抗意识	近似
6. 是否有悲剧意识	人物传中有悲剧意识	强烈的悲剧意识	近似
7. 是否歌功颂德阿谀逢迎	基本无	基本无	相似
8. 是否表现出独立人格气质	明显的独立人格气质	明显的独立人格气质	极相似
9. 是否认同老庄道家思想	暗含的深层次认同	基本认同	近似
10. 是否有独立批评	"太史公曰"为独立批评	通过人物之口独立批评	近似
11. 是否有创新见解	较多创新见解	很多创新见解	相似
12. 出书时是否为世所容	部分不容	较多不容	近似

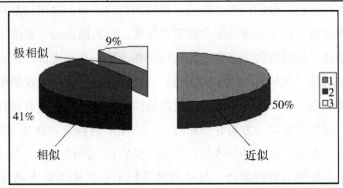

图2 《史记》《红楼梦》思想内涵相似度

小结：《史记》是史书，不存在文学作品的主题（母题）之说，史书的职责是真实地记录历史事实，一般不允许也不提倡作者发表议论和表达思想。那么，何以说《史记》也有深刻的思想内涵呢？这主要从《史记》的历史观来反映。历史观由史家的立场、史家对材料的筛选、史家观察事物的态度以及叙事策略等方面构成。司马迁在写作之初已立下三条准则，就是"究天人之际，通古今之变，成一家之言"。正是这三条准则，为他独特的历史观奠定了基础，所以，他的《史记》不是为强权政治歌功颂德的赞歌，不是为统治者文过饰非的遮羞布，不是"任人打扮的小姑娘"①。而且，《史记》还通过每篇后的"太史公曰"表达自己独立的见解和批评，缘此，《史记》表现出深刻的思想内涵，非一般史书可比。至于《红楼梦》，它本来就是小说，中国的小说家从来就是"饰小说以干县令"，所以，它的批判精神和独立思想应该是与生俱来的。《红楼梦》的思想内涵远远超越一般小说，就其思想高度而言，早已进入哲学领域。别的不说，仅就其对宇宙和人生的思考，某些方面已经超越中国古代最高层次的老庄哲学，直追西方现代哲学的荷尔德林、海德格尔、萨特、加缪等。如我们在《红楼梦论稿》中所言，贾宝玉、林黛玉的批判意识和反抗精神，绝非什么"反科举""反封建"所能涵盖。贾宝玉是一反到底，一直怀疑到天地宇宙。当然，《红楼梦》并非哲学专著，这些思想只是通过小说情节和人物对话自然而然地流露出来，零散化、碎片化、不成体系，这就需要读者慢慢解读。归结而言，正因为司马迁、曹雪芹具有独立的人格，自由的精神，方能在其作品中将这种人格和精神表达出来，成为极为相似的思想意识。这种思想意识打破了史学和文学的界限，打破了时空社会的界限，殊途同归地融入人类思想的海洋之中，就像黄河长江那样流入大海。

表 3 　《史记》《红楼梦》结构与表现手法相似度比较

	《史记》	《红楼梦》	相似度
1. 系统性体例（总体设计）	系统性的纪传体	系统性的长篇小说结构	相似
2. 相对独立的篇章	本纪世家列传为独立篇章	章回小说结构每回独立	相似
3. 起承转合的篇章结构	全书及每章皆有起承转合	前 80 回起承转合严密	相似
4. 零式聚焦的叙事结构	全书以第三人称叙事	全书以第三人称叙事	相似
5. 借他人之口的外式聚焦	很多外式聚焦叙事	很多外式聚焦叙事	极相似
6. 行动中写人	用事件中人物行动表现人	情节中人物行动表现人	极相似

---

①　有人说，胡适曾说过"历史是任人打扮的小姑娘"，其实不然，胡适没有说过这样的话。胡适的原话是："实在是我们自己改造过的实在。这个实在里面含有无数人造的分子。实在是一个很服从的女孩子，她百依百顺地由我们替她涂抹起来，装扮起来。"（见胡适在 1919 年春的一篇演讲，发表在 1919 年 4 月 15 日《新青年》第 6 卷第 4 号上。）此处刻意引这句广为流传的误传，意在为胡适先生澄清事实。

续表

	《史记》	《红楼梦》	相似度
7. 对话中写人	用对话和独白表现性情	用对话和旁白表现性情	相似
8. 白描、烘托与工笔描写	简洁地白描与烘托	白描、烘托与重彩工笔	近似
9. 顺叙为主基本无倒叙	以时序为主的顺叙	以时序为主的顺叙	极相似
10. 必要的插叙和补叙	在主叙中添加插叙补叙	在情节推进中插叙补叙	相似
11. 适合事件进程的节奏	据事件进程调整叙事节奏	随情节演进调整节奏	近似
12. 仿佛在讲故事	听司马迁讲真实故事	听曹雪芹讲假语村言	相似

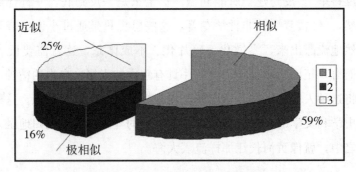

图 3 《史记》《红楼梦》结构与表现手法相似度

小结：如果说，思想是作品的血肉，那么，结构是作品的骨架。没有相应的结构，作品的血肉之躯就无从安放。尤其像《史记》《红楼梦》这样的鸿篇巨制，写作之前没有精心设计的结构，整部作品将无从下笔。《史记》之前，中国史家的结构体例是以《左传》为代表的编年体、以《国语》为代表的国别体，这两种体例均无法展示近三千年的历史。于是，司马迁开创了纪传体，确立十二本纪、三十世家、七十列传及十表、八书的总体设计构架，织就一张经纬交错的历史网络，唯其如此，方能装下三千年来的古代历史。曹雪芹的《红楼梦》表面写一个家族的兴衰，暗中包藏上下数千年的中国社会历史，洋洋120回近百万字（可惜未写完，也可能写完了）。如此庞大的规模，没有动笔前的精心构架非乱套不可。不过，总体设计虽好，也须一章一回、一字一句地实现这个设计，缘此，还须有相应的篇章结构，然后，通过恰当的叙事方式和叙事技巧一点一点地展开整部作品。《史记》的《本纪》《世家》《列传》是人物传的条块分割；《红楼梦》的每一回是整个故事的条块分割，这样，作者才能在每一章、每一回中讲述一个主要人物、事件或情节。在讲述中，《史记》《红楼梦》都采用了零式聚焦的第三人称叙事方式，即作者站在全知全晓的角度，讲述事件（情节）中人物的行动和话语。在《史记》中，即便是司马迁本人发言，也采用"太史公曰"这种第三人称叙事，强调是司马迁在写"太史公"。与此同时，不失时机地利用作品中人物的对话，以第一人称的外式聚焦讲述故事，以此弥补零式聚焦叙事的疏离感。一般而言，史书不倡导描写，盖因描写会带上过多的主观色彩，影响史书的客观性，但是，《史记》继承了《左传》《战国策》的优良传统，在行动中写人，在对话中写人，一样将人物写得活灵活现，将场景写得绘声绘色。《红楼梦》是文学作品，在表现手法上天马行空、不拘一格。话虽如此，曹雪芹依然继承了中国史家写作的长处，在很多方面表现出与《史记》相似的手法，最后的效果也非常接近，那就是讲故事。司马迁据史说事，曹雪芹虚构说事，所以，《史记》《红楼梦》虽为长篇，但一点不枯燥，不管是事件的起伏跌宕，还是情节的曲径通幽，都让读者沉湎其中，有时挑灯夜读，不知东方之既白。

表 4　《史记》《红楼梦》语言及语用相似度比较

	《史记》	《红楼梦》	相似度
1. 语系语言归属	汉藏语系（中古）汉语	汉藏语系（近古）汉语	相似
2. 官话或方言	秦汉官话 北方方言	明清官话 北京方言	相似
3. 散文或韵文	主叙事散文，少量韵文	主叙事散文，少量韵文	极相似
4. 文本运行的语境	具有指涉明晰的语境	具有指涉明晰的语境	极相似
5. 专业术语及行话	少量史学专业术语	少量文学专业术语	相似
6. 诵读语音及流变	专项发音（地名等）变化	个别发音有变化	近似
7. 词汇使用精准	其文直其事核 用词准确	状物叙事准确精当	极相似
8. 动词及动词词组使用	动态描摹准确精当	动态描摹出神入化	相似
9. 是否合乎语法规范	合乎语法规范 微小错误	合乎语法规范 微小错误	相似
10. 同义词语料库	同义词丰富 使用精准	同义词丰富 使用精准	极相似
11. 叙述基调（语势）	与场景氛围一致的基调	渲染氛围的叙述基调	相似
12. 人物对话语言	人物对话合乎人物特征	各有其声口各有其性情	极相似

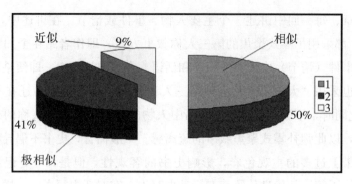

图 4 《史记》《红楼梦》语言及语用相似度

小结：海德格尔说："语言是存在的家。"① 对以文字为载体的史书和小说而言，海德格尔的话尤显精当。可不是吗？失去了语言，《史记》和《红楼梦》便无处安身，缘此，语用是衡量文史作品的重要指标体系。司马迁和曹雪芹都是语言大师，在洋洋洒洒的大部头著作里，语言应用得心应手。两个文本均有指涉明确的语境，既定的语境使文本运行在一个指定的语言环境中，大大减少了语词的歧义和误解。《史记》《红楼梦》都使用了当时的官话（当时的普通话），不仅规范准确，也利于更广泛的传播。当然，语音会发生若干变化，词汇也有变化，历时越长，流变越多，所以《史记》需要更多的注释。《红楼梦》使用明清白话，其话语方式更接近现当代，读起来更为明白晓畅。语法相对稳定，古今变化不大，《史记》《红楼梦》语用合乎语法规范，细究起来，仅有细微的语法错误。② 尤其值得称道的是，两部作品在复杂的长篇叙事中、多方面多层次的描写中均显示出雄厚的语言功底及高超的语用技巧。具体表现在，丰富的词汇量，尤其是同义词词汇量的丰厚，使作者在叙事、描写中游刃有余；动词及动词词组的精准使用，使"在行动中写人"的传统技法得以实现；合乎人物特征的对话，使"在对话中写人"的传统技法得以实现。所谓"传神写照""如闻其声，如见其人"，在很大程度上得力于准确的动态描写和对话描写。此外，两部作品在叙述基调的处理上极其精妙，都有与叙事环境相匹配的叙述基调，由此形成相应的语势和氛围，极富感染力。不难看出，作者在写作过程中，总是将自己的情感情绪融入作品语境之中，从而营造出浓郁的语言氛

---

① 见海德格尔《关于人道主义的书信》（1946 年）。

② 详见本书"《史记》论稿"部分"史记的疏舛·语法错误"相关内容。

围。难怪曹雪芹要说："满纸荒唐言，一把辛酸泪。"《史记》《红楼梦》的叙事语言都是雅语即规范的书面语①，《史记》是史书，在这方面更显严谨。

表 5　《史记》《红楼梦》影响及地位相似度比较

	《史记》	《红楼梦》	相似度
1. 开创性原创性	开创纪传体	创新小说技法	相似
2. 知名度美誉度	广泛知名度 极高美誉度	广泛知名度 极高美誉度	极相似
3. 诋毁及恶评	来自统治层及儒者的诋毁	来自统治层及儒者的诋毁	相似
4. 成书后的流传	长期流传（2000 余年）	长期流传（200 余年②）	相似
5. 是否成为经典	史学经典 文学经典	小说经典 文学经典	极相似
6. 权威评价出处	鲁迅《汉文学史纲要》等	鲁迅《中国小说史略》等	极相似
7. 改编戏剧作品	京剧《霸王别姬》等	越剧《红楼梦》等	相似
8. 改编图文作品	《史记连环画》等	《红楼梦连环画》等	相似
9. 改编现代影视作品	《刺秦》等电影作品	《红楼梦》电视连续剧	近似
10. 作者纪念场馆	陕西韩城司马迁祠	北京南京曹雪芹纪念馆	近似
11. 学术研究及引用	"史记研究"及大量引用	"红楼梦研究"及大量引用	相似
12. 作品的学术地位	极高学术地位	极高学术地位	相似

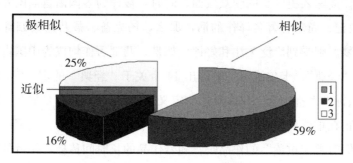

图 5　《史记》《红楼梦》影响及地位相似度

　　小结："影响研究"是早期比较文学研究的重点方面，窃以为可以纳入平

---

　　① 《红楼梦》人物对话中出现的俚语、俗语及少量粗口不在此例，至于其自谓"假语村言"，不过是障眼法而已。

　　② 程伟元初版《红楼梦》约在 1791 年。

行研究和跨文化研究的范畴，道理很简单，这两种研究必然涉及"影响研究"。所谓"影响"，指某一事物对其他事物及环境产生的作用和回应，其作用可视为一种力量，是为"影响力"；其回应也可视为一种力，是为"响应力"。随传播条件及社会变迁，影响力可能转化为支配力，也可能逐渐消解。《史记》《红楼梦》的影响力，首先作用于它的读者，作用于从事史学、文学的工作者及其他人，随后作用于社会，作用于历史。当然，《史记》《红楼梦》都曾遭遇阻遏和诋毁，《史记》早期文稿只限史官阅读，《红楼梦》多次被禁毁，然而，这种禁毁反而促成两部书的进一步传播，盖因"雪夜拥被读禁书"被中国读书人视为一大乐趣。缘此，当时统治者不愿看到的情况反复出现，即屡禁不止，越禁越传，从某种意义上说，统治者的禁毁反而扩大了这两部书的传播，树立了这两部书的历史地位，正所谓"艰难困苦，玉汝于成"。如是，在美誉褒扬和恶评诋毁的双向作用下，两部书逐渐树立起牢不可破的市场地位和学术地位，研究者和引用者逐年增加。学术权威评价进一步强化其美誉度，《史记》被誉为"史家之绝唱，无韵之离骚"，《红楼梦》被评为"总之自有《红楼梦》出来以后，传统的思想和写法都打破了"①。中国学界成立了专门的"《史记》研究""《红楼梦》研究"机构，后者甚至自诩为"红学"。两部著作不仅为学界所看重，在民间亦广为流传，不断被改编为图文画册、影视作品等更通俗的样式，通过大众传播深入更广泛的受众层面。同时，被译为多国语言向国外流传。如果说，《史记》尚未有著名译作的话，那么，杨宪益、戴乃迭夫妇翻译的英文版《红楼梦》则受到广泛关注和好评。如是，两部著作均成为中国古代经典之作。说到"经典"，卡尔维诺一举提出 14 个关于"经典"的定义②，两部著作与其 14 项标准大都吻合。仅以其第一定义为例："经典作品是那些你经常听人家说'我正在重读'而不是'我正在读'的书。"可不是吗，《史记》《红楼梦》不正是人们时常"重读"的作品吗？随着作品的长时间传播，作者的知名度亦有所增加，两位伟大作者的纪念场馆相继建立起来，司马迁祠早已成为著名旅游景点，曹雪芹纪念馆也逐渐进入文化旅游的视野。司马迁历经磨难，曹雪芹饱受饥寒，其身后的光辉及荣耀，大概是两位作者都不曾想到的吧！这也是二

---

① 均为鲁迅语。
② 转引自《大学语文：阅读与写作》。

者极其相似的一处。

　　以上，我们从作者与成书、作品的思想内涵、作品的结构与表现手法、作品的语言及语用、作品的影响及地位五个方面对《史记》与《红楼梦》进行类比，从求同角度找到两部作品的很多共同之处。这些共同点，有些是同质同构（如思想内涵），有些是异质同构（如总体设计的纪传体和文学长篇小说，其总体设计的系统性是同构，其分属于史学和文学的属性为异质），其中以同质同构为多。接着，我们将进行求异角度的对比，看看《史记》与《红楼梦》有哪些不同之处。

二、 萧条异代，各有千秋

俗话说，娘生九子，九子不像娘。天下事物也一样，即便再相似的两个对象，如孪生兄弟姐妹，他们仍有不同之处，何况不同作者创作的作品。从求异研究中，我们能发现作品独特的一面，正是这种特色，构成作品世界的丰富和多样，满足读者多样化的阅读情趣。杜甫在《咏怀古迹》中叹道："怅望千秋一洒泪，萧条异代不同时。"如今，我们在千百年后回顾司马迁与曹雪芹，难免引起同样的情怀与思绪，对两位伟大的作者，定然是"怅望千秋一洒泪"，这是相同的；那么，从他们"萧条异代不同时"的创作中，我们能发现哪些"不同"呢？

表6　影响作者创作的基本状况差异比较

	《史记》	《红楼梦》	差异度
1. 创作前生活体验	交游甚广 游历大江南北	基本宅家 多接触女性	不同
2. 创作前从事职业	武帝侍郎 太史令	尚未从业	完全不同
3. 家学渊源	史学世家 深厚家学渊源	有一般家学传统	不同
4. 创作时从事的职业	中书令	出卖书画风筝度日	完全不同
5. 创作时婚姻状况	已成家无详细记载	原配亡故后续弦	略有不同
6. 创作时健康状况	惨遭宫刑 痛不欲生	身体保全 心理摧残	不同
7. 创作前学历状况	师从孔安国无明确学历	监生	不同
8. 是否有学习写作经历	无专门学习写作的经历	学习应试八股文写作	不同
9. 发愤著书的人生转折	李陵之祸	查抄曹府后家道中落	略有不同
10. 科举考试影响	无（西汉无科考制）	对科举考试深恶痛绝	完全不同

	《史记》	《红楼梦》	差异度
11. 有无明确的写作意图	通古今之变成一家之言	似无明确的写作意图	不同
12. 死亡状况	完成《史记》后不知所终	幼子亡故后忧病而亡	不同

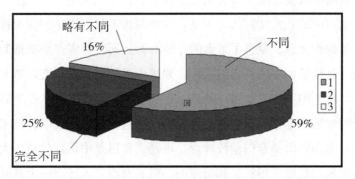

图6　影响作者创作的基本状况差异

　　小结：作者基本情况的元素很多，这里仅看对作者创作有直接影响的主要因素，比如个人经历、学历、家学渊源、从事职业、婚姻状况、健康状况（身心）等。显而易见，在撰写《史记》《红楼梦》之前，司马迁与曹雪芹在各方面都不同。司马迁写《史记》是他的使命，他既有历史家学传统，又受父亲司马谈的重托，且本人就是太史令，写史书是他的工作职责，写作目的也很明确，即他所说的："究天人之际，通古今之变，成一家之言。"写作前的准备充足，司马迁曾游历天下，广交燕赵豪俊，有丰富的人生经历。司马谈已经准备了大量历史资料，为司马迁的写作奠定了坚实的基础。曹雪芹则不然，家庭遭遇变故时他年纪尚小，充其量十多岁，既无生活经验，也谈不上什么阅历。创作《红楼梦》的动机不很明确，有人说是"情场忏悔之作"，有人说是"个人自传"，这只能是聊备一说而已。缘此，二人写作前的基本情况是很不同的。写作过程中也有很大区别：司马迁宫刑后出任中书令，这是一个很重要的职位，收入在二千石以上（不低于地方郡守），在衣食等基本生活条件方面没有问题，最大的痛苦来自心灵。如其所言："每念斯耻，汗未尝不发背沾衣也。"曹雪芹的生活则十分艰辛，仅靠出卖书画风筝等度日，经常举家食粥甚至断炊，但曹雪芹比较乐观，心理负担不像司马迁那样沉重。就写作前后的情况看，两人最相似、也是最有研究价值的一个共同点是：都没有专门学习过写作。诚如苏辙所言："辙生好为文，思之至深。以为文者气之所形，然文不可以学而能，气可以养而致。孟子曰：'我善养吾浩然之气。'今观其文章，宽厚宏博，充乎天地之间，称其气之小大。太史公行天下，周览四海名山大川，与燕、赵间豪俊交游，故其文疏荡，颇有奇气。此二子者，岂尝执笔学为如此之文哉？其气充乎其中而溢乎其貌，动乎其言而见乎其文，而不自知也。"① 曹雪芹虽然从小习文，学习应试八股文写作，可是，这种写作不仅于文学创作无补，反而扼杀了学生的创作灵感、窒息了习者的才情心智。所幸曹雪芹坚决抵制八股文学习，就像《红楼梦》中的贾宝玉那样。如果他真学好了八股文，考上个举人进士什么的，世上绝不会有曹雪芹著的《红楼梦》。司马迁、曹雪芹都没有关于写作学习的经历，全世界很多著名作家也没有这种经历。就以鲁迅来说吧，他的学历是日本仙台医学专门学校肄业，可是，鲁迅是中国现代最伟大的作家之一。这种现象，是最值得深思和研究的。司马及曹二人还有一个共同点，就是在写作前都经历了个人或家庭的重大变故，这是促成他们写作的重要因素之一。

表7　影响作者创作思想的因素差异比较

	《史记》	《红楼梦》	差异度
1. 受儒学思想影响	自幼习儒学有一定影响	学习儒学但拒绝接受	不同
2. 受道家思想影响	崇尚老庄 影响很大	了解道家思想并接受	略有不同
3. 受佛家思想影响	无（佛学尚未传入）	接受佛学色空观影响极大	完全不同
4. 受朋友思想影响	受燕赵豪侠行为影响	敦氏兄弟脂砚斋等影响	略有不同
5. 受家庭思想影响	受父司马谈影响很大	父曹頫有一定影响	略有不同
6. 受学校教育影响	受导师孔安国等影响	受私塾教师影响	略有不同
7. 个人体验影响	很多思考来自生活体验	家道中衰世态炎凉体验	略有不同
8. 个人感悟影响	惨遭宫刑后有所感悟	深刻的人生感悟	略有不同
9. 前人文史作品影响	大量阅读史书，影响很大	优秀文学作品，影响很大	略有不同

① 苏辙《上枢密韩太尉书》。

续表

	《史记》	《红楼梦》	差异度
10. 创作时经济来源	经济状况无虞	生活窘迫,常举家食粥	完全不同
11. 创作时精神状态	极痛苦,以撰《史记》求解脱	精神状态正常,较为乐观	完全不同
12. 入世或出世态度	入世态度以撰史为己任	积极避世以撰写《红楼梦》	不同

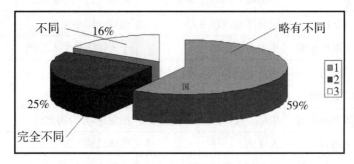

图7 影响作者创作思想的因素差异

小结:一部伟大的作品首先伟大在作品传达出的思想。《史记》《红楼梦》是中国史学文学中传达出伟大思想的两部著作,其思想之宏大、其思虑之深邃,至今少有作品出其右。司马迁、曹雪芹能有如此伟大的思想,是在创作前或创作中接受各家各派思想的熏陶,再经自己的消化吸收批判再造的结果。缘此,比较中国各家思想对他们的影响(不言而喻,当时还没有外来思想的输入),是廓清其思想来源的重要一环。不难看出,中国思想的两大源头——道家和儒家——对二人都有相当的影响。相同的是,这二人对儒学都不太买账,司马迁对儒家表面上客气,骨子里却不尽遵从,曹雪芹则公然不屑。曹雪芹受佛学影响很大,《红楼梦》中流露出的色空观就是佛家思想的核心。贾宝玉最后在一僧一道的陪伴下出家了,这一僧一道显然是道佛两家的形象。司马迁生活在汉武帝时代,佛学尚未传入,故《史记》中不见佛家思想的痕迹。除此之外,来自家庭、朋友、师长的思想影响肯定是有的,只不过没有明显记载而已。当然,作家的思想并非仅来自思想流派,更重要的还是自己的独立思考,司马迁、曹雪芹都是具有独立思考和自由思想的作家,所以,他们的作品中有很多自己的感悟,尤其是《红楼梦》。看来,曹雪芹隐居西山黄叶村写作的时候,表面似乎很平静,其实思绪翻江倒海,由是产生了若干超越前人的思想,在一定程度上超过司马迁，这点，我们将在下文中进一步分析之。

表 8　作品形态及语言应用差异比较

	《史记》	《红楼梦》	差异度
1. 所属学科	史学为主文学为辅	文学为主史学为辅	不同
2. 文学三级分类	传记文学	小说	不同
3. 作品定位	中国第一部纪传体通史	明清人情①世相小说	完全不同
4. 作品体例结构	纪传体及表和书	长篇章回小说	完全不同
5. 作品主要素材来源	史书史志史料	个人经历和个人感悟	不同
6. 主要写作手法	实录、互现、合传、点评	返实入虚的虚构手法	不同
7. 所反映的历史时段	西汉及西汉以前 上溯远古	模糊时段 指向明代	不同
8. 所反映的地理区域	中原、"四夷"及中亚地区	模糊地域 指向北京	不同
9. 作品使用语言	古汉语	明清白话	不同
10. 古汉语句型使用	经典的古汉语句型句法	少量使用古汉语句型	不同
11. 俚语使用	较少使用	北方方言及一定俗语	不同
12. 口语化程度	规范雅正的书面语	流畅的口语化表达	不同

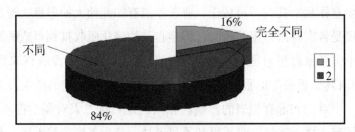

图 8　作品形态及语言应用差异

　　小结：作品的表现形态是多方面的，在相似比较中，我们看到《史记》《红楼梦》在篇章结构、叙事结构等方面表现出极大的共性。在这一节中，我们从作品的学科分类、体例及语言应用等方面对比两部作品的不同。从这一角度看，二者的差异很明显，在学科分类、作品定位、素材来源、写作手法及语言应用等方面都不一样。这说明什么呢？至少说明了三点：其一，因为分属于

---

　　① 依鲁迅说。

史学和文学，学科特点决定这两部作品在表现手法上必然不同，尽管文史不能截然分家，但毕竟有学科区别，《红楼梦》可以虚构，《史记》必须实录，这就是重大区别。其二，《红楼梦》使用明清白话，很多读者不借助注释也可以读懂。《史记》则不然，其语言是正宗古汉语，不借助注释和讲解，绝大多数人无法展读，所以，《史记》有著名的"三家注"。即便如此，一般读者读起来仍然有困难，盖因时代太久远，唐宋人读起来已经很难，遑论现当代人。有人将《史记》翻译成白话，称"白话史记"。这样一来，读起来容易多了，可原作的味道也丢得差不多了。所谓"白话《史记》"，就像"别人嚼过的馍"。其三，《红楼梦》使用的是北京方言，其中有许多北京俗语、俚语，读起来特生动。《史记》不同，它使用的是汉代雅言，偶有俗语俚语，也只见于人物对话中。如陈胜的农民朋友见到陈胜时惊呼"夥颐！涉之为王沉沉者！""夥颐"就是楚国方言俚语。在作者本人的叙述中，此种方言俚语不多，因为《史记》毕竟是史书，不像小说那样随意。正因为有多种多样的表现形态，不同作品的特色方能充分得以展示。《史记》《红楼梦》在思想内涵上极为接近、相似点很多，在作品形态上则差异很大，再次证明文艺美学中的一种说法：同样的思想内容，可以有很多表现形态，诚如朱熹所言："等闲识得东风面，万紫千红总是春。"

表 9　成书过程及读者评论差异比较

	《史记》	《红楼梦》	差异度
1. 手稿完成情况	司马迁全部完成	曹雪芹完成前 80 回	不同
2. 是否有助手协助写作	无明确助手协助写作	脂砚斋等人协助写作	略有不同
3. 手稿最初流传情况	通过外孙杨恽在朝廷流传	写作过程中流入市场	完全不同
4. 书稿保存方式	杨恽（家族）保存史馆保存	确切保存方式不明	不同
5. 最初成书版本	手抄本《史记》	1791 年程甲本	不同
6. 最初书名及改名	《太史公书》《史记》	《石头记》《红楼梦》	略有不同
7. 目前流行版本	中华书局版（北京）等	人民文学版（北京）	不同
8. 最初好评读者群	褚少孙、班固等史官	脂砚斋、敦氏兄弟等	略有不同
9. 最初好评指向	实录笔法 其文直其事核	洞明世事练达人情	不同
10. 最初恶评指向	"是非缪于圣人"	"诲淫之作"	略有不同

续表

	《史记》	《红楼梦》	差异度
11. 语文教材选录	"陈涉世家"等（中学）	"宝玉挨打"（大学）	略有不同
12. 专业研究学科指向	史学 文学 政治学	文学 史学 社会学	略有不同

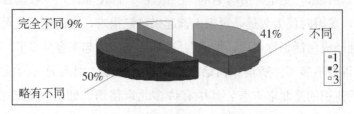

图9 成书过程及读者评论差异

小结：除了作品自身形态外，我们还得看看两部大作的成书过程及读者（批评者）的反应。这是司马迁、曹雪芹身后发生的事，虽然两位作者看不到这些反应了，但对读者说来却很重要，因为它是引导读者阅读甚至支配读者解读的重要一环。一部作品的好坏，不是作者自己说了算，是由世世代代的众多读者、众多专家和同行共同确定的。《史记》《红楼梦》之所以成为经典，正是有了这世世代代的好评和美誉，否则，按统治者的意愿，非把这两部作品打入十八层地狱不可，但如前所言，统治者越是禁毁，越是加速了这两部作品的流传。司马迁祠建起来了，曹雪芹纪念馆建起来了；大中学语文课本中选入了《史记》《红楼梦》的部分章节，让青少年从《史记》《红楼梦》中汲取思想精华，学习写作技能。只要得到人民的肯定、人民的好评，得到有良知的专家的好评和美誉，作者就可以笑慰于九泉之下了。司马迁、曹雪芹都是可以笑慰于九泉之下的伟人，哪怕他们生前是如此悲惨、如此寂寥。曹丕说："盖文章，经国之大业，不朽之盛事。"① 说的不就是司马迁的《史记》、曹雪芹的《红楼梦》及很多类似文章吗？

---

① 见曹丕《典论·论文》。

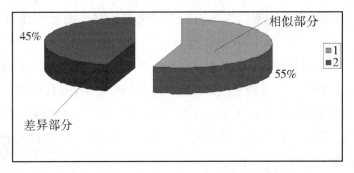

图 10　《史记》《红楼梦》同异比较总示意图

结论：通过 108 个观测点（类比 60 项、对比 48 项）的类比和对比，不难发现，《史记》《红楼梦》两部巨著具有许多共同点，这主要表现在作品的思想内涵、叙事结构及表现手法方面，其相似之处占一半以上；两部作品的不同之处主要表现在作者经历、成书过程及学科归属方面。如此异同之比，至少可说明几点：

其一，不管作者的出身和经历怎样不同，只要他们坚持实事求是的写实原则，他们笔下反映的社会和时代、他们作品透露出的思想内涵和情感倾向总是一致的。司马迁、曹雪芹虽然生活在中国古代专制政治的早期和晚期，但因为社会的总体状况并无多大变化，所以，《史记》和《红楼梦》反映的中国社会的悲惨状况大体相同，作者的思想倾向亦大体相同，用屈原的话说，就是"长太息以掩涕兮，哀民生之多艰"①。

其二，中国传统的写作笔法对作品有强大的影响力，不管是史学还是文学，优秀的作者总能从优秀的笔法中汲取营养。不论在篇章结构方面，在叙事结构方面，在表现手法方面，还是在语言应用方面，均表现出很多相似性，同时，也表现出若干独特的手法和风格。如是，既表现出审美的共性，也表现出审美的个性，让作品呈现出丰富多彩的美学风范，让读者获得情趣多样的审美享受。

其三，优秀的作品，不管是史学还是文学，抑或是其他学术著作，与当时腐朽的专治政治和儒学伦理格格不入。封建统治集团总是企图扼杀一切反映真实的作品，从《史记》到《红楼梦》，直至其他任何实话实说的作品。当然，

———————————

①　语出屈原《离骚》。

这些遏制和禁毁最终无不以失败而告终,优秀作品总是能流传下来,流芳百世。

其四,由于时迁代变,后来者站在前人的肩膀上,看得更为高远,也更为深透,缘此,曹雪芹在思想上比司马迁更深远、更宏阔,《红楼梦》对中国封建专制政治的批判更加鞭辟入里、入木三分,对人生宇宙的思索和探究也更加高远而深邃。此种不同之处,是从两个文本的平行研究中产生的新的意义,即通常所说的第三意义。

三、 一脉相承，坚守超越

如我们在"开篇的话"中所言，按蒙太奇原理，两个镜头的组接，常常会产生原镜头意义之外的第三意义。如果说，《史记》和《红楼梦》是两个超长的镜头，当我们用平行研究的眼光将它们组接在一起的时候，作为后来者的我们，能看到什么新的第三意义？换言之，除了在天地良知方面一脉相承的坚守之外，《红楼梦》在哪些方面超越了《史记》？为读者提供了什么样的视界和思考？

1. 深切的悲悯与忧伤

《史记》《红楼梦》都表现出浓厚的悲剧色彩和悲剧氛围，相比之下，《红楼梦》所表现的悲剧色彩更为浓郁、悲剧氛围更为普遍。如果说，《史记》的悲剧更多集中于优秀人物的毁灭，是所谓"木秀于林，风必摧之"。那么，《红楼梦》的悲剧则无所不在，用蒋和森的话说，是"任何人都没有好的命运，任何人都不配有好的命运"。用王国维的话说："《红楼梦》者，可谓悲剧中之悲剧也。"优秀人物遭毁灭，是美玉被毁；人人都没有好命运，是玉石俱焚。这表明悲剧在社会层面上大大扩展了，人人都没有好命运，而且，也不配有好命运，缘何？因为这些悲剧人物本身也是悲剧的制造者，所以才会"悲凉之雾，遍被华林"。所谓"悲剧中的悲剧"，则说明悲剧的内涵愈加深化，成为某种宿命的、难以摆脱的人生必然。在这点上，《红楼梦》比《史记》的思考更为深沉也更加细致。对此种弥漫于社会各层面各方面的悲剧氛围，对一个个悲剧人物和悲剧命运，《红楼梦》表现出深切的悲悯之心和忧伤之感。这种悲悯，既有宗教层面的救赎，也有人文层面的关怀，正如一副楹联所言："悲天悲地无所不悲；大行大愿有此为大。"① 这样的情怀，在《史记》中并不多见。这是《红楼梦》对《史记》的超越之一。

2. 伟大的怀疑与批判

《红楼梦》对《史记》的超越之二是伟大的怀疑与批判。如本书"《史记》论稿"中所言，《史记》对当时的政治体制和儒学伦理均表现出一定的怀疑和批判，这种态度，不仅在同时的史书中少见，在整个《二十四史》中亦不多见。可是，与《红楼梦》相比，《史记》的怀疑和批判就显得单薄了。如本书"《红楼梦》论稿"中所言，《红楼梦》通过贾宝玉、林黛玉提出的怀疑和批判，大大跳出一般社会历史范畴，其矛头从科举考试、专制政治、儒学礼教一路刷去，直指人生意义和宇宙苍穹。不仅功名利禄被怀疑、被批判，连世俗的人生意义及天地道理都被怀疑和批判。贾宝玉的思考已经接近老子对天地的批判——天地不仁，以万物为刍狗，也接近当代西方存在主义哲学和后现代哲学的批判。所以，把贾宝玉说成是"反科考"和"反封建"之类，是大大地小瞧贾宝玉了。《红楼梦》所具有的怀疑态度和批判精神，大致有三个来源：其一，"封建"② 末世的社会历史高度。作者站在这样一个高度，自然比封建社会时期的司马迁看得更高更远。其二，佛学的影响。佛学对宇宙人生的彻悟达到了相当的高度。《红楼梦》受佛学影响至深，自然会在作品中表现出来。其三，作者亲历的感受。如鲁迅言："颓运方至，变故渐多。宝玉在繁华丰厚中且亦屡与'无常'觌面。……悲凉之雾，遍被华林，然呼吸而领会之者，独宝玉而已。"青少年时代的繁华丰厚与接踵而至的"无常"，是作者获得感悟的重要条件，这种条件，常人难以获得。正因为上述三个来源，使《红楼梦》的怀疑态度和批判精神超越《史记》，达到前所未有的高度。

3. 独特的肯定与颂扬

《史记》《红楼梦》不仅有否定和批判，也有肯定和颂扬，然而，二者肯定和颂扬的指向却大不相同。《史记》肯定的对象是历史上的英雄豪俊、圣君贤

---

① 昆明西山太华寺大雄宝殿楹联。

② 笔者认为，所谓"封建社会"的说法并不成立，是以往史学界对中国社会历史的误论，本书中姑且随众说。

臣，颂扬的行为是见义勇为、礼贤下士和知人善任等。《史记》的肯定和颂扬有时用曲笔，比如对项羽、对李广；有时直抒胸臆，比如对管仲、对晏婴。《红楼梦》与此不同，《红楼梦》肯定和颂扬的对象是女儿，认为"天地灵秀，独钟于女儿"。女儿是诗意的生命，是生命存在的理由。《红楼梦》着意塑造了一系列美好的女儿形象，从林黛玉、贾探春、史湘云、晴雯、妙玉到薛宝钗、贾迎春、贾惜春、邢岫烟、袭人、傻大姐等，无不活灵活现，光彩照人，这是对儒学女性观的拨乱反正。在《史记》中，以《本纪》记载的女性只有一个，就是《吕太后本纪》中的吕雉。出现在列传中的女性也不多，大多一笔带过，如卓文君、赵括之母、虞姬等，对这样的女性，作者亦有肯定和颂扬，但笔法含蓄隐晦，不能与《红楼梦》同日而语。再看《红楼梦》之前的小说，极少有对女性、女儿的充分肯定与颂扬，相反，刻薄的指责和鄙视比比皆是，其中以《水浒传》为最。所以，《红楼梦》对女儿的肯定是独特的，对女儿的颂扬是炽热的，这是中国历史、中国文学中最光彩瞩目的一笔。这不仅是对《史记》的超越，也是对众多文史名著的超越。

尾声：路在何方

最后，《史记》和《红楼梦》还有一个很大的共同点，它们都没有展示社会发展的方向、没有展示国人的出路。《史记》回溯了三千多年的中国历史，止于西汉武帝，虽然在《货殖列传》中，司马迁已经看到市场经济的雏形，看到"天下熙熙，皆为利来；天下攘攘，皆为利往"的合理性和必然性，但未进一步升华，未能指出此乃未来的天下大势。不过，不能因此批评《史记》，《史记》中能有《货殖列传》这一篇，已属难能可贵了。至于《红楼梦》，写于中国专制政治的末世，社会更加黑暗也更加腐败，作者未必知道出路，对未来只是一片茫然。很显然，像贾宝玉那样披着大红猩猩毡斗篷出家，并不是大多数人的出路。那么，出路何在？路在何方？大约只能靠《史记》《红楼梦》的读者们去探求了。是的，作为一代宏文，《史记》《红楼梦》已经完成了它们的历史使命，剩下的事，得靠自己了！如电视剧《西游记》主题歌所唱："敢问路在何方？路在脚下。"那么，走着瞧吧！

参考文献

1. 曹顺庆. 比较文学学科理论发展的三个阶段 [J]. 中国比较文学，2001 (3).

2. [美] 亨利·雷马克. 比较文学的定义和功用 [M] //张隆溪选编. 比较文学译文集. 北京：北京大学出版社，1982.